日本産業のグローバル化とアジア

大西勝明 編著 Katsuaki Onishi

Globalization of
the Japanese Industry
and Asia

文理閣

序　文

　21世紀に突入して、はや10年以上が経過する。ちょうど1世紀前の第一次世界大戦勃発時の状況と現在の状況の類似性が指摘されたりする。20世紀には、国内総生産の拡大があり、自動車や電気製品があふれ、文明開化が謳歌され、平等で自由な世界が指向されてきた。偉大な世界が誕生し、開花するはずであった。音速以上高速のジェット機が飛び交い、リニアモーターカーの実用化が確認され、高度なロボットが誕生し、マネーはとてつもない規模とスピードで世界を駆け巡っている。そして、新自由主義が叫ばれ、国境は、物理的政治的経済的に限りなく押し下げられている。グローバリゼーションが進展しているのである。さらに、20世紀末には、独特の形態をとりつつ、資本蓄積の場が先進国から新興国へとドラスティックに変遷している。しかし、短絡的に偉大な21世紀の誕生を迎えているのではなく、他面では、解決困難な事象が持続し、また、新たに出現している。世界的な紛争、長期的な経済の低迷、民族間の対立、貧困、さらに、環境破壊等は、前世紀以上に深刻化している。民族、国家間の対立は激しさを増しており、自由貿易体制が指向されてきたのであるが、先進国と発展途上国との関係や富裕層と貧困層との格差、環境問題等は一層厳しいものになっている。世界の構造は予断を許さない形で激変しており、21世紀、日本の企業、主要産業は、新しい国際環境と諸問題に直面しているのである。

　具体的に、1970年代後半以降、日本自動車工業や電気機械工業が国際競争力を強化し、輸出拡大を実現してきたことを基盤として、日本産業は、ジャパン・アズ・ナンバーワンとされ、21世紀は日本の世紀になると指摘されてきた。そして、モノづくり日本、日本的生産システムが世界的にも高い評価を受け、世界の生産現場には、リーン生産システム等として導入が試みられてきた。このことは事実であるが、21世紀が日本の世紀になるといった実感は一般化しておらず、むしろ日本産業の成熟化、衰退化傾向が確認されているのである。グローバリゼーションの進展下で、日本のモノづくりが

揺らいでいる。グローバリゼーションの進展とともに、日本産業、特に、日本の製造業は低迷さえしている。日本的生産システムの改善にとどまり、新しい国際分業を主導できずにいる。日本の製造業における事業所数、従業者数、生産額等が減少し、全体的な停滞傾向が確認できる。こうした傾向の下では、労働者が誇りを持って働き、豊かな消費生活を謳歌し、さらに、平和で豊かな世界体制の構築に連動するというわけにはいかない。国内市場の成熟化と海外市場指向、新興国市場の台頭といった状況下で、日本産業は、徐々に軸足を海外にシフトせざるを得なくなっている。世界経済は基本的には発展していると理解される。しかし、世界は、決して平和で安定した成長を持続しているわけではなく、逆に、混迷の度合いを深めてさえいる。新興国が台頭し、市場が地理的に拡大し、FTA、EPA等の進展、自由貿易体制の拡充が認められる。新興国においても、インフレーションや最低賃金の上昇があり、現地企業の成長、研究開発能力の充実等は国際的規模での企業間競争を厳しくしている。当然、豊かな労働、生産性の向上と新製品開発、厳しい状況下での経済発展メカニズムの再構築、世界に受け入れられる二国間のFTA、EPA、また、TPPへの対応等が検討されているのであるが、現局面において、課題と現実は大きく乖離している。日本産業は、深刻な局面を脱することができておらず、それ故、軍事化を指向し、また、エネルギー問題の深刻化は、依存すべきではない原子力発電への依存を選好しようとしている。

　こうした対応は適切であるのか、また、厳しい環境下でどのような選択が可能なのか、21世紀の新しいアジアの在り方を模索することを意識しつつ、日本産業を展望することは、現代の日本産業研究にとって重要な研究課題である。生産性を向上し、新製品を開発し、経済をダイナミックなものとし、労働者と消費者、さらに、それらを組み込んだメカニズムの国際的広がりを持っての高度化についての検討は、不可避的な研究テーマであろう。つまり、本書は、世界と日本産業が大きな転換点に位置し、新たな在り方を提示する必要があるという理解を共有し、新しい展開を見せる主要産業、地域について、国際的な視点から再検討を試みるものである。もちろん、個々の執筆者の関心を尊重しており、金融分野等を含む日本の全産業を網羅しての体

系的全面的解明にはなっていないが、主要産業、地域、関連する国際的動向について執筆者達が蓄積してきた重厚な研究を基盤に、鋭い動態分析、さらには、今後の方途についての批判的な展望を開示したものである。

具体的に、本書は2部構成をとり、第1部は、日本産業のグローバリゼーションというタイトルの下に5章を配し、21世紀における日本産業の現状分析、特に、製造業のグローバリゼーションの展開、造船業、鉄鋼業のグローバル戦略、原発輸出等に焦点を当て、最新動向を明確にしている。

市場経済化と企業間競争の変化、アジアとの関係、進出先の動向、国内の成熟化と海外売上高の拡大を確認している。貿易、直接投資、研究開発体制の推移について考察を試み、国際的な提携関係、国際分業体制の拡充、シェア、戦略、蓄積構造の変化を明確にしている。国際環境が激変しつつある21世紀における日本産業のグローバリゼーションをどのように把握するかを意識して、主要産業、日系企業の国際化を再検討している。

第2部、グローバリゼーションと地域経済・アジアにおいても5章を配している。まず、地場産業の活路、浜松市の事例等を検討して、地域や地場産業の自立化に言及している。国内産業の自立を基軸にした国際化を模索しようとしているからである。次に、ベトナムの投資環境や外国からの直接投資に依存することのない中国自動車メーカーの展開の可能性を追求している。日本企業のアジアへの進出やまた、進出先で工業化がいかに展開しているかを検討している。より具体的に、進展する国際化の下で日中の若年層の勤労意欲についての研究や中国自動車産業の展開についての検討を試みている。グローバリゼーションの進展と日本の伝統産業や地域が直面しているリアルな諸問題を摘出し、展望している。さらに、アジア諸国の産業、企業、雇用条件等の変化を確認している。

本書の執筆陣は下記に記載した10名である。小林守専修大学教授、金光日氏を除く8名は産業研究会のメンバーであるが、執筆者は、大西勝明の2014年3月の専修大学退職を記念して出版企画を立案し、実行に移してきた。だが、諸般の事情により、企画は予定通りには推移しなかった。しかし、文理閣のご理解、特に、同社山下信氏の暖かいご支援により、刊行にこ

ぎつけることができた。この間、大病にもかかわらず、企画を発案、推進してくれた古賀義弘嘉悦大学名誉教授（元学長）、編集を実質的に担ってくれた丸山惠也立教大学名誉教授（愛知東邦大学元学長）からは、筆舌に尽くしがたいご協力をいただいた。お二人のご尽力により、本書を公刊することができた。さらに異例のことであるが、「あとがき」も丸山先生にお願いした。執筆者の深い友情に感謝し、なにより、古賀先生、丸山先生にお礼を申しあげておきたい。

2014年8月

大西　勝明

執筆者紹介

大西　勝明	専修大学名誉教授	第1章、序文
那須野公人	作新学院大学教授	第2章
古賀　義弘	嘉悦大学名誉教授	第3章
高橋　衞	常葉大学教授	第4章
丸山　惠也	立教大学名誉教授	第5章、あとがき
熊坂　敏彦	専修大学非常勤講師	第6章
渡部いづみ	浜松学院大学准教授	第7章
小林　守	専修大学教授	第8章
賈　曄	東京国際大学教授	第9章
金　光日	MEDES社長	第10章

目　次

序　文　*i*

第1部　日本産業のグローバリゼーション

第1章　日本産業の現状とグローバリゼーションの新動向

はじめに ……………………………………………………………… 3
1. 日本製造業の変革 ……………………………………………… 5
2. リストラクチャリングと国際戦略の展開 …………………… 9
3. 新興国の台頭と技術革新 ……………………………………… 19
おわりに ……………………………………………………………… 24

第2章　製造業の「グローバリゼーション」の進展

はじめに ……………………………………………………………… 27
1. 企業のグローバル化に関する理論 …………………………… 28
2. グローバル化の影響と「空洞化」の懸念 …………………… 30
3. 「空洞化」論とその実態 ……………………………………… 31
4. 製造業の海外進出 ……………………………………………… 34
5. 製造業の海外進出の現状とその課題 ………………………… 41

第3章　造船企業のグローバリゼーションと軍事化への傾斜

はじめに ……………………………………………………………… 46
1. 韓国・中国の狭間で新たな局面を迎えている日本 ………… 47
2. 造船業のグローバル化 ………………………………………… 54
3. 海外市場も視野に入れる総合重機メーカーの軍事生産部門 … 60

第4章　鉄鋼メーカーのグローバル戦略と企業金融

 はじめに ………………………………………………………… 72
 1．企業金融の3つのキーワード
  —外国人持株比率、事業ポートフォリオ、自己資本比率—…… 72
 2．鉄鋼メーカーのグローバル戦略と企業金融………………… 76
 おわりに ………………………………………………………… 85

第5章　日本の多国籍企業と原発輸出

 はじめに ………………………………………………………… 88
 1．米国の核戦略と日本の原発企業……………………………… 89
 2．世界の原発建設と日本の原発輸出…………………………… 98
 3．日本のアジア、中東への原発輸出…………………………… 101
 4．原発輸出のリスクと政府・企業の責任……………………… 103
 おわりに ………………………………………………………… 110

第2部　グローバリゼーションと地域経済・アジア

第6章　地場産業の活路

 はじめに ………………………………………………………… 115
 1．「グローバリゼーション」と地域経済・産業の変化………… 115
 2．「グローバリゼーション」と「産業空洞化」………………… 121
 3．「地場産業」の「空洞化」と「サバイバル戦略」…………… 128
 おわりに：地場産業の活路……………………………………… 138

第7章　浜松市の産業展開

 はじめに ………………………………………………………… 141

1. 浜松市の産業構造	142
2. 産業構造の変化	146
3. これまでのものづくりと新しいものづくり	150
4. 課題と展望	154

第8章　ベトナムの投資環境への視角
　　　　――日系企業の進出動向とローカル企業の現状及び課題――

はじめに	158
1. 日系企業の進出の特徴(1)―繊維分野の委託生産	161
2. 日系企業の進出の特徴(2)―機械分野の直接投資と集積	163
3. WTO加盟以降の日系企業進出の特徴 　―流通・物流分野への直接投資―	167
4. ベトナム現地企業の現状と課題	170
おわりに	175

第9章　日中若年層の就業意識に関する比較研究
　　　　――日本の大学生との比較を中心に――

はじめに	180
1. 研究の目的と方法	182
2. 調査の統計結果	184
3. 社会的要因の考察	191
おわりに	193

第10章　中国自動車産業と対外直接投資の影響

はじめに	198
1. FDI（対外直接投資）の中国での展開と問題点	198
2. 脱FDIの発展事例	206
おわりに	211

あとがき　213

第1部
日本産業のグローバリゼーション

第1章
日本産業の現状と
グローバリゼーションの新動向

はじめに

　第二次世界大戦後、日本産業は、大きな変遷を経験して現在に至っている。特に、製造業は、日本経済の屋台骨としての役割を果たしつつ変化してきた。第二次世界大戦直後の傾斜生産方式、朝鮮戦争を契機とした戦後復興、高度経済成長期に進展した重化学工業化、1970年代中葉には、サービス経済化傾向が確認されるのであるが、自動車工業、電気機械工業の輸出が、日本経済を牽引している。そして、日本的生産システムを基軸とする日本産業の革新性は世界に注目されてきた。

　1990年代、バブル経済の崩壊とポスト冷戦の時代、市場経済化と新興国の台頭があり、「失われた10年」とされる中でも、日本の製造業は変革を続けている。だが、21世紀に突入して、日本の製造業の位相は激変することになる。グローバリゼーションの進展があり、これに、2011年の東日本大震災と原子力発電所の事故が加わり、世界経済の動向、金融、交易、エネルギー問題、環境問題といった諸点とも関連して日本経済の枠組みの再編成が進行している。産業の空洞化が進み、地域と伝統産業が動揺し、日本産業が窮地に立たされている。21世紀、国際化、グローバル化の深化、国内産業、製造業の成熟化、海外売上高の拡大化等とともに、深刻な諸問題が生起しつつある。具体的に、2012年3月末の主要電気機械メーカーの業績は、一部で指向、評価されてきた生産の国内回帰や国内での先端技術開発を軸にした戦略に根本的な変更を迫るものとなっている。日本の製造業を代表する電気機械メーカーは、1991年バブル経済の崩壊以降、1997年アジア通貨

危機、2001年のITバブルの崩壊、2008年のリーマンショックに影響を受け、出荷額、従業者数は画期的な減少を経てきている[1]。そして、2009年に日立は730億円の純損失を計上している。その直後、こうした危機的状況は克服され、一部回復が指摘されるのであるが、その後の電気機械メーカーの業績は、より深刻なものとなっている。

　2012年3月期、日本を代表する主要電気機械メーカー、ソニー、パナソニック、シャープ等の決算は、新興国企業の台頭等国際情勢にも影響され軒並みに歴史的な赤字決算に陥っている。パナソニックは過去最大の7,800億円に達する純損失、シャープも過去最大の2,900億円の最終損失、ソニーの純損失は2,200億円となっている。つまり、ソニー、パナソニック、シャープの3社の赤字額は、過去最大、1兆2,900億円を突破している[2]。

　2012年以降、日本電気機械メーカーが陥っている危機は、2014年3月末に一部回復の兆しが認められるものの、これまでとは段階を画するものである。厳しい日本電気機械メーカーの動向を象徴する事態に、2012年のルネサステクノロジーの会社更生法に基づく申請がある。DRAM（メモリー）生産に関して、日系企業は、1980年代以降、次世代開発や市場規模の点でジャパン・アズ・ナンバーワンといった地位を維持してきた。1976年に設立された超LSI技術研究組合が、主要企業と政府（旧通産省）との協力により設立され、256KDRAM開発を成功させ、そのことを契機に、日本のIC生産は、1社でも、市場全体でも世界最大規模となり、新世代開発にも先行していた。それが、1990年代以降、韓国企業に追い上げられ、21世紀にはDRAM生産そのものが、後退を迫られ、窮地にある。企業間協力と産官協力が支えた日本的な開発システムの典型的なモデルの存続が困難となっている。日本製造業、電気機械工業は、2011年以降、東日本大震災、EUの動揺、タイの洪水等を経験し、厳しい局面に追いやられ、世界における相対的地位を低下している。市場規模、新製品開発、国際的なシェアといった諸点において日本電気機械メーカーは劣位な状態を辿っている。DRAMのみでなく、主要電気製品に関する日系企業の国際的なシェアは、著しく低下しており、事態は深刻である。これまでも、ルーター等は、アメリカ企業に、ICやPCでは、韓国、中国企業に追い上げられてきた。国際競争はさらに激化しており、欧

米と新興国企業により一層厳しい鋏状状態に押し込められつつある。

　研究開発、製造装置、生産システム、人材といった諸点において劣位な状態に陥っている。そこで、日本電気機械メーカーは、抜本的な危機打開策を展開することになる。21世紀、日本の製造業、電気機械工業は、経験したことのないような再編成を迫られ、国際的な広がりをもった抜本的なリストラクチャリングを展開することになる。本章は、こうした状況にある日本産業、特に、電気機械工業を軸とする日本製造業の現況について企業内国際分業の立ち遅れといった視点から分析を試み、展開されている危機打開策の意義を再検討し、日本産業の21世紀を展望するものである。

1. 日本製造業の変革

(1) 日本製造業の停滞

　日本経済は、バブル経済崩壊後、21世紀に突入しても、低迷を続け、「失われた10年」とされ、その後も、2008年のリーマンショックの影響を受け、「失われた20年」とされる事態を経験してきた。2000年から2011年にかけて、日本製造業の従業者10人以上の事業所数は、3万4,000、従業者約126万人、出荷額は約12兆円も減少している（工業統計表）。また、2008年の10人以上の事業所の付加価値額約97兆円が、2011年には9.7ポイント減の約88兆円となっている。同期間に、30人以上の事業所の有形固定資産投資総額は、約14兆円から8兆円へと半減しかねないような状態にある。日本の伝統的産業、地域の衰退化、空洞化が進み、抜本的なリストラクチャリングの追求を余儀なくされている。日本経済の成長のメカニズムが崩壊し、経済成長の鈍化、高い失業率の持続、倒産の増大、交易関係の悪化があり、グローバリゼーション進展下で、大規模なM&A、合併等が展開されている。

　具体的に、21世紀に突入して電気機械工業等も低迷を続け、生産額、事業所数、工場数、従業者数が漸減し、衰退化を辿っている。2002年から2011年までの10年間に、電気機械、通信、電子部品を含む電気機械器具製造業全体で、約5,000事業所、従業員約21万人が減少している。とりわけ、近年の情報機械器具製造業の事業所数、従業者数の減少は、突出したものに

なっている。ちなみに、従業者30人以上の事業所の2008年の有形固定資産投資総額約3兆円が、2011年には約1.5兆円に半減している。こうした事態は、躍進する新興国の設備投資や生産性に後れをとり、技術、設備の劣化と企業の業績悪化を招いている。薄型テレビ等デジタル家電分野で競争が激化し、急激な値崩れが生じている。つまり、世界的な供給過剰といった状況下で、デジタル製品のコモディティ化が進行している。さまざまな機能が、1枚の半導体チップ等基幹部品に集約され、それらの組み合わせにより同じ機能の製品が生産されることになる。デジタル機器は部品さえ集めればほぼ同機能の製品を生産できることになっている。生産技術の違いや画質等の違いによって市場拡大を進めることが困難となり、販売価格で差別化を試みることになる。購入決定の判断基準が価格となり、低価格競争に陥り、大きな純利益の獲得が困難となっている。また、直近まで、技術流出への懸念から、高付加価値であったテレビパネルの開発、開発と生産の一体化を追求しての薄型テレビ等の生産の国内回帰という現象が確認されていた。自治体による誘致合戦も国内回帰を支援してきた。しかし、またもや、本国回帰とか開発と生産の一体化を基盤とした輸出拡大路線が行き詰まることになる。日本企業の社運を賭けた液晶テレビ、プラズマディスプレイを生産する最新鋭の工場が機能不全を起こしている。韓国企業の戦略と台湾企業、中国企業の展開する新しい企業内国際分業に翻弄されている。ソニー、シャープ、パナソニック等は、主力の薄型テレビが韓国勢との価格競争で劣勢に立たされ、2010年代初頭、円高にも見舞われ、家電総崩れとされる事態を招いている。アジア企業との競争の激化、円高等からテレビ需要等が冷え込み、赤字決算となり、電気機械メーカーの工場が閉鎖され、国際的な規模での再編成が課題になっている。つまり、日本電気機械メーカーは、一時期のEU、米国の不況等と連動した円高と韓国のウォン安等により輸出競争力の喪失という深刻な局面に瀕してきた。もちろん、同じ電気機械メーカーでも重電部門を主力とする日立、東芝、三菱電機等は、一定の高業績を達成している。それでも、重電分野でも国際的規模で重電再編といった事態が進行している。ただ、電子部品分野は着実な健闘を続けている。

　記録的な業績悪化に直面した中核的な日本電気機械メーカーは、操業度の

引き下げにとどまらず、赤字事業からの撤退、工場閉鎖、集約化と抜本的な戦略を展開することになる。一時期、特に、全国の工場の撤退事例において、業種別ではテレビ関連の撤退が最も多くなっていた。

(2) 輸入拡大の経緯と貿易赤字

1980年代後半プラザ合意以降、円高による日本製品の価格競争力の低下、そのことに連動した主要電子機器の海外生産の増大があり、日本からの輸出が停滞傾向を辿っている。さらにその後、2008年のリーマンショック、2011年の東日本大震災後、日本の交易構造が変化しつつある。2013年、対ドル円相場は21％の円安となっているが、輸出は伸びておらず、原燃料輸入、海外での生産拡大と電子機器等の逆輸入及び外国企業が生産した製品の輸入増により、貿易収支は、10兆8,642億円の赤字となっている。比較可能な1979年以降、最大の赤字幅である。一部、原材料を輸入して、国内で加工、製造し、輸出するといった軌道が、修正を迫られている。関連して、2007年、24.3兆円の黒字であった国際収支が、2013年にはその30分の1の7,899億円にまで減少している。具体的に、財務省「貿易統計」によれば、日本の民生用電子機器の2000年の輸出額は約2兆5,902億円、それが2013年には約2兆9,417億円となり、1.13倍であったのに対し、輸入額は、外国製スマートフォンの輸入拡大等もあり、約2兆436億円から9兆2,284億円となり、4.52倍になっている。この間、輸出額は8年間も前年を下回っているが、輸入額が前年を下回ったのは、2009年1年のみである。そして、2001年に輸入額が輸出額を上回り、輸出の停滞に対し、輸入額は1年を除き、増大を続けている。国内における産業の成熟化やグローバリゼーションの進展を背景に、民生用電子機器に見られるように、輸出の停滞と輸入の拡大が基調となっている。そして、海外での生産額、従業者数の増大を進め、海外売上高の増加を指向している。他方で、外国企業との競争が激化しており、スマートフォンに代表されるような輸入拡大と日本企業の競争力の低下が生起している。

　日本産業が構築してきた原材料を輸入し、加工、製造して、製品を輸出するという交易構造は、海外生産された製品の逆輸入と外国製品の輸入増、日本からの電子部品の輸出拡大、これらのことに起因する貿易赤字と日本企業

の国際競争力の低下とを随伴しつつある。21世紀、日本ではこうした内容を持つグローバリゼーションが進展しているのである。

具体的に、まず、急激な円高の下で対外直接投資の増大があり、他方で内需拡大路線にも影響を受けて、特に、電気機械工業の輸出構造が変化している。対外直接投資と連動した1990年代における電子機器貿易の第1の特徴は、停滞していることである。国際環境の変化や円高は、日本製品の価格競争力ないし輸出の低下を招き、低コスト化等を実現した外国製品の輸入拡大をもたらしている。輸出停滞を象徴するように、輸出総額に占める民生用電子機器のウエイトが急落している。特に、カラーテレビ等民生用電子機器の輸出が急減している。第2の特徴は、アジア地域への輸出指向を強めていることがある。停滞状況下で日本からアジアに向けての電子機器の輸出が増大しているのである。1980年代後半以降、日本の電子機器の輸出は、アジア諸国の台頭、市場拡張に牽引されアメリカからアジアへと転換を遂げている。第3の特徴は、電子部品の輸出額が突出してきたことである。こうした動向の背景には、アジアへの生産拠点の移転、拡大が存在する。電子機器の海外生産の増大は、中間財、資本財の生産拠点となった東南アジアへの輸出を誘発している。他方で、アジアからのカラーテレビ等民生用電子機器の逆輸入、アジア企業製品の輸入が増加している。海外向け電子部品、通信機器輸出の増大、家電製品等の輸出の減少と逆輸入化、アジア企業製品の輸入増、こうした変化を伴ったアジアとの交易関係の拡大が進展しているのである。ただ、こうした枠組みの下で、一部、液晶テレビとかプラズマテレビが日本で開発され、国内での生産拡大を意図した巨額な設備投資が国内で実行されてきた。それは、日本への設備投資の回帰を意味し、技術流出を防ぎ、開発と生産の一体化、スピードある企業経営とされ、日本電気機械工業の21世紀モデルとさえされてきた。ただ、その後、新興国企業の台頭によりこのモデルは崩されることになる。2010年代、円安に推移するのであるが、円安も、結果的に大量の電気製品の輸出を誘発しておらず、新興国企業製品の躍進、輸入増大があり、貿易赤字を帰結している。

2. リストラクチャリングと国際戦略の展開

(1) リストラクチャリングの追求

　2012年3月期決算においても、日立、東芝等家電のみに依存していない企業や電子部品メーカーは一定の業績を達成していた。日立や東芝は、好調な鉄道等社会インフラ事業を重視し、他方、テレビの国内生産からは撤退している。ソニー、シャープ等家電中心の企業では、家電事業の拡張が困難となり、多様な生き残り策を模索している。業績悪化に陥り、抜本的なリストラクチャリングを進めている。激化する国際競争に直面し、あらん限りの施策、事業再構築を試みているのである。工場閉鎖、事業の集約化、再編を進展させている。研究開発体制の再編成、従業員の処遇改善、組織改編、M&Aを含む選択と集中の推進、部材調達や人件費と関連したコスト削減、バリューチェーンないしサプライチェーン再編、海外の工場閉鎖を含む国際事業の抜本的な再編成が進展している[3]。

　パナソニックは、2010年度まで3期連続で赤字の続いたテレビ事業の改善を目指している。2012年より、大型投資を行ってきたプラズマテレビからの撤退、半導体工場の売却、液晶パネルなどの課題事業についての改革を進めている。当初、プラズマディスプレイ尼崎工場3工場のうち2工場を休止して1工場に生産を集約し、生産量を半減し、大型テレビやデジタルサイネージ有機EL製造設備（電子看板）等付加価値の高い分野に移行しようとしていたが、尼崎第3工場も2014年9月に不動産投資会社へ売却することになり、テレビ用のパネル工場を5カ所から2カ所に削減しての工場の集約化や人員削減に取り組んでいる。液晶パネルに関し、茂原工場も売却している。薄型パネルや半導体事業等の集中化により、事業構造の転換を進めようとしているのである。他方で、次世代技術として有望な有機ELについての研究開発は継続しており、2012年前半、姫路工場への有機ELの少量生産用の試験ラインの導入を基盤に、将来の有機ELテレビの事業化を視野に入れ、姫路工場に機能を集中している。また、松坂工場で手掛ける家電向け電源事業は売却することになる。三洋電機の完全子会社化も、買収した三洋電機の

資産価値の低下を招いている。成長分野と期待した三洋電機が保有していたリチウムイオン電池が、韓国勢との競争激化や円高により想定した利益が上げられない事態に追い込まれている。それでも、ハイブリッド車や電気自動車向け電池等エネルギー分野は維持しようとしている。そして、買収したトルコ企業と連携しての配線器具事業の拡大を試みている。自動車に関し、米テスラ・モーターズと共同で生産拠点を設けるなどエコカー向け電池事業を重視している。つまり、B to B（企業向けビジネス）に注力しているのが特徴で、現在、1.8兆円程度の法人向けシステムの売上高を2.5兆円に伸ばそうとしている。航空会社のほか、エネルギーや流通、リゾート、建設等企業、官公庁を当面の重点顧客としてシステムやサービスの開発を進めている。パナソニック製品を売るだけでなく他社製品も組み合わせてシステムを製作する会社を設立する方針である。

　具体的に、車載用モニターや医療事業への展開、住宅関連事業、スマートシティ、システム開発に力点を置いている。特に、新興国が台頭し、競争環境が厳しくなっている家電に依存せずに住宅や自動車等安定収益の見込める分野に軸足を移そうとしている。リフォーム市場等住宅関連や自動車分野への投資を拡大している。2019年には、住宅、自動車等非家電部門での8兆円を軸に10兆円の売り上げを目標にしている。AV・音響、映像製品と白物家電に関し組織融合により事業拡大を目指している。そのため、テレビ等AV・音響、映像製品事業を白物家電の社内カンパニーの傘下に移そうとしている。これまで、白物家電事業として生活密着型高付加価値商品の開発を展開してきた。こうした白物家電とAV・音響、映像製品部門の融合により競争力のある事業を作り出そうとしている。他方、環境配慮都市、スマートコミュニティをはじめとする社会インフラ事業や情報通信事業等成長分野でM&Aも視野にいれた重点的な投資をしている。成長事業と縮小事業とを峻別して構造改革を実行予定である。構造改革を進め、得意とする省エネ家電や太陽電池などを組み合わせたエコ・スマートをキーワードにすべての事業領域で革新的な事業を推進しようとしている[4]。

　かつて、ソニーも、革新的な製品を開発し、そのデザイン等は市場で高い評価を受けてきた。だが、インターネットへの対応に失敗し、市場動向を掴

めず、テレビ事業は、9期連続営業赤字を記録してきた。製品のラインナップが多いうえに、競合他社製品の品質が向上し、他社との品質面での差別化が困難となっている。テレビの拡大販売目標路線を修正、品種を半減し、採算重視指向を打ち出している。また、液晶画面に使う光学フィルムを生産する化学事業の分離はじめ、本業のエレクトロニクス事業との相乗効果の期待できない分野等不採算事業からは撤退、売却し、選択と集中を加速させている。新興国向け製品の生産は拡大するが、世界的な規模でテレビ工場の売却や集約化を試みようとしている。

ソニーでは、年1,000億円以上の営業利益を出す金融事業が基軸となり、映画、音楽等エンターテイメント事業も安定収益源である。しかし、全社的には赤字に転落している。テレビ事業のほか、電子関連事業が、米アップルや韓国サムスン電子等にキャッチアップされ、2013年度まで3年連続営業赤字となっている。ソニーは、抜群のデザインを持つ革新的な製品の市場化を持続できないでいる。それ故、事業分野の選択と集中を進め、多くの製品から撤退し、競争力のあるゲーム、映画、音楽、金融事業へのシフトが目指されている。液晶画面に使う光学フィルムを生産する化学事業についても、分離、売却の方針である。本業のエレクトロニクス事業を重視しつつも不採算事業からは撤退を進め、規模より採算重視を打ち出し、省エネ技術等を主力事業にすえようとしている。そして、経営の迅速化を意図して、組織の改編、事業再構築を進め、関連会社ないし生産拠点の統廃合を具体化している。2014年2月には、パソコン事業の売却を決定している。つまり、パソコン事業の売却とテレビ事業の分社化により5,000人規模の人員削減を計画しているのである。他方で、4Kテレビの品ぞろえを増やし、2014年の販売台数を4倍にする戦略を打ち出している。また、新規分野として映像機器や画像センサーを核に医療関連市場を開拓しようとしている。医療分野を重視し、得意の画像センサーを生かした内視鏡の販売拡大を意図してオリンパスとの資本業務提携を目指している。ただ、相次ぐリストラクチャリングの展開で優秀な人材が去り、開発力の低下を招いている[5]。

シャープは、得意の液晶技術やブランド戦略により、液晶テレビ・アクオスで、テレビ市場を席巻してきた。基幹部品から一貫生産する垂直統合型の

ビジネスモデルを維持し、亀山市と堺市の巨大液晶パネル工場を稼働してきた。だが、円高、価格下落に対処できず、液晶テレビ事業が不振となり、液晶依存からの脱却が課題となり、工場の売却を具体化している。また、国内のテレビ事業不振から、白物家電等アナログ商品の新興国をターゲットにした販売を促進しようとしている。

　NECも、急拡大するスマートフォン市場への商品投入に遅れ、携帯電話の営業赤字が続き、半導体やPC事業の切り離しの試みも、高業績をもたらしていない。NECライティング伊那工場等を閉鎖し、中国上海工場に生産を集約している。こうした縮小均衡の打開には、海外の市場開拓ないし新たな収益源確保が不可欠となる。通信ネットワーク、通信事業に加え、携帯電話端末、サーバー、企業向けシステム構築、ITサービス、防衛や衛星ビジネス等社会インフラ、リチウムイオン電池等エネルギーの計4部門を主力事業に据えて巻き返しを図ろうとしている。特に、スマートシティ向けリチウムイオン電池事業を成長事業と位置付け、重点的な投資を実行している。一定程度リストラクチャリング効果を実現してはいるが、成長分野とするITサービス事業の強化を軸とした構造転換は課題を残した状態である。また、一部の電子部品や原材料に関し、メーカーとの直接交渉や調達先を絞り込んでの集中購買を目指している。従来は加工品の形で協力会社から購入していたステンレス、プラスチック等に関し、メーカーとの直接価格交渉を進めようとしている。そして、部品の共通化を進め、個々の事業部やグループ企業ごとに購入していた液晶パネル等キーコンポーネントを一括調達することによる調達費用削減を目指している。ソフトウエア開発についても、パートナー企業の絞り込みや中国でのソフト開発委託等を推進している。さらに、海外売上高の拡大を課題とし、2012年には、米国の世界的な大手通信サービス会社コンバージズ・コールセンターなど通信関連サービスから課金など通信会社向けシステム事業を買収している。安定した収益が見込めるサービス事業を起点に海外市場を開拓しようとしている。

　他方、日本電気機械工業においてはプレーヤーが多すぎとし、強力な体制の構築を目指した再編統合が進められている。集約化、巨大化を課題とし、東芝、日立、ソニーは、グローバル競争の中で成長を持続するには3社単体

ではスケールが小さいとし、中小型液晶パネル事業の統合を決断している。つまり、3社は、産業革新機構（官民ファンド）と協力し、ジャパンディスプレイを設立している。

さらに、ジャパンディスプレイは、ソニー、パナソニックと有機ELパネル事業で提携し、新会社を設立している。また、富士通は、2014年、かつて主力としてきた半導体事業から撤退し、台湾企業や米国企業への工場の売却を決定している。システムLSIの開発生産に関しては、パナソニックと提携し、新会社を設立予定である。

(2) 国際戦略の展開

日本電気機械メーカーは、記録的な業績悪化に直面して、操業度の引き下げにとどまらず、赤字事業からの撤退、工場閉鎖、集約化と抜本的な戦略を展開している。為替、エネルギー、経済連携等との関連で、国内での生産は、劣位な状態にある。そして、国内事情、国内の成熟化を背景に、海外売上高の拡大が指向され、海外生産の拡大が進展している。基調として、多くの企業では、国内生産の維持が困難となり、他方で、成長する新興市場への参画を意図して一義的ではないが、海外拠点での生産を拡大する傾向にある。表1-1、表1-2には、日本産業の対外直接投資の推移、および、アジア指向を強めているその残高を示した。多様な想定が可能であるが、国際競争力の低下を阻止しつつグローバル市場の成長を取り込もうとする傾向が示されている。海外での生産拡大は、生産コストの削減のほか、海外需要の獲得を主要目的としてきている。対外直接投資の増加、海外での生産拡大、海外売上高の増加が指向されている。国際的な活動は単純に拡散しているのではなく、世界の変化、特に、新興国市場と新興国企業の台頭と連動しながら再編成を進めている。競争の激化を伴う国際環境の下で、日本企業の対外活動は、投資額、事業分野、組織、国際分業の在り方、研究開発体制といった面の改編を帰結している。事業分野の選別、本社機能の海外移転、国際的な人材育成と外国人の採用等が進展している。アジアでのインフラ整備、輸送網の充実、FTA（自由貿易協定）等と連動した複数の国境をまたぐ企業内国際分業の推進、積極的に外国人を迎えての研究開発体制の充実等が認められる。

表1-1 日本の業種別対外直接投資（国際収支ベース、ネット、フロー）

(単位：100万ドル)

業種/年		2005年	2006年	2007年	2008年	2009年	2010年	2011年	2012年	2013年
製造業	食料品	26,146	34,513	39,515	45,268	32,934	17,803	57,952	49,250	42,473
	繊維	1,685	1,025	12,776	3,601	8,954	2,017	8,149	2,364	3,528
	木材・パルプ	416	180	371	716	477	377	672	927	486
	化学・医薬	826	420	745	734	1,207	1,068	1,268	1,166	512
	石油	3,363	4,413	3,744	11,647	7,407	7,902	19,618	6,494	5,763
	ゴム・皮革	531	2,921	△280	652	△51	△837	216	491	810
	ガラス・土石	831	1,107	835	771	445	634	715	1,853	3,206
	鉄・非鉄・金属	258	2,759	837	1,417	2,042	377	1,325	1,922	2,080
	一般機械器具	1,331	1,795	2,202	3,152	3,738	3,873	5,017	4,206	2,881
	電気機械器具	1,296	1,663	2,642	3,726	4,411	4,385	5,655	7,979	3,880
	輸送機械器具	4,377	7,041	4,691	5,675	2,505	1,361	7,334	6,707	4,622
	精密機械器具	8,611	8,597	8,671	10,924	566	△3,582	4,132	10,465	11,697
		1,419	1,420	1,293	953	609	51	2,791	3,219	1,612
非製造業		19,315	15,652	33,968	85,533	41,717	39,420	57,780	73,102	92,577
	農・林業	23	42	93	59	10	145	250	101	124
	漁・水産業	△44	28	64	119	36	47	△7	40	8
	鉱業	1,372	1,577	4,053	10,518	6,482	9,061	16,477	20,934	13,089
	建設業	148	△64	490	389	499	302	436	870	593
	運輸業	824	1,507	2,133	2,283	2,894	2,294	1,606	870	1,532
	通信業	1,712	△3,368	△331	1,675	3,870	9,899	△1,799	7,208	23,416
	卸売・小売業	4,623	5,483	4,792	13,319	8,418	1,946	12,407	18,372	12,923
	金融・保険業	9,227	5,562	19,458	52,243	15,463	11,397	19,111	14,210	26,701
	不動産業	△851	△811	162	162	463	765	2,447	2,469	3,118
	サービス業	1,086	188	1,406	2,721	2,163	1,596	4,022	4,350	7,480
合計		45,461	50,165	73,483	130,801	74,650	57,223	108,808	122,355	135,049

(備考) 1. 円建てで公表された表を日銀インターバンク・期中平均レートによりドル換算。
2. [△]は引き上げ超過を示す。
3. 機械処理の関係上、他の掲載統計数とは計数の末尾の値が異なる場合がある。
4. 2011年については合計のみ訂正（2012年12月10日発表）を反映しているが、業種別についてはデータ未発表のため遡及訂正を実施していない。
5. 『国際収支状況』（財務省）、「外国為替相場」（日本銀行）よりジェトロ作成。

*Copyright (C) 2014 JETRO.All rights reserved
(出所) 2014 JETRO資料

第1章 日本産業の現状とグローバリゼーションの新動向

表1-2 2013年末対外直接投資残高（地域別かつ業種別）

(単位：億円)

地域／業種	合計	製造業総額(計)	食料品	繊維	木材・パルプ	化学・医薬	石油	ゴム・皮革	ガラス・土石	鉄・非鉄・金属	一般機械器具	電気機械器具	輸送機械器具	精密機械器具
アジア	326,945	202,370	12,050	2,727	4,638	27,242	1,546	6,849	7,571	19,154	21,219	39,128	47,512	4,915
中華人民共和国	103,402	76,418	3,757	1,496	2,494	7,211	33	2,043	1,944	6,944	11,613	15,045	20,068	1,155
香港	20,884	6,447	446	145	126	330	X	X	X	450	995	2,748	76	296
台湾	12,442	9,242	64	X	X	1,518	X	177	462	705	629	3,821	792	543
大韓民国	31,453	15,049	148	16	X	5,408	800	33	2,288	1,830	1,097	2,331	565	X
シンガポール	38,512	15,590	3,694	X	1	3,350	.	950	212	408	380	1,999	910	346
タイ	46,975	32,648	939	344	715	2,551	X	1,842	448	4,560	2,484	5,758	10,942	1,277
インドネシア	20,850	13,055	447	340	724	1,745	22	722	318	479	885	863	5,745	87
マレーシア	13,913	10,012	345	168	153	2,876	X	232	869	764	1,233	1,806	847	313
フィリピン	11,329	7,500	1,855	X	X	256	.	204	239	1,558	-15	2,175	873	172
ベトナム (Viet Nam)	11,369	7,232	319	74	238	507	418	361	491	928	741	1,081	1,278	488
インド	14,476	10,452	X	50	117	1,253	.	230	220	523	1,176	1,402	5,144	161
北米	366,921	148,904	4,359	518	1,338	40,425	158	2,975	3,495	9,435	14,753	31,761	30,631	6,296
アメリカ合衆国	349,237	142,732	3,974	518	425	40,293	118	2,908	3,495	9,223	14,641	31,759	26,361	6,292
カナダ	17,684	6,172	385	.	914	132	X	X	.	213	X	X	4,270	X
中南米	115,195	25,707	7,741	185	1,590	1,059	688	787	461	3,682	610	1,690	6,672	174
大洋州	62,192	15,805	8,673	23	1,746	1,450	945	27	80	1,453	199	45	1,128	X
欧州	287,701	151,076	28,566	1,823	441	31,493	2,176	4,273	7,325	4,418	7,978	26,946	30,572	3,466
ドイツ	17,988	9,630	65	X	X	3,372	X	X	184	205	1,408	2,817	614	710
英国	71,379	19,233	4,889	453	212	2,138	916	X	4,379	908	578	3,661	928	148
フランス	18,936	13,140	2,670	X	X	840	.	X	X	181	874	515	7,477	X
オランダ	101,631	60,757	19,912	X	X	9,367	1,260	X	X	1,132	789	14,065	10,192	X
イタリア	3,204	2,526	X	312	.	46	.	-8	X	1,096	394	524	93	29
中東	5,582	4,420	11	0	153	3,384	2	-5	.	673	16	5	162	16
アフリカ	12,726	1,494	65	0	9	291	.	190	.	22	1	.	898	16
全世界	1,177,265	549,776	61,465	5,279	9,916	105,343	5,515	15,096	18,932	38,838	44,776	99,575	117,575	14,883

(備考) 1. 報告件数が3件に満たない項目は、個別データ保護の観点から「X」と表示している。
2. 該当データが存在しない項目は、ピリオド（.）で表示している。
3. 「製造業（計）」は、非製造業（計）に、各内訳項目「X」に、それぞれ「その他非製造業」、「その他製造業」を加えた合計であり、表上の各業種の合計と必ずしも一致しない。
4. 平成18年末より、直接投資残高の計上方法を一部変更した。詳細は、財務省及び日本銀行ホームページの「直接投資残高の計上方法の一部変更について」（平成19年5月25日公表）を参照。

(出所) JETRO資料

たとえば、パナソニックやソニーの白物家電等アナログ商品の新興国中心の販売促進、受注の増大が、低コスト競争を伴いながら指向されている。東芝は、2013年末に大連工場での薄型テレビの生産を終了すると発表している。大連工場は、主に日本向けテレビを1997年から生産してきたが、近年は赤字であった。同社は2013年9月に中国を含め3カ国にあるテレビの自社工場を1カ所に集約する方針を公表しており、同国での生産撤退はその一環である。2014年以降、自社工場はインドネシアのみになる。東芝は、テレビの拠点集約化に向け中国に先行する形でポーランド工場を台湾企業に売却すると発表済みである。中国での生産停止により拠点集約化を進め、テレビ事業の黒字化を目指すことになる。大連工場の2012年の生産実績は70万～80万台とされ、同工場から出荷していた日本向けテレビは、この後、台湾企業等への生産委託に切り替わることになる。工場の運営会社、大連東芝テレビジョンは清算し、約900人いる従業員は経済補償金を払って原則解雇する。生産停止に伴う費用は事業計画に織り込まれている。シャープは、液晶パネル工場の主力工場を台湾企業との合弁に切り替えている。日本電気機械メーカーの海外現地生産は従来と異なる次元で展開されている。つまり、海外生産の単なる拡大ではなく、国際的規模でのリストラクチャリング、工場閉鎖、集約化、国際分業の高度化、再編成を進展させている。

　こうした国際市場への対応が、企業に多様な変化を引き起こしている。まず、海外市場重視は、海外拠点の役割の高度化や技術水準の向上を促すことになる。単純な現地生産の拡大ではなく、地球規模的視野を確立し、世界全体を俯瞰してのグローバル戦略を展開するに至っている。何より、本社機能の海外移転が注目される。本社人員や本部機能をアジアにシフトする動きが加速している。市場に接近した拠点に本社機能を移し、迅速な意思決定を実行している。海外売上高50％以上を目指す日立は、本社機能、戦略策定機能の一部を海外に移しつつあり、環境都市開発事業の責任者を中国に常駐させている。また、社長ないしグローバル・トップを世界から選ぶことが具体化している。外国人社長が、国境を越えた経営に必要とされ、外国人社長が選任されている。さらに、誰がトップになっても組織が機能しうるようガバナンス（企業統治）の改革が意図され、取締役会のあり方を吟味し、意思決定に携

わる経営幹部を透明性の高いルールの下で世界基準に基づいて選ぼうとしている。また、人材、日本人社員の教育システムが改編されている。

　海外展開の進行とともに、本社機能の移転のみでなく、海外拠点の機能が多様化している。海外で台頭する中間層を対象とした新しいコンセプトの製品開発には現地研究開発要員が必要となっており、研究開発体制の変革が認められる。現地に根差した製品開発拡充のために、研究開発機能が一定程度、海外に移転されている。かつて、海外、特に、アジアの拠点で生産される製品のレベルは国内より低付加価値であると位置づけられることがあったが、海外拠点の技術水準は国内と同レベルに達しつつあるとの見解が増加している。とりわけ、電気機械工業においては、中軸となる研究開発、デザイン部門、設計機能、試作開発等の海外シフトが増加傾向にある。量産や販売拠点を中心にしたこれまでの海外展開が、今後、付加価値や競争力の源泉とされる製品企画や研究開発機能の海外展開へと移行しそうである。先端技術の移転ないし日本から独立した研究開発拠点へのコア技術の移転、ハイテク部材や主要装置の生産拠点の移転が計画されている[6]。

　さらに、部材の現地調達も拡大傾向にある。また、単なる量産拠点というだけでなく、製造をコスト競争力を有するアジア企業に委託し、自社は独自のデザイン、インターフェイスを含む製品の企画、設計及びサービスに注力する企業が台頭している。そして、高度な国際戦略、企業内国際分業の変革とともに国際的なネットワークが形成されている。さらに、中国からASEANへと拠点のシフトが認められる。投資の重点が欧州、アメリカからアジア、中国、タイ、ベトナム、マレーシア等ASEAN諸国に、さらに、最近では、イスラム圏、アフリカにまで地理的拡張を見せている。電子部品等は、ASEAN数カ国にわたる国際分業を経て、完成品として生産されるような国際分業、国際的なネットワーク網を基盤にして生産されている。アジア大のサプライチェーンが形成されている。国際的なネットワーク形成、サプライチェーン、国際的物流網の拡充に支えられて海外生産が実現されているのである。

　たとえば、タイと他のASEAN諸国との技術力や産業集積の差の縮まりは、玉突き式に分業を拡散させ、成長の連鎖を引き起こすことになる。とは

いえ、所得格差、産業集積度の違い、労働力の多寡等が存在し、ASEAN諸国は経済状態がモザイクのようにバラバラで統合が困難とされてきた。こうしたASEAN諸国の格差や多様性こそ域内分業や労働力移動を促し、地域経済を統合していく役割を果たすとする見解が示されている。状況は変化しつつあるが、ASEANにおいては、労働者の域内移動の実質的自由化があり、雇用の融通、流動化が進み、全体としての経済発展が実現している。千代田化工は、ASEANにおける労働者の偏在に順応している。ミャンマーをASEANの人材供給拠点として位置付け、子会社を通じミャンマーで技術者を採用し、こうした人材をシンガポール等他国のプラント建設現場に送り込んでいる。インドネシアは経済の減速により労働者過剰に見舞われているが、隣国マレーシアでは逆に人材不足が続いている。両国はマレーシアで不法就労となる労働者の合法化手続きを検討している。このように市場を通して現実的な統合、均衡が実現しているのである。2015年に経済統合体が設立されても、経済水準や労働力人口等の格差是正は容易ではないが、異なる条件、バラバラな多様性を活用していく経済統合が、ASEAN諸国の有する可能性とされている[7]。

　さらに、国際的戦略提携等が積極的に結ばれている。NECの中国レノボとのPC事業の統合、パナソニックによるハイアールへの傘下の三洋電機の白物家電事業の売却、ソニーとサムスン電子の液晶パネル合弁事業の解消等が生起している。

　そして、世界のPCを組み立てているのは、主に台湾のEMS（電子機器製造受託企業）であるが、これらEMSは、最近は生産のみでなく、設計や素材の選定にまで関与している。EMS側が主導権を握り、機器の設計や組み立て作業等の中枢を担っている。こうした体制の下に日系電子部品メーカーが組み込まれている。もはや日系企業のみへの依存では展望が持てず、部素材各社は、生き残りをかけ、国際化を指向している。海外の完成品メーカーやEMS向けの営業の強化が必要となっている。各社とも革新的な基礎技術は日本で研究し続けるが、現地の要望に即応できるよう研究開発の現地化を推進している。また、日本のメーカーは、製品の改良に製造過程で培われた知見を生かし、工程での擦りあわせを通して品質を向上してきた。部素材メー

カーもこうした技術革新、多様なユーザーのニーズへの対応、低価格の電子機器に活用する汎用部品の量産体制の構築等を具体化している。だが、このような戦略は、一定の成果をもたらしてはいるが、世界における日本企業の競争優位に直結しているわけではない。日本企業の国際分業は、日本的生産システムの改善の延長線上にとどまり、世界規模で展開されている新しい企業内国際分業の主軸にはなり得ていない。

3. 新興国の台頭と技術革新

(1) 新興国企業の競争力強化

　日本企業の相対的劣位の背景には、1990年代以降の市場経済化動向と関連したアジア新興国の台頭がある。1980年代には、NIESとされた韓国、台湾、シンガポール、香港が、1990年代には、BRICsとされたインド、中国、さらに、VISTAとされた国々が、曲がりなりにも、躍進を続けてきた。これらの国々は、強力な政府のリーダーシップと外資導入、輸出拡大等を軸に発展しており、強力な企業、財閥、産業を生み出している。

　とりわけ、新興国は、低廉で豊富な労働力を活用し、技術や経営手法等を外資に依存して工業化を進め、輸出拡大を推進してきているのであるが、その先進国に対する急速なキャッチアップは驚異的でさえあった。韓国企業等は、国内市場の狭隘化等から自国内にとどまらず、先進国で過剰となり、輸出された装置や解雇された技術者に依存して、また、政府の支援や巨額の研究開発費を基盤に多国籍化している。関連して、日本からはノウハウのデジタル化を伴ったコア技術の海外移転が進み、後発者の研究開発を助長している。日本国内の企業の競争力の源泉の枯渇の可能性さえ指摘されている。ただ、日本経済新聞による2014年の「研究開発活動に関する調査」によれば、主要264社の研究開発費は、前年比4％増の11兆6,256億円となっている。5年連続で増加しており、海外で、研究所や開発センターを新設、増強している企業は2割に達している。ソニー、パナソニック、東芝、日立等は、10位以内、上位にランクされており、3,500億円から5,000億円の研究開発費を支出している。しかし、海外の競合企業の研究開発費は、それ以上に

巨額となっており、すさまじい勢いで日本企業の水準をキャッチアップし、革新的な製品を市場に出している。投資ファンドも加勢している。

　近年、製品のデジタル化、モジュール化の進展及び技術革新のスピードは高速化しており、それに伴い製品寿命の短縮化が顕著である。ICTの発達、3次元CAD等により、設計が容易になり、試作、加工工程が、激変している。コンピュータによる設計支援や高性能な製造装置の普及からモノの製造プロセスが、アナログからデジタルに変化、製造プロセスのデジタル化により熟練労働者がいなくても一定水準のモノづくりが可能となっている。さらに、製造プロセスのみでなく、一部の製品そのもののデジタル化が進展しており、そのような製品は部品相互のインターフェイスの標準化により各パーツの組み合わせにより製品を完成、機能させることができるモジュール化に連動している。そして、モノづくりにおけるデジタル化、モジュール化は、製品のコモディティ化をもたらし、製品寿命の短縮化と激しい価格競争を招いている。機能面で製品差別化が困難になると価格競争が激しくなり、製品価格、生産コスト引下げ圧力が強まる。他方、技術革新のスピードは速くなり、モデルチェンジが急速になり、製品寿命が大きく短縮化している。製品のデジタル化、モジュール化の進展は、コモディティ化を招き、製造技術の蓄積のない新興国企業の製造業への参入や技術のキャッチアップを可能としている。さらに、デジタル化した製品等に関しても開発競争に加え、設備投資のスピードが重要となり、他社に先がけて大規模生産が可能な工場を稼働させることが不可欠で、短期間で世界同時出荷を行えるサムスン電子のようなメーカーが圧倒的に優位となる。また、上記動向と関連して新しい国際分業が生まれている。たとえば、中国の小米科技（シャオミー）は、格安スマホといった領域で企画、デザインに特化し、市場でCPUを確保し、開発設計会社、EMSを活用、機能を抑えた格安スマホを市場に提供している。大量生産とEMSを活用した新しい分業体制の一角に食い入り、格安な製品の開発に成功している。回線や大量生産体制等外部資源の積極的な活用、生産委託を模索し、規模の競争にとどまらずに、自らの企画力を生かし、競争力を発揮できる体制を構築している。こうした韓国、台湾、中国の企業の猛追を受け、日本の電気機械メーカーは、大幅赤字を計上することになっている。

対照的に、新興国市場の開拓に先行している韓国企業の躍進が顕著であり、サムスン電子、テンセント等の巨額な株式時価総額が注目される。トムソンロイターが集計した電機・IT分野のアジア企業の時価総額上位50社に、世界で急拡大しているスマートフォンの技術や生産に関与する企業のほか、インターネットやソフトウエアなどのサービス関連企業が位置している[8]。サムスンの時価総額に比較して日本企業の株式時価総額は劣勢である。特許でも、WIPO（世界知的所有権機関）が発表した2011年の国際特許出願件数において、中国の通信機器大手の中興通信（ZTE）がパナソニックを抜いて首位になっている。電子部品の世界市場におけるシェアでも、日系企業の位置は徐々に下落傾向にある[9]。1990年代の日米半導体協定の影響をも受けてサムスンは、重点的な大規模投資、大量生産により、市場シェアを拡大しており、特に、半導体、液晶パネル、携帯電話の世界トップシェアを争うまでになっている。競争力を有し、高収益の期待できる重点事業を定め、巧みな後発者利益の発揮、選択と集中、先行集中投資、先行者利益を獲得、稼いだ利益をさらに再投資して、好循環を実現している。2011年以降、スマホ市場ではアップル、サムスン電子など海外勢の製品が6割近くを占めるといった状態が持続している。近年、サムスン電子等の低滞が指摘されているが、それでも韓国メーカーの価格競争力や研究開発能力は無視できない。他方、台湾企業、EMSは、受注から納品までのリードタイムの短期化、低コストを競争力として急成長している。その中国の子会社は、100万人以上を雇用し、10兆円以上の売上高を達成している。そして、格安スマホは、安価なCPUを確保し、EMSを活用した新しい企業内国際分業を通して量産されている。中国のインターネット関連企業も、躍進している。さらに、ヘッドハンティングのグローバル・ビジネス・クリエーション（GBC）等は、中国企業への人材紹介に乗り出している。技術者を中心に、金融、物流、サービス等多様な分野の幹部級の日本人を中国企業に紹介しようとしているのであるが、ノウハウの流失等は免れない。韓国企業や中国企業はM&Aを含む多様な方途により着実に力をつけ、生産を拡大しているのである。もちろん、部素材分野で高いシェアを有する企業が日本には多数存在する。完成品メーカーが持つ高い技術の活用、完成品メーカーからの品質、性能、技術、価格面での厳

しい要求にこたえることを通し、競争力を強化してきた。これら日系の先端素材や部品メーカーが市場拡大を目指して、中国、韓国に出向き、国際的な活動を展開しているのである。それにもかかわらず、世界市場における日本のシェアは、多くの場合、下落傾向にある。決定的な問題は、日本企業や産業が日本的生産システムの変革にとどまり、世界にインパクトを与えることのできる革新的製品を開発しえていないこと、新しい企業内国際分業といったものを確立しえていないことである。日本企業、産業の情報化への対応、製品と製法の立ち遅れが、事態を深刻なものとしている。

(2) 新興国との貿易動向

　新興国企業の台頭の一方で、当然のことながら、21世紀における日本の電気機械の貿易額は、縮小傾向にある。2012年の電気機械の貿易黒字額は2005年の6割の約3兆円に縮小している。貿易収支の悪化理由は、電気機器の中核であるエレクトロニクス製品の競争力が低下し、貿易黒字を維持できなくなっていることである。ただ、電気回路等や電気計測器といった部品や機械などの中間財・資本財の分野は黒字である。

　一方、通信機や音響、映像機器等デジタル製品の分野の貿易黒字は縮小にとどまらず赤字に転落している。音響、映像機器とされるテレビや携帯電話（通信機）の輸入額は年々増加しており、2012年のテレビと携帯電話の貿易赤字額は合わせて1兆円を超えている。前述したように、テレビ等のコモディティ化が進み、差別化困難な製品は価格競争に陥りやすく、円高の進行とともに日本企業の価格競争力は低下してきた。日本企業が高いシェアを有していた分野で輸入製品の拡大が続いている。冷蔵庫、洗濯機等白物家電の円高による海外生産の拡大、国内への逆輸入、これに外国企業からの輸入が加わり、輸入超過をきたし、徐々に製品ごとの貿易収支の赤字化が進行している。冷蔵庫、電子レンジ、全自動洗濯機に続き、90年代前半まで2,000億円を超える輸出超過であったエアコンの輸出が、90年代半ば以降、減少し、2000年代に入り輸出入均衡、2008年以降、輸入超過の拡大が定着している。

　それでも、家電市場においては日本企業のシェアが高く、家電製品の輸入拡大は日系企業が海外拠点で生産した製品の逆輸入が大きな割合を占めてい

た。だが、近年は、日本国内への高品質の外国製品の進出が、著しくはないが、増加している。たとえば、掃除機に見られるようにヨーロッパの家電メーカーが、高度な吸引力といった性能、斬新なデザイン、製品の使いやすさといった面で日本市場でも評価され、輸入が拡大している。また、携帯電話では、国内市場においても米アップル、そして、アジア企業の製品に人気があり、日本製品は苦戦を強いられている。

　海外展開が進行する中で、日本産業の強みである裾野の広い産業集積と広範なサプライチェーンが壊されつつある。電気機械の国際競争力の低下、内外の事業の停滞により、サプライチェーンが寸断されている。国内だけでなく海外での設備投資が低迷傾向にあり、電気機械の中長期的な国際競争力の低下は否めず、深刻な事態を招きそうである。

　もちろん、現地生産の拡大は、日本からの機械設備や部品等の輸出増加を招き、アジア諸国との貿易の増大を誘発している。そして、電子部品メーカーは、国内外で事業拡大を推進し、健闘している。その国内設備投資額は2001年ごろのITバブルの崩壊や2008年のリーマンショック後の景気後退期には大きく減少したが、拡大基調にある。従業者数でも、2010年度の国内従業者数は1995年度比9割と最終製品分野の落ち込みに比べ限定的である。海外従業者数の伸びも緩やかながら増加しており、海外事業の拡大が認められる。日系以外の海外企業や自動車等電気機械以外の業種への海外での販路拡大をも進めている。資材調達や間接部門の標準化、ITを活用して従来の原価低減とは異なる規模と手法を用いて全社的なコストダウンを図っている。しかしながら、こうした電子部品メーカーの健闘は、日本電気機械工業全体にとっては、限定的な経済的役割を果たしているにすぎない。素材を輸入し、日本的生産システムに基づき加工、製造し、製品を輸出するという従来の貿易立国日本の存立基盤が動揺しているのである。複数国にまたがる国際分業に依存し輸入を増大する体制に移行しつつあるが、日本企業の国際展開は、限定されたものにとどまる。前述のような新興国企業等が展開している新しい企業内国際分業に参画はしているが、とても主軸とは位置づけられない。ましてや、アジアにおける新たな国際秩序や経済的枠組構築という点では無力でさえある。日、韓、中、そして、米国との間では、一層広範な

経済的枠組の検討が試みられる必要がある。1990年代、日本半導体メーカーは日米半導体協定により深刻な影響を受けてきた。こうした経験を踏まえて21世紀における発展的な交易関係の再構築が課題となる。

おわりに

　日本電気機械メーカーは、液晶、プラズマテレビを開発し、不況下でも一定の研究開発費を維持し、米国特許申請件数ランキングの上位を日本企業が占めている。そして、日本電気機械メーカーは、リストラクチャリング、選択と集中を進め、高コスト構造を見直し、財務体質の変革を進めてきた。脱ハード化、サービス部門の強化を含む組織の改編、事業再構築を進め、関連会社ないし生産拠点を統廃合している。生産拠点の削減、集約化、原材料の共同購入、新製品開発に関する部品点数の増加やコストアップを抑制し、薄型テレビ用のLSIを1種類にし、実装ラインの集約等に取り組んできた。間接業務では、地域別に構築している社内ITシステムをクラウド型に切り替え、サーバーの台数を減らし、関連費用を削減しようとしている。さらに、従業員にとっては深刻な人員削減と賃金カットを断行している。偽装請負を含む、派遣社員の雇用の増大は、電気機械工業においてこそ注目されてきた。主要電気機械メーカーでは、10万人に達するような抜本的な人員削減と賃金カットが生起している。組織改革と正社員、グループ社員、非正規社員の抜本的な人員削減、外部業務委託費削減を実行し、業績の回復を果たしている。また、研究開発投資、設備投資により、国内の生産技術の活性化、新製品の開発を担うマザー機能の強化やオープンイノベーション等を活用して独創性を追求している。短期間での効率的な開発を指向し、開発コストの削減、部品の共通化等と生産および調達システムの変更による発注価格の引き下げが進められている。

　当然、こうした動向は、国際的な広がりを伴うことになっている。海外売上高の増大、輸出の増加、海外生産の拡大、既存海外事業の再編成、海外の多国籍企業との国際的戦略提携の締結・改編、国際的な人材の確保など電気機械メーカーは多様な国際戦略を展開している。海外からの資材調達の拡大

によるコストの削減、世界各国の工場に分散している電子部品の生産の調整、統合化、集約化が推進されている。さらに、原子力開発にみられるような国際的な寡占体制の形成さえ具体化している。また、日本人だけの知識や経験に頼る経営が限界を迎えていることから、多国籍な人材を確保するため、世界に通用しうる人材育成システム、プログラムを考案し、グローバル型社員育成制度を模索することになっている。海外売上高の拡大、既存海外事業の改編、収益率向上に向けたサービス事業の強化等は、日本企業の新しい次元の国際化と理解される。こうして、2014年3月期、一部の日本電気機械メーカーは、高業績を達成している。

　しかしながら、日本企業の変革以上に、欧米企業が躍進しており、アジアの競合企業は、積極的にロボットを導入し、研究開発体制を強化し、国際分業を高度化している。アジアの競合企業は、既存事業をキャッチアップして日本企業の存在を動揺させ、脅かせている。一義的に躍進しているわけではなく、停滞もしている。それでも、地殻変動が起き、新しい方途の開拓が課題となっているのに、日本電気機械メーカーの研究開発体制等は優位性を確立できないでいる。言及してきたようなリストラクチャリング、国際化が、日本電気機械メーカーの復活に直結しているとは理解しがたい。今回の危機への対処に、21世紀の日本電気機械工業の展望を確認することは困難である。電気機械工業が直面している問題は、伝統的な展開基軸そのものの動揺である。短絡的なリストラクチャリング、従業員の削減や賃金のカットや巨大化、ボリューム効果の追求のみでは、存立基盤の再構築は可能ではない。だが、一定の内部留保の存在にもかかわらず、多数の従業員に配転、解雇を強要し、一時的な業績の回復を達成しようとしている。人材を切り捨て、さらに、偽装請負さえ顕在化させてきた。リコーで試みられたような従業員の存在を無視した暴挙さえ報道されてきた。開示しなければならないのは、安易な人員削減やリストラによる一時的な業績の回復ではなく、長期的な蓄積体制の再構築である。そのためには、画期的な製品の開発、情報化とアジアの動向を踏まえた企業内国際分業の創造、そして、安定した取引関係についての合意形成と制度改革が必要である。

　何より、21世紀におけるアジア規模での企業のあり方をともに模索し、

新しい環境の構築に主体的に関与しつつ自らを変革していくという姿勢が不可欠である。存在が根本的に問われているのに、21世紀の国際的な経済環境の構築は未確定で、国際環境への追随的な姿勢が踏襲されている。新分野を重視というが、結局、国際動向追随型の研究開発活動に終始しており、競争優位や世界標準の確立に弱く、未来指向的な創造性の発揮には直結していない。日本産業、電気機械メーカーの創造性、独創性は停滞しているようでさえある。そこで、日本産業、電気機械工業にとっての課題を再確認しておきたい。第1に、アジア諸国との中長期的あり方の展望、21世紀の国際的な経済環境の新構築と適切な競争ルール、安定した交易関係についての構想を具体化することが肝要である。第2の課題は、日本的生産システムにとどまらず、情報化の進展、世界の企業との提携を基盤とした企業内国際分業を高度化することである。第3に、巨額な投資に基づく革新的な研究開発の拡充、優秀な人材、独創的なアイデアを持つ技術者に大幅な権限を与えるような研究開発体制の形成が課題である。従業員を尊重し、従業員の創造性を環境に配慮した事業展開を支えるイノベーションへと開花していくことが重要である。自立と創造の場の再編成、そのために世界的な人材の積極的活用が推進される必要がある。国際的な視野を持ち、新興国と先進国とが形成する新しい世界体制に主体的に関与し、創造的な研究開発課題に戦略的に挑戦していく体制の構築が期待される[10]。

注
1) 本章における電気機械工業の動向についての記述は、『月刊・eコロンブス』、「日本経済新聞」、「朝日新聞」の報道に依存するものである。
2) 総務省統計局（2014）『平成23年工業統計調査』相当・産業編、104ページ。
3) 以下の企業動向に関しては、「日本経済新聞」の記事を参考にしている。
4) 「日本経済新聞」2014年3月24日付。
5) 「日本経済新聞」2014年5月8日付。
6) 経済産業省（2013）『2013年版ものづくり白書』38ページ。
7) 「日本経済新聞」2014年6月3日付。
8) 「日本経済新聞」2014年4月12日付。
9) 中日社（2013）『電子機器年鑑・2013』76ページ。
10) 大西勝明（2011）『日本情報産業分析—日・韓・中の新しい可能性の追究—』唯学書房、264ページ。

（大西勝明）

第2章
製造業の「グローバリゼーション」の進展

はじめに

　製造業のグローバル化とは、製造業の活動が、国の枠を超えて地球規模に展開されることを意味する。グローバル化は、まずその前史ともいうべき輸出から開始される。この段階は、生産の本拠を国内に置きつつ、市場を海外に求めるというものである。ところで、輸出の増大はやがて貿易摩擦を引き起こし、この問題を避けるために、工場の海外進出が進むことになる。製造業の基本となる工場が国境を越えることから、ここからが本格的なグローバル化段階といってよいであろう。工場の海外進出は、為替変動のリスクを避けるため、有望な海外現地市場を押さえるため、さらには低賃金労働力を活用するため等にも行われる。製造業の海外進出は、やがて「工場」から「研究開発」の海外進出へと進むことになる。これは、優秀な研究者の多い地域に研究開発センターを設置する場合の他、現地の研究者を活用して、現地の嗜好にあった製品を開発するためにも行われる。こうして、進出先が拡大するにつれて、本国や各海外現地法人との間で、生産品目の分担（製品別分業）や工程間分業が進展していくようになる。そして製造業のグローバル化は、各国の発展段階や技術水準・生産コスト等をにらんだ世界最適生産へと進むことになる[1]。

　本章では、グローバル化の理論とその影響に関する議論をふまえて、製造業の海外進出の現状と課題について検討する。

1. 企業のグローバル化に関する理論

　企業のグローバル化は、理論的にはどのように整理されているのであろうか。次に、この点を見てみたい。川上（2010）は、M.E.ポーターの「活動の配置」（海外拠点が集中しているか）と「活動の調整」（海外拠点間の調整がどの程度行われているか）という2つの概念にもとづいてマトリクスを作成し、企業のグローバル戦略を4つに分類している。第1は「活動の配置」が集中し、「活動の調整」の程度が低い「ドメスティック戦略」である。これは国内生産にもとづき、製品を海外へ輸出するというものであり、「国内志向の戦略」ともいうことができる。第2は、「活動の配置」が集中し、「活動の調整」の程度が高い「単純グローバル戦略」である。海外拠点を設けるもののその数はそれほど多くはなく、それゆえ輸出も行われ、内外で標準化された製品やサービスを生産し販売するというものである。これは「本社志向の戦略」とも称される。第3は、「活動の配置」が分散し、「活動の調整」の程度が低い「マルチ・ドメスティック戦略」である。これは、海外拠点を数多く設け、生産から販売まで現地で行うというものであり、「現地志向の戦略」と表現できる。第4は、「活動の配置」が分散し、「活動の調整」の程度が高い「グローバル戦略」である。これは、海外に数多くの拠点を設け、国際分業によってグローバルに規模の経済を実現するものであり、「世界志向の戦略」ということができる。そして、企業は一般的に、「ドメスティック戦略」→「単純グローバル戦略」→「マルチ・ドメスティック戦略」→「グローバル戦略」という発展段階をたどるとされる。なお、この発展段階に対応して、川上はそれぞれの戦略を採る企業を「ドメスティック企業」「単純グローバル企業」「マルチ・ドメスティック企業」「グローバル企業」と呼んでいる[2]。

　また花田（1988）は、日本企業の海外進出の発展段階を、5段階に整理している。第1は「輸出中心段階」であり、第2は「現地化段階」である。現地化段階では、海外に生産・販売・サービスの拠点を確保し、海外現地法人を設立するようになる。そして、ノックダウン生産を突破口に、徐々に現地部品の調達を増加させ、やがて本格的な現地生産に移行していくことにな

る。第3は「国際化段階」である。この段階になると、現地子会社は本社あるいは主力工場と太いパイプで結ばれるようになり、情報と人の交流がかなりの頻度で行われるようになる。また現地子会社が、近隣諸国の子会社と結び付き、国際分業体制の萌芽が見られるようになる。第4は「多国籍段階」である。この段階になると、本社を経由しない海外子会社間のネットワークが構築されるようになり、これに対応するために現地統括会社が形成される。第5は「グローバル化段階」である。この段階になると、日本へのわだかまりを捨て、事業チャンスのあるところはどこにでも出ていくようになり、本社さえも海外に移すという、全世界的に機動性に富んだ事業展開が行われるようになる[3]。

　さらに、海老原（2011）は、C.A.バートレットとS.ゴシャールのグローバル企業の統治形態の分類を前提に、現代のグローバル化した日本企業の統治形態は、「インターナショナル型」「トランスナショナル型」「マルチナショナル型」に収斂すると述べるとともに、各企業がどの統治形態を採用するかは、製品特性と顧客との関係によって決まるとしている。具体的には、本国が経営全般をリードするが、各国にローカライズ等の権限を一定程度与える「インターナショナル型」は、ある程度アフターフォローが必要で、また国ごとにローカライズが必要な自動車やアパレル等に向いている。また、本国企業が経営全般のガバナンスを持ち、各国で現地に合わせた経営を行う「トランスナショナル型」は、代理店販売が中心で、特注対応やアフターフォローが不要な家電や一般消費財に向いている。現地法人がそれぞれ独立的に運営する緩い連合体としての「マルチナショナル型」は、最終顧客に対する直接営業が必要で、特注対応や修繕等のアフターフォローが必要な建機・重機、設備・インフラ等に向いている、としている[4]。

　以上のように、企業のグローバル化の形態については、いくつかの分類方法があり、それが発展段階として整理されることが多い。しかし、必ずしもあらゆる産業を単純にこの発展段階の中に押し込めることはできず、製品によって採用される形態が異なるという側面もあることに注意する必要がある。

2. グローバル化の影響と「空洞化」の懸念

　製造業のグローバル化は、国内産業の空洞化の懸念とともに語られることが多い。製造業のグローバル化の本格段階ともいえる工場の海外進出が始まると、比較劣位に陥った国内工場が縮小され、その結果国内の雇用の減少や技術水準の低下につながる恐れがあるからである。ところで、製造業のグローバル化の本格段階としての工場の海外進出は、海外直接投資という形で行われ、これには垂直的直接投資と水平的直接投資とがある。垂直的直接投資とは、たとえば労働集約的な工程を賃金の安い新興国に移すといったタイプのものであり、その結果本国の工場と新興国の工場との間で、工程間分業が行われることになる。一方水平的直接投資は、海外の市場を確保するために、本国とは別にある特定の国に現地工場を建設するといったタイプのものである。垂直的直接投資の場合には、従来国内で行われていた工程が海外に移転することになるが、他方では現地工場の建設に必要な機械設備等の資本財の輸出や部品等の中間財の輸出が増えるという、輸出誘発効果が発生することになる。一方水平的直接投資の場合にも、同様の輸出誘発効果は発生するが、本国からの輸出が海外現地生産に取って代わるという、輸出代替効果も発生することになる。また、海外で生産された製品が、やがて本国に逆輸入されるという逆輸入効果も発生する可能性がある[5]。

　このような、海外直接投資の影響を時系列的に整理すると、次のようになる。すなわち、現地工場の立ち上げの時期には、機械設備等の資本財と部品等の中間財の輸出が増加する輸出誘発効果が現れる。しかし、現地調達が増加するにつれて、これらの効果は縮小していく。そして、現地生産が本格化すると、これがそれまでの本国からの輸出あるいは第三国への輸出に取って代わる輸出代替効果が現れてくる。さらに、現地工場の生産レベルが上昇してくると、本国への輸出がなされるようになり、いわゆる逆輸入効果が発生することになる[6]。したがって、製造業の「空洞化」を考察する際には、これらの効果をトータルに見る必要があるということになる。

3.「空洞化」論とその実態

(1) 優勢な「空洞化」否定論

　後に見るように、1985年、1995年の超円高時等、歴史的には製造業の空洞化が懸念された時期が何度かあったわけであるが、今日では製造業の「空洞化」を否定する見解や、少なくとも製造業の海外進出が空洞化の直接的な原因ではないとする、「空洞化否定論」が圧倒的に優勢となっている。

　具体的な「空洞化否定論」には、次のようなものがある。まず第1は、マクロ的観点から「空洞化」を否定するものである。すなわち、わが国製造業の雇用者数が減少しているとはいえ、生産性向上によって生産水準は維持されており、空洞化が進んだとはいえない、とするものである[7]。第2は、製造業の空洞化は、海外進出によって生ずるものではないとして、製造業のグローバル化と空洞化との関係を否定するものである。すなわち、製造業の海外進出（海外直接投資）によって製造業が縮小したとしても、海外進出は円高や貿易摩擦の結果として生じているのであって、空洞化の究極の原因はそこにある、というのである[8]。

　工場の海外進出については、直接投資は円高で輸出が減少した場合に、むしろ海外市場を確保するための方策であり、単純に輸出を代替するものではない、とより前向きに捉える見方もある。この考え方のもとでは、確かに雇用調整や賃金調整もみられるとはいえ、海外投資によって現地の所得が増加すれば、日本製の高付加価値品に対する需要が増大するとともに、逆輸入によって国内で低価格品の消費も可能となることから、海外投資の増加が一気に空洞化を推し進めると考えるのは正しくないとされる[9]。

　また、企業が競争力を失って市場から退出したり規模を縮小させ、その結果として雇用吸収力を低下させることはあるかも知れないが、これと企業の海外進出による「空洞化」とは分けて考えるべきであり、多くの実証研究では海外進出によってむしろ雇用は拡大する、とする見方もある。この論者は、海外には広大な市場が広がっており、海外に出ると雇用が減るどころか、企画開発や新規開発部門、さらには海外事業のサポート部門等、国内に

も雇用が生まれることになる、と主張している[10]。

その他、急激な生産移転によって労働市場の調整が遅れるような場合には、失業が生じ雇用が減少する可能性があるとする見方もあるが、この場合には、空洞化は構造調整の一過程であり、あくまで一時的に生ずる現象であるとして、それほど深刻には捉えられていない[11]。

さらに近年では、中小企業の支援を行っている金融機関等においてさえ、企業の海外進出による空洞化を否定する見解がみられる。すなわち、海外進出を予定する中小企業は、他方では国内部門の高度化・高付加価値化等、国内投資も同時に行っており、中小企業の海外進出が国内産業の空洞化を引き起こすものではない、というのである[12]。日本政策金融公庫も、中小企業の海外展開に関するアンケート調査にもとづき、海外展開によって雇用を減らす企業もあるが、それ以上に雇用を増やす企業の方が多い、と述べている[13]。

近年増加しはじめた研究開発拠点の海外進出についても、これらはその地域の特性にあった製品を開発するためのものであり、わが国の研究開発拠点を補完するものであって、これを代替するものではないとの見方が多い。生産の海外移転についても、企業は研究開発との関係から、少なくとも1つの生産拠点をマザー・ファクトリーとして残すよう努力しており、またさらなる高付加価値品をつくることで比較優位の回復に努めていることから、空洞化はそれほど大きな問題ではない、とされることになる[14]。

(2)「空洞化」論とその最近の動向

「空洞化否定論」が優勢とはいえ、歴史的に「空洞化」を指摘する調査結果や見解が存在したことは事実である。1995年の円高に至る過程で行われた、中小企業庁の「上場企業経営戦略実態調査」(1995年1月)では、99％の企業が「すでに産業の空洞化は起きている」「今後産業の空洞化は起きるものと思われる」と回答しており、空洞化は「避けることはできない」「やむを得ない」とする企業も95％を占めていた[15]。また、2001年に発表された研究でも、アジア向けの輸出代替・逆輸入型直接投資は、国内雇用を減少させる傾向があり、その効果は繊維・衣料、電子・通信機器等の産業で著しかった、と指摘している[16]。さらに、東日本大震災後の円高過程における

2012年の三菱UFJリサーチアンドコンサルティングのアンケート調査でも、「国内一般」「取引先」「自社」のそれぞれについて「空洞化」が起きているかどうかを質問したところ、「国内一般」で空洞化が起きているとする回答が7割弱、「取引先」で空洞化が起きているとする回答が5割弱、「自社」で空洞化が起きているとする回答が2割強となっていた[17]。

　その他、「空洞化」に関して、次のような指摘が存在することには注目する必要がある。今後日本に残される可能性の高い、本社機能、研究開発機能、試作品や先端的な製品を生産する機能等は、東京のような既存の集積地に立地される可能性が高い。したがって、製造業のアジアへの進出にともない、副作用は主に地方で発生し、今後地域間格差が拡大する可能性が高い[18]。

　このようにみてくると、近年支配的となっている空洞化否定論の多くは、どちらかというとマクロ的な視点からの見解が多く、これらの見解では、マイナス効果はプラス効果によって相殺され、日本経済全体としては大きなマイナス効果はでていない、とみているように思われる。また、最近空洞化否定論が優勢となっている背景には、直接投資のうち現地市場獲得型の割合が、国内市場代替型を上回るようになったという、現地市場獲得型への投資の型のシフトも影響を与えていると考えられる。

　上述のように、「空洞化」が実際に発生したとする調査結果もあるとはいえ、確かに最近では、「空洞化」の発生を示す調査やそれを支持する見解を探すのは難しくなっている。このような状況を反映してか、松浦（2011）は、「今回の円高局面では、一部の新聞や雑誌の記事を除き産業空洞化というキーワード自体を耳にすることは少ない。とりわけ、経済学者やエコノミストによる議論で産業空洞化懸念を口にするものはほとんど見当たらない」と述べている。それではなぜ、産業空洞化というキーワードが消えてしまったのであろうか、と松浦は問うたうえで、次の2つの理由をあげている。一つは海外直接投資が国内生産を代替するものとしてではなく、国際分業を進めるための手段として議論されることが多くなったこと。もう一つは、既存研究の分析手法上の問題である。すなわち、90年代までの研究は、マクロあるいは産業別のデータに基づくものが多かったが、直接投資の影響とその国際分業の側面を分析するには、海外に生産拠点を移した企業と国内で操業

を続ける企業、海外の生産活動と国内事業の関係を見る必要がある。その意味では、企業や工場、製品単位での分析が必要である[19]。

なお、松浦がまとめとして述べている次のような見方は、今日の「空洞化論」をめぐる情勢を比較的よくあらわしているように思われる。すなわち、近年の実証研究からは、海外直接投資は必ずしも企業の労働需要を減衰させるものではないことが明らかとなった。海外直接投資を行った企業は生産性を改善させており、輸出の増加によって生産性が上昇することが明らかとなってきている。こうした実証研究の積み重ねを踏まえると、海外直接投資による国際分業の深化は、国内経済に大きな便益をもたらすと考えられる。ただし、海外直接投資には固定費がかかるため、多くの中小企業がこの便益を得ることは容易ではない。そこで、その障害を明らかにし、これを取り除くために何ができるのかということが、今日の議論の中心となってきている[20]。

ただし、「空洞化」の実態を把握するためには、前述のように、グローバル化の段階とその効果を踏まえた分析が必要であろう。

4．製造業の海外進出

(1) プラザ合意後の円高危機と海外進出

製造業の海外進出は、これまでどのように進展してきたのであろうか。そこで、これまでの展開を歴史的に振り返ってみたい。

工場の海外進出が本格化するのは、1980年代後半からであり、これは急激かつ大幅な円高がその契機となっていた。すなわち、1985年9月のプラザ合意をきっかけに急激な円高が進み、日本企業を「円高危機」が襲ったのである。この背景には、日米自動車摩擦があった。日本からアメリカへの安価で高品質な小型車の輸出が急増した結果、日本の貿易黒字とこれに対するアメリカの貿易赤字が拡大していった。このような状況の下、1985年9月22日、ニューヨークのプラザホテルにG5の蔵相と中央銀行総裁が集まり、ドル高是正の合意がなされることになった。85年初頭、一時260円台だった円相場は、じりじりと円高の傾向を強めていたが、プラザ合意によってドル高

是正が確認された後、円はさらに上昇の速度を早め、86年には1ドル＝160円台に突入することになる。そしてさらに、87年10月19日のブラックマンデー（ニューヨーク株式市場の大暴落）をきっかけに、円高は再び加速し、ついに1ドル＝120円台を記録することになったのである[21]（図2-1参照）。

このような先の見えない円高のなかで、電機・自動車等の産業では、輸出採算性を確保すべく、徹底的な合理化に取り組まざるを得なくなった。石油危機からの立ち直りの過程で、いわゆるFA（Factory Automation）化によって、一応の直接労務費の削減を終えていたメーカーは、今度は製造原価に含まれる間接労務費の削減に焦点をあてて、輸出採算性の確保に取り組んだ。その際活用されたのが、アメリカから導入された"CIM（Computer Integrated Manufacturing）"という概念であり、多くの企業がこれを活用して、設計開発・製造・生産管理の情報統合を目指す「日本的CIM」の構築に取り組んだ[22]。しかし、急激な円高のため、国内工場の合理化だけでは十分ではなく、自動車・電機等の輸出産業では、これに加えて工場の海外進出によって市場を確保し、円高危機を乗り越える道を選ぶことになった。

この時期の海外進出の特徴としては、全体としてまだアジアよりも欧米へ

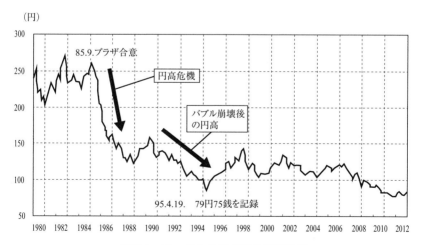

図2-1　円・ドル為替相場の長期推移

（出所）日本銀行時系列統計データ検索サイトにより筆者作図後加筆。
　　　　http://www.stat-search.boj.or.jp/ssi/cgi-bin/famecgi2?cgi=$graphwnd （2013年2月4日）

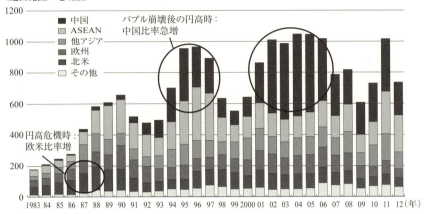

図2-2　新規海外進出の地域別推移

(注)　ASEAN = ASEAN10、中国は香港・マカオを除く。
(出所)「最新『海外進出先ランキング』トップ50」東洋経済ONLINEより。一部加筆。
　　　http://toyokeizai.net/articles/-/15578（2013年12月1日）

進出が多かったことが指摘できる（図2-2参照）。円高のために当時主な輸出先であった欧米への輸出が困難になったことから、欧米の工場の生産能力を拡大したり、欧米に工場を新設するケースが多く、東南アジアへの工場移転も、そこから米国等の市場をねらうためのものであった。また、工場の海外進出を産業別にみると、自動車産業の場合には、当時の円高の主因となった米国への自動車輸出が困難となったことから、特に米国への進出が積極的に行われた。他方、電機産業ではASEANを中心とするアジアへの進出が比較的多くみられた。

(2) バブル崩壊後の円高の進展と海外進出

　1990年代に入るとバブル経済がはじけ、日本経済は不況に突入することになる。加えて、バブル経済の崩壊後、91年に1ドル＝140円台だった円相場はじりじりと上昇を続け、94年には100円を割り込み、95年には一挙に80円を突破して、79円という過去最高の円高を記録することになった（図2-1参照）。このような急激な円高のなかで、企業は円高分をすべて価格に転

嫁することは困難なことから、部品や資材の海外調達を拡大するほか、海外現地生産の拡大に積極的に取り組まざるを得なくなった。この時期の海外進出の特徴は、図2-2に示されているように、80年代とは異なり、中国・ASEANを中心としたアジアへの進出が中心となっていたことにある。なかでも、当時日本の20分の1といわれた、中国の低賃金労働力の活用を目指して、比較的付加価値の低い大量生産品の生産を、国内から中国に移転させる企業が増大した点に、この時期の海外進出の大きな特徴があった[23]。

一方国内工場でも、空洞化に対する危機感から、コスト低減のための生き残りをかけた工場の生産革新が行われ、その結果、電機メーカー等においては、量産品の生産が海外に移管されるなか、国内に残された特殊製品や高付加価値品の多品種少量生産・変種変量生産に対応すべく、「セル生産方式」[24]が生み出されてきた。

(3) 2000年代における中国進出の拡大

1997年にいったん減少へと向かった中国への日本企業の進出は、2001年には再び増加し始め、2006年まで過去最高の進出件数を記録することになった（図2-2参照）。この中国進出急増の背景には、中国のWTO加盟があった。中国はWTO加盟に際して、輸入関税の大幅引下げ、非関税障壁の大幅な撤廃、知的財産権に関する協定の受け入れ等、グローバルな貿易・投資ルールの受け入れに合意した。また、WTO加盟を控えた2000年末、外資法を改正して規制業種を除く資本出資比率義務を撤廃したことから、独資での進出（100％出資）も可能となった。このように、WTO加盟によって中国経済の透明性が高まり、中国市場がさらに開放されるのではないかという期待が、製造業の中国進出を加速させたのである。また、中国への進出件数増加の背景には、企業のグローバル競争が激化するなか、日本企業がASEANだけでなく、中国を含む東アジア全体での最適生産・最適調達を志向するようになったこともあった[25]。

なお、2000年代に入ってからの中国進出は、中国を生産基地（世界の工場）として活用するものから、豊かになってきた巨大な中国市場を狙うものへとその目的が変わってきている。また、2001年の中国のWTO加盟後に本格化

した中国投資ブームを引っ張ったのは、上海を中心とする長江デルタ地域（上海市、江蘇省、浙江省）であった。一方、「世界の工場」として中国の発展をそれまでリードしてきた広東省の珠江デルタ地域は、長時間労働や残業代の不払い等労働条件の悪さが嫌われ、2004年頃には珠江デルタの労働力不足は200万人にのぼるともいわれるようになり、民工を低賃金で活用するビジネスモデルに陰りが見えはじめた。そのため、2005年に入ると、深圳市等では、最低賃金を広州市や上海市をも上回る全国一の水準にまで引き上げざるを得なくなってきた[26]。

(4)「中国プラスワン」戦略の出現

中国におけるSARSの流行、鳥インフルエンザの発生、そして小泉首相の靖国神社参拝をきっかけとする2005年の反日デモは、中国一極集中に対するリスクを日系企業に強く認識させるに至った。こうして、リスク分散のためには工場を中国の他もう1カ所持つべきであるとする、「中国プラスワン」という考え方がしだいに一般化していった。この時期、もう一つの投資先として注目されたのは、政情が比較的安定し日系企業の投資蓄積のあったタイと、中国に近く急速に発展しつつあったベトナムであった[27]。特にタイにおいては、日系を中心とする自動車メーカーが、アジア経済危機からの立ち直りの過程でコスト低減と品質向上を実現したことによって、「アジアのデトロイト」といわれるほどの発展を見せていた。またタイでは、日系企業の指導によって、自動車メーカーを支えるアジア有数の裾野産業の集積も生み出されていた。

ところで、「中国プラスワン」という考え方を強く後押ししたのは、中国内部における賃金の上昇であった。中国の珠江デルタを中心とする華南地域では、企業の社会保障負担の割合が給与の40％近いことに加え（ASEAN諸国では5～17％程度）、民工が多いために社員寮が必要となる。したがって、諸手当、社会保障費に、残業代等を含めたワーカー1人あたりの実質コストは、2006年頃にはタイのバンコク周辺とほとんど差がなくなってしまった[28]。

図2-3によって、日本から中国・タイ・ベトナムへの直接投資額（認可ベース）の推移をみてみると、各国とも1997年のアジア経済危機の影響で一

時投資額が減少しているが、アジア経済危機の震源地であったタイは、大幅に投資を減らし、日本からの投資額で中国に抜き去られてしまっている。タイへの投資はその後回復するが、2001～2002年にかけて、タイへの投資は再び減少していった。これは、日本企業の投資がタイではなく、WTO加盟で注目される中国へと向かってしまったためであるといわれている。しかし、2003年から再びタイへの投資が増大しはじめる。これは「中国リスク」がしだいに顕在化し、タイのよさが見直されるようになったためであった。一方ベトナムは、賃金面での優位性が高く中国に隣接していることから、中国市場を狙うには最適な位置にあった。とはいえ、インフラや法制度の未整備、さらには裾野産業の少なさ等の理由のため、日本からの投資が増加し始めてはいたが、この時期絶対額ではまだそれほど多くはなかった[29]。

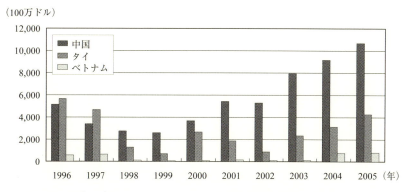

図2-3　日本の中国・タイ・ベトナム向け直接投資推移（認可ベース）
（注）中国の05年は1～11月までの数字。ベトナムは2004年から拡張投資の数字も発表。それ以前は新規投資のみ。
（出所）JETROバンコク事務所の資料による。

(5)「中国プラスワン」戦略の本格化

2000年代半ば以降、中国では労働需給の逼迫に加え政府の所得拡大策もあって、最低賃金が急速に引き上げられ、中国の2つの工業地帯を代表する深圳と上海では、最低賃金が2008年頃にはタイのバンコクより明らかに高い水準に到達した。中西部の河南・重慶等でも、その上昇ペースは早く、中

国の高い社会保障負担率(給与の40%近い)を賃金に上乗せすると、最低賃金が沿岸部の7割程度の中西部の都市でも、バンコクの賃金を上回るようになってしまった(図2-4参照)。さらに、2008年の労働契約法の制定等によって労働者の権利が強化された結果、労働争議も急増した[30]。

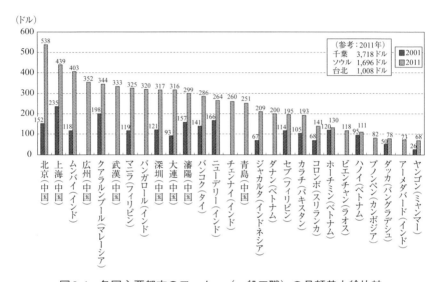

図2-4　各国主要都市のワーカー(一般工職)の月額基本給比較

(注) 金額に幅がある場合は、平均値。JETRO「アジア・オセアニア主要都市・地域投資関連コスト比較」にもとづく。
(出所) 経済産業省編(2013)『通商白書2013』勝美印刷、95ページ。

　加えて、中国政府は内外無差別の原則にもとづき、2008年の企業所得税の中国企業との統一を手始めに、2010年12月には外資優遇税制を全廃した。
　ただし、リーマン・ショックの経験を経て、中国政府は外資の有効活用に方針を転換し、奨励産業及び地域事情を考慮した優遇は残された[31]。
　ともかく、こうした状況を背景に、わが国企業の「直接投資先として重視する国・地域(現在と今後)」に関する調査では、今後の投資先としては中国が減少し、ASEANへの注目が高まっている(図2-5参照)[32]。
　2012年9月の尖閣諸島国有化にともなう中国全土での激しい反日デモの発

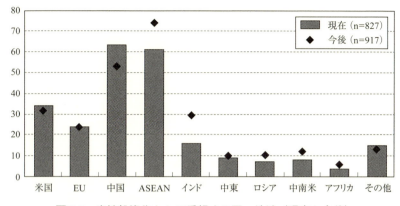

図2-5　直接投資先として重視する国・地域（現在と今後）

(注) 原資料：帝国データバンク「通商政策検討のための我が国企業の海外事業戦略に関するアンケート」
(出所) 経済産業省編 (2013)『通商白書2013』勝美印刷、109ページ。

生と、他方での2015年末におけるASEAN経済共同体（AEC）発足への期待（後発加盟国を含め、域内関税の大半がゼロになる）が、日系企業のこのような動きを加速しているものと思われる。

5．製造業の海外進出の現状とその課題

　わが国製造業の海外生産比率は、リーマン・ショック後に一時減少したとはいえ、ほぼ一貫して上昇しており、また、海外売上高比率も同様の傾向をみせている（図2-6参照）。一方、図2-7の海外進出の理由に関する調査では、「海外での需要増加」が最も多くなっており、「国内での需要減少」がこれに次いでいる。つまり国内需要の減少を新興国等の需要の取り込みで補う、あるいは海外に商機を見出そうとする動きが高まっており[33]、わが国製造業は、リーマン・ショックを契機に、世界市場で重要性の高まった新興国市場の獲得に向けて、一斉に走り出しているように思われる。なお、同様の傾向は、中小企業にも見られる[34]。

　このような状況を背景に、中小企業庁は2012年8月、中小企業の海外展開

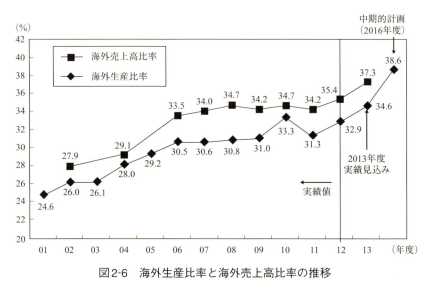

図2-6　海外生産比率と海外売上高比率の推移

(出所) 国際協力銀行 業務企画室 調査課 (2013)「わが国製造企業の海外事業展開に関する調査報告—2013年度海外直接投資アンケート結果（第25回）」11月、同銀行、4ページ。国際協力銀行ウェブページ。http://www.jbic.go.jp/wp-content/uploads/press_ja/2013/11/15775/2013_survey.pdf（2014年1月10日）

をバックアップするため、「中小企業経営力強化支援法」を施行した。同庁はその目的を、内需が減退する中、中小企業が海外展開を行うに当たって資金調達面で問題が生じているとして、中小企業の海外展開にともなう資金調達の支援措置を講ずる、と述べている。これは、これまで企業を国内や地域にいかに引きとめるかに腐心してきた政府が、海外進出の支援策強化に転換したものと受け止められている[35]。

企業の海外進出に関しては、「貿易立国」から「投資立国」へという趨勢は、不可避かつ必然的な過程であり、「空洞化」におびえることなく積極的に海外展開を図るべきであるとする見解もみられる[36]。

しかし、工場の海外進出では、機械設備等の資本財や部品等の中間財の輸出誘発効果が現れるといわれるが、近年日系企業の現地子会社では、仕入れに占める現地調達や第三国調達の比率が上昇傾向にある。そのため、輸出誘発効果は長続きせず、工場の海外進出が国内生産や雇用の減少につながる可能性が高まってきているという[37]。

第2章 製造業の「グローバリゼーション」の進展

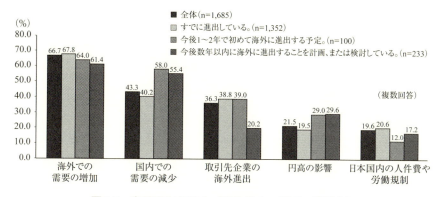

図2-7　海外進出の理由（実施済み、計画、検討中）

（注）10％以上の回答のあった項目のみ。母数（n）は無回答を除く数。
（出所）JETRO（2012）「平成23年度 日本企業の海外事業展開に関するアンケート調査概要―ジェトロ海外ビジネス調査」3月、JETRO、12ページ。

　さらに、たとえばタイに進出した日系自動車メーカーでは、部品の擦り合わせが日本国内で行われており、部品メーカーのタイの生産拠点では、本国から図面を受け取り指示にしたがって生産するだけになっているという。しかし、現地市場を重視するなら、当然部品メーカーや素材メーカーも研究開発の現地化を進めていかざるを得ない。こうして製造業では、国内のマザー機能をどうするのか、研究開発をどうするのかということが課題となってきており、その意味で新たな「空洞化」懸念が出てきているともいわれる[38]。

　海外進出を進め、拡大する新興国の需要を取りにいくことは重要ではあるが、それによって単純に日本経済が発展するとは楽観し得ない。すでにみたように、花田は海外進出の第5段階「グローバル化段階」を、企業が日本へのわだかまりを捨て、事業チャンスのあるところにはどこへでも出ていくようになり、本社さえも海外に移す段階であると述べていた。それゆえ、海外進出による企業の発展が、日本経済の発展につながらない可能性もありうるのである。したがって、政府・自治体そして企業は、国内をどうするのか、ミクロ面でのマイナス作用にどう対処していくのかを、常に強く意識していく必要があるように思われる。

注

1) 経済企画庁編（1987）「海外進出の発展段階」『昭和62年 年次経済報告（経済白書）』第Ⅱ部第3章の3.を参考にした。内閣府ウェブページ。http://www5.cao.go.jp/keizai3/keizaiwp/wp-je87/wp-je87-21303.html#sb2.1.3.3.3（2013年11月10日）
2) 川上義明（2010）「現代のグローバル化に関する検討（（監））—グローバル企業：その推論—」『商学論叢』第48巻 第3号、12月、福岡大学、190〜192ページ。
3) 花田光世（1988）「国際化の発展段階にみた組織・人事の役割　グローバル戦略を支える人事システムの展開法」（上）『DIAMOND ダイヤモンド・ハーバードビジネス』7月、ダイヤモンド社、56〜58ページ。
4) 海老原嗣生（2011）『もっと本気で、グローバル経営—海外進出の正しいステップ—』東洋経済新報社、32ページ。
5) 内閣府政策統括官（経済財政分析担当）（2012）「日本経済2012-2013—厳しい調整の中で活路を求める日本企業—」12月、123ページ、内閣府ウェブページ。http://www5.cao.go.jp/keizai3/2012/1222nk/pdf/12-3-1.pdf（2013年11月10日）
　　深尾京司・袁堂軍（2001）「日本の対外直接投資と空洞化」RIETI Discussion Paper Series　01-J-003、2ページ。独立行政法人 経済産業研究所ウェブページ。http://www.rieti.go.jp/jp/publications/dp/01j003.pdf（2013年11月10日）
6) 経済企画庁編（1995）『平成7年 年次経済報告（経済白書）』第2章の4、内閣府ウェブページ。http://www5.cao.go.jp/keizai3/keizaiwp/wp-je95/wp-je95-00204.html#sb2.4.4（2013年11月10日）
7) 前掲、内閣府政策統括官（2012）130ページ。
8) 前掲、深尾・袁（2001）6ページ。
9) 経済企画庁編（1995）『平成7年度 年次経済報告』第2章 第4節の6、内閣府ウェブページ。http://www5.cao.go.jp/keizai3/2012/1222nk/pdf/12-3-1.pdf（2013年11月10日）
10) 松島大輔（2012）『空洞化のうそ—日本企業の「現地化」戦略—』講談社現代新書、39〜48ページ。
11) 前掲、内閣府政策統括官（2012）124ページ。
12) 本田英作（2013）「中小企業の国際化は空洞化を意味するのか」1月、HIWAVE 広島産業振興機構ウェブページ。http://hiwave.dreamblog.jp/blog/1166.html（2013年11月10日）。この点については、国際協力銀行も同様の見解を示している。
13) 竹内英二（2013）「海外展開は中小企業にどのような影響をあたえるか」『日本政策投資銀行　調査月報』No.055、4月、7ページ。
14) 中村吉明（2002）「産業の空洞化は何が問題か？」1月、独立行政法人経済産業研究所ウェブページ。http://www.rieti.go.jp/jp/columns/a01_0028.html（2013年11月10日）
15) 中小企業庁編（1995）『平成7年版 中小企業白書』第3部 第2章 第1節、中小企業庁ウェブページ。http://www.chusho.meti.go.jp/pamflet/hakusyo/H7/index.html（2013年11月10日）
16) 前掲、深尾・袁（2001）要旨。
17) 経済産業省編（2012）『通商白書2012』勝美印刷、291ページ。
18) 同上、5ページ。
19) 松浦寿幸（2011）「空洞化—海外投資で『空洞化』は進んだか？」『日本労働研

究雑誌』No.609、4月、独立行政法人 労働政策研究・研修機構、18〜19ページ。なお松浦は、近年このようなミクロデータを用いた研究が進展しているとしている。

20) 同上、21ページ。
21) 那須野公人（1994）「日本的CIMの形成過程」『作新経営論集』第3号、3月、作新学院大学、62ページ。
22) 同上。「日本的CIM」の実態については、同論文を参照のこと。
23) 那須野公人（1999）「トヨタ生産方式のエレクトロニクス産業への波及」第8号、3月、作新学院大学、4ページ。
24) セル生産方式の出現過程とその詳細については、那須野（1999）を参照のこと。
25) 丸屋豊二郎（2002）「第5章 日本企業の中国進出の現状と課題」『平成13年度地方連携研究事業調査研究報告書 台頭するアジア諸国と岐阜県製造業のグローバル展開』3月、財団法人岐阜県産業経済振興センター、54〜55ページ。
26) 那須野公人（2006）「中国珠江デルタ地域における企業の動向と新たな発展の可能性—グローバリゼーション研究分科会企業調査報告—」『グローバリゼーション研究』Vol.3 No.1、9月、工業経営研究学会グローバリゼーション研究分科会ワーキングペーパー、12〜13ページ。
27) 那須野公人（2007）「投資先としてのタイと『中国+1（プラスワン）』—グローバリゼーション研究分科会企業調査報告—」『グローバリゼーション研究』Vol.4 No.1、9月、工業経営研究学会グローバリゼーション研究分科会ワーキングペーパー、1ページ。
28) 同上、15ページ。
29) 同上、16〜17ページ。
30) 萩原陽子（2012）「変わる対中投資の潮流と投資誘因」『経済レビュー』No.2012-11、6月、東京三菱UFJ銀行、8〜10ページ。
31) 同上、6ページ。
32) 経済産業省編（2013）『通商白書2013』勝美印刷、109ページ。
33) 増田貴司（2012）「製造業の海外シフトと国内立地の意義」『経営センサー』5月、東レ経営研究所、5ページ。
34) 太田珠美（2013）「中小企業における経営課題とその対策② 海外展開の現状と今後のトレンド」『月刊社労士』全国社会保険労務士連合会、5月、29ページ。
35) 中小企業庁「中小企業経営力強化支援法が本日施行されます」中小企業庁ウェブページ。http://www.chusho.meti.go.jp/keiei/kakushin/2012/0830Kaigai-kaisei.htm（2014年1月10日）。増田（2012）12ページ。
36) 松島（2012）18〜19、157〜159ページ。
37) 増田（2012）14ページ。
38) 三菱UFJリサーチ＆コンサルティング編（2013）「平成24年度中小企業支援調査 我が国ものづくり産業の今後のあり方に関する調査報告書」3月、3〜4ページ。ITmediaウェブページ。http://chosa.itmedia.co.jp/categories/manufacturing/27895（2014年1月10日）

（那須野公人）

第3章
造船企業のグローバリゼーションと軍事化への傾斜

はじめに

　「造船王国」を築いてきた日本は、1970年代の石油危機とドルショックを契機として、一転して深刻な不況過程に入る。当初は世界的な不況による受注量の減少と過剰設備を主因とするものであったが、80年代以降からは造船業界に韓国、そして2000年に入ると中国が新たに参入して3国間の熾烈な競争により、日本の造船業は両国に大きく水をあけられ深刻な状況に立たされる。

　苦境からの脱却策として各企業は異業種への進出や大幅な人員整理を進める一方、技術開発や事業部制の見直し、分社化から企業併合が進行していく。つまり生産設備の大幅な削減、企業のグループ化、異業種への進出、総合重機メーカーである大企業間での再編成、分社化による新たな生産体制の構築、中手と呼ばれる造船専業メーカーの倒産や生産規模の縮小など資本と生産の淘汰が進み、全体として急速な業界再編成と業態の変化が進行していくのである[1]。

　しかも2000年代に入るとこのような傾向はいっそう進行する。総合重機メーカーでも、IHI（石川島播磨重工）による造船部門の分離と、そこに住友重機の参加によるIHIマリンユナイテッドの誕生、NKK（日本鋼管）と日立造船とによってユニヴァーサル造船が、さらにはユニヴァーサル造船とIHIマリンユナイテッドとが統合してジャパン　マリンユナイテッドが発足し、日立造船は造船部門から離脱するという新たな事態が生まれるのである。そして現在では、これまであまり積極的ではなかった造船部門の海外展開への

シフトが始まり、軍事生産分野への積極的姿勢が新たな方向として今日的な課題となっている。

そこで本章ではこの2点に焦点を当て、まず日本造船業の世界的状況の中での位置を明らかにし、日本の造船業界の資本と生産の集約について述べる。次いで造船各社、特に総合重機メーカーを中心として、これら造船各社がどのような形でグローバル化しているのかその特徴について述べ、軍事化への傾斜を強めている新たな動きについての概略を述べる。

1. 韓国・中国の狭間で新たな局面を迎えている日本

(1) 大きく水をあけられた日本

2010年代に入り世界の船舶建造は大きな転換期を迎えている。2007年には世界の受注量が1億6,960万総トンと過去最高を記録したのであったが、2006年のリーマンショック後の世界的な不況を契機として急速に減少傾向へと転じて、2012年はついに3,800万総トンと、ピーク時のほぼ4分の1の水準にまで落ち込んでしまった。老朽船舶の解撤や景気回復、あるいはNPG船などの需要が見られたとしても受注が飛躍的に回復することはかなり困難な状況にあり、世界造船企業間ではこれまで以上に熾烈な競争が展開していくことが予想される。

世界造船の転換は、ドル危機と石油危機の1970年代中期ごろから始まるが、その中で最も大きな影響を受けた日本では、海運造船審議会（海造審）の主導により船台の設備削減、人員整理、異業種への新たな進出模索、中規模造船所の整理淘汰等を柱として生産調整が進行していった。次いで1980年代初頭には、韓国の新規参入によって両国間による激しい受注競争時代へと突入したのである。その後も韓国造船業の発展は止まることなく、90年代後半からは韓国が逆転する事態へと至るのである。その結果日本の造船各社は、企業間の提携、系列化、分社化、事業部制の見直し、人員整理の継続などと、態勢確立をすべく海造審答申を下に官民一体となった「合理化」を進めていく[2]。

しかし2000年初頭からは中国の参入、そして急速な台頭という新たな状

況が生まれる。「改革・開放」により発展速度を速めた中国では、造船業でもその傾向が顕著に表れる。図3-1に示すように2000年では世界の新造船竣工量3,169万総トンのうち、日本は37.9%、韓国が38.6%、中国はわずか5.2%を占めるしかなかったのが、2007年の竣工量5,732万総トンのうち、日本30.6%、韓国35.9%、中国は18.4%と3倍強の急成長を見せ、2010年になると竣工量9,643万総トンのうち、日本は21.0%、韓国が32.9%、中国は37.8%と2007年の約7倍と、日本の凋落と対比するように大幅な伸びを見せ、韓国をも凌駕するまでになっている[3]。

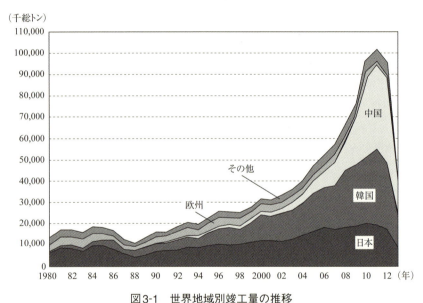

図3-1　世界地域別竣工量の推移

(注) 1. IHS（旧Lloyd's Register）資料から作成。
　　 2. 対象は100総トン以上の船舶。
(出所) 日本造船工業会「造船関係資料」

　2010年代は日本・韓国・中国の3極構造から、日本が後退して韓国・中国を軸とした事実上の2プラス1構造へと移っていく。この傾向は単に新船建造量や受注量が韓・中両国に集約されていくことのみならず、タンカーなどの大型船舶建造以外にコンテナ船やLP船・LNG船など高付加価値船をも受

注するまでに成長しており、このことは両国が建造技術のみならず、舶用機器生産においても日本に匹敵するまでに成長していることを示している。

　韓国造船業発展の端緒は、第1次5か年計画（1966年）からである。重化学工業の確立による発展計画を中心に据えた韓国では、造船業もその柱に位置付けられ、1986年第5次5か年計画でほぼその目的に到達する。『韓国造船要覧』によれば、新船能力は1966年ではわずかに8万重量トンでしかなかったのが、1986年には250万重量トンと飛躍的な増大を見せている。

　韓国造船業は、国家政策と不可分に関連して成長してきたこと、機械工業や鉄鋼業などの関連部門の成立が遅かったこと、財閥を中心とする構造であることなどの特徴を持って展開してきている。戦前期日本の植民地時代から、戦後の南北朝鮮問題での軍事的緊張、軍事独裁政権下で民需部門の発展が非常に遅れた状態であった。しかし1960年代に入り幾多の曲折を経て軍事政権から決別し、そこで韓国は当面の課題として民需部門の育成を、財閥資本を保護育成することで工業の発展を促す政策を進めていった。いわば韓国版「上からの道」であり、「5か年計画」の官民一体となっての年次計画の推進であった。

　韓国造船業は、発展段階の特異性から、いくつかの構造的特質を有して展開してきている。第1に、当初から財閥資本を中心として、それが彼の国の造船業をほぼ独占的に支配しており、それを支える中小造船や舶用工業のすそ野は比較的狭いことである。現在における主要な造船所は現代重工業、サムスン重工業、大宇造船海洋、韓進重工業、STX造船海洋の5社であり、これらのほとんどは何らかの形で発展初期の段階から一角を形成している。その中でも現代重工業は、今日に至るまで突出的な支配力で独占的な地位を確保しており、今や世界最大の造船会社である。第2は、船舶関連工業の自立的な発展が依然として克服されていない点である。造船業は高級鋼板の供給のみならず、エンジンやプロペラなどの動力、レーダーなどの電子機器からクレーン等の建造施設、設計・工程管理、熟練労働力のコンスタントな供給体制が不可欠な総合産業としての特質を持っている。これらの供給体制を総合的に見ると、なお日本との格差は克服されていない。第3は、国内に国際規模で展開する海運資本、すなわち恒常的に船舶を発注する企業の存在が極

めて少ないことである。世界海運、世界貿易は欧米そして日本海運資本による支配権がほぼ確立しており、これら諸国の海運資本による各種船舶の発注が極めて大きな比重を占める。つまり韓国造船業は国内市場への依存度が弱く、国外の海運会社へ市場を求めなければならない。それは先行国日本に対抗して工期を早くすること、低コストで受注することであった。現在では中国の台頭で必ずしもコスト競争では優位には立てないので、必然的により高い技術力を要するコンテナ船やLPG船などの高付加価値船建造へとシフトしており、その面でも日本を凌駕するまでに成長している。

　次に中国であるが、世界造船に本格的に参入し、急速な発展の道をたどるのは2000年代に入ってからのことである。2010年代には設備を増強して国際競争へ参入する企業が相次ぐ。2011年の主要造船所を見ると、国有・私有・合弁企業などの合計が781社、そのうちの上位23社の総竣工量は5,287万総トンで、占有率は68.7％と圧倒的な比重を持っている。また生産設備では1万トン以上の造船用船台が723基、そのうち30万トン級船台32基、10〜25万トン級船台28基となっており、急速に設備の拡充が進行している[4]。

　これら中国造船業にもいくつかの特徴が見て取れる。第1は、2大造船所と言われる上海に拠点を置く中国船舶工業集団公司（中船集団・CSSC）と大連に本拠を置く中国船舶重工業集団公司（中船重工業集団・CSIS）が頂点を形成している点である。これらは民需である商船建造以外に、艦艇建造に携わる軍事産業として極めて大きな役割を有している。第2は、大企業に輸出比重が高いことである。船舶の特性として高額であること、景気変動に敏感であること、耐用年数が長いことなどの要因で受注先は自ずと限定され、また市場を世界的な規模で持たなければ採算が取れない場合が多い。中国の造船業の発展も、かつての日本や韓国の発展の軌跡とほぼ同じように、つまり日本は欧米から、韓国は日本から市場を奪い、そして中国も日本から市場を奪い韓国との間では激しい受注競争を展開して基盤を形成して今日に至っているのである。その結果中国の船舶輸出額は、2011年は436.9億ドル（前年比8.4％増）で、ばら積み船・タンカー・コンテナ船で73.8％を占め、この分野では韓国を大きく凌駕している。また大連船舶重工業集団・江蘇新時代造船・上海外高橋造船などの上位7社で輸出量の23.3％を占めている。

第3章　造船企業のグローバリゼーションと軍事化への傾斜　　　51

　確かに中国造船業の発展は目覚ましいものがあり、比較的技術移転が容易なタンカーやばら積み船から出発して、コンテナ船へと移行して、現在はLPG船・LNG船など技術的に難しい船舶へのシフトが試みられ、国際市場への参入も図られ始めている。しかし舶用機器の国内調達体制にはなお弱点が克服されていない。レーダーなどの電子機器・計器類はもとより、鋼板、大型低速エンジンやプロペラなど重要部分の国産化にはまだ時間を要する。従って現在では主要部分を多く日本・韓国そして欧米からの輸入に依存しており、またこれら諸国との合弁での生産体制の強化を策している状況にある。また中国造船業は過当競争状態であり、資本体質も脆弱さを有しており、今後整理淘汰の過程が来る可能性を持つ。中央政府も企業の合併や合理化を打ち出しており、景気変動による影響もあって、すでに一部には倒産や設備縮小などの現象も現れている。

(2) 新たな段階に入った日本の造船業

　日本の造船業は、重機部門を持つ大企業と、造船を主体とする専業メーカーの中規模企業との一種の棲み分けによる形で展開してきた。しかし先にも触れたように1974年の第1次造船不況の到来により、それまで拡大を続けてきた造船業界は、一転して深刻な受注減から経営不振に陥った。そこで海造審答申を下にドックなどの設備削減、人員整理、異業種への転換促進といった政策が断行されていくが、これは実質的に大企業への生産設備の集約の促進、経営基盤の脆弱な中規模企業の淘汰の進行であった。ちなみに1976年から80年にかけて倒産した中規模企業は47社、負債総額2,352億円、労働者の整理は7,700人にのぼる[5]。

　しかし80年代の韓国の新規参入により激しい日韓間の競争時代に入り、日本造船業はさらに苦境に陥り、新たな対応を迫られる。特に総合重機メーカー6社（三菱重工、石川島播磨重工（IHI）、川崎重工、日立造船、三井造船、住友重機）を除く、準大企業とよばれる函館ドック、佐世保重工、名村造船、佐野安船渠（サノヤス）や中手の専業メーカーの淘汰・再編成が進行していく。その結果80年代中期には新たに18社が造船から撤退・倒産や設備売却する事態を招く。そこで残った総合重機メーカーと専業メーカー44社

は企業グループを形成して、資本・技術・市場に関して緩やかな形で資本・生産関係で提携していく。8グループとは、三菱重工グループ（三菱重工・今治造船など4社）、石播グループ（石播のみ1社）、日立グループ（日立造船・名村造船所など3社）、住重グループ（住友重機・大島造船所など3社）、三井グループ（三井造船・四国ドック2社）、川重・鋼管グループ（川崎重工・日本鋼管2社）、常石・尾道グループ（常石造船・神田造船など7社）、来島グループ（来島ドック・佐世保重工など5社）である。それまでの資本の枠を超えた再編成が始まったのである[6]。

しかしこのような企業グループ形成による態勢の立て直し以外に、各企業は事業部制の見直しや分社化による経営基盤の再構築が不可欠な状況にまで立ち至っていた。その動きは、まず2002年にIHIが、三井造船と川崎重工との間で設計図の共通化や資材調達を、他方では同社の船舶・海洋部門を切り離して、併せて住友重機の艦艇部門を吸収して新会社IHIマリンユナイテッド（MU）を設立することから本格化する。その後日立造船と日本鋼管は、それぞれの造船部門を切り離して両者を統合した新会社ユニヴァーサル造船を立ち上げている。そして川崎重工も船舶・舶用機器部門を分社化して川崎造船を発足させている。かかる過程でそれぞれの企業はドックの削減、造船工場の閉鎖・縮小など、生産体制の再構築を図っていく[7]。

しかしこのような対策も、2000年半ばから中国が新規に参入し、そして韓国以上の急速度での発展で、日本の造船各社はさらに苦境に陥る。大型タンカー建造と輸出で高度経済成長を牽引してきた総合重機メーカーは、韓・中両国から挟撃されてその市場の大部分を急速に喪失する。その結果、未だ両国が不得手とするより高度な建造技術と高価格のコンテナ船、自動車運搬船、LPG・LNG船あるいは大型客船分野に活路を見出すとともに、重機部門と航空・宇宙部門といった非造船部門の強化を図るのである。しかし韓国が、そして中国も高付加価値船建造可能なレベルに到達するようになると、この分野でも日本は市場を奪われ始め、ついには受注が底をつき建造する船が船台から無くなるのではないか、と危惧される「14年危機説」さえ喧伝される事態を迎えるのである[8]。

かかる中で2010年代に入ると造船を取り巻く環境はさらに厳しい状況と

なり、新たな対応が求められるようになる。2010年には、分離していた川崎造船を川崎重工が再吸収して態勢の立て直しを図り、2012年には、2002年に合併と分社化によって誕生したユニヴァーサル造船とIHIマリンユナイテッドとが合併して、新たな造船会社としてジャパン　マリンユナイテッドが発足。そして日本の造船の歴史に大きな足跡を印してきた日立造船が事実上新船建造から離脱。総合重機メーカーである大手造船所の一角が崩れ、資本の枠を超えた合併がいっそう進行する事態に至ったのである。そしてこれらの動きと並行するようにして、過去あまり積極的ではなかった海外進出、航空・宇宙や機械工業部門への移行、さらには限定されていた軍事産業分野へと積極姿勢が始まる。

　このような動向は『営業報告書』から見てとることができる。造船業は苦しいと喧伝されながらも、総合重機メーカーの企業全体としては一定の業績を上げており経常収支は黒字を計上している。それは造船比重を下げ、それに代わるものとして航空・宇宙部門や環境・資源・海洋プラントを含む機械工業部門に重点を移すことで達成したものである。たとえば三菱重工を例にとると、2001年度（連結）では売上高2兆9,639億円、経常利益679億円で、生産実績1兆1,812億円の内訳で船舶・海洋部門を見ると1,547億円（13.1％）、航空・宇宙1,940億円（16.4％）、機械・鉄構部門1,646億円（13.9％）とこの時期はほぼ均衡しているが、2013年度になると売上高2兆8,178億円、経常利益1,490億円、生産実績は2兆7,079億円と、売上高はほぼ一定であるが経常利益と生産実績の金額は大きく上昇している。同年度の生産実績をセグメント別にみると、船舶・海洋は2,017億円（7.4％）、航空・宇宙4,855億円（17.9％）、機械・鉄構4,714億円（17.4％）と全体的にどのセグメントも高い金額になっているが、構成比で見ると船舶・海洋が相対的に比重を低下させ、代わって航空・宇宙などの部門に生産の重点が移ってきているのが明瞭に読み取れる。

　川崎重工の2013年度における船舶・海洋の生産比重は6.8％、航空・宇宙では17.9％、同じくIHIでは船舶・海洋が8.0％、航空・宇宙が26.6％と、造船部門の低下とそれに対する航空・宇宙部門の比重の高まりが顕著な形で表れている。

つまりこれら総合重機メーカーは、これまでのような形で造船業に多くを依拠しての生産体制は維持できない時代に入っている。そこで今日的な方向としてこれまで消極的であった海外への進出、つまりグローバル展開を日程に入れることが一つである。代表的なターゲットとして経済成長著しいブラジルの海洋資源開発を含む開発に深く関与することである。第2は国家（予算と政策）に深く関与してより安全で確実に高利潤を獲得することである。特に原子力発電や航空・宇宙部門の強化、それらと密接に結びついている軍事産業部門の拡充が大きな戦略として位置付けられてきている。「武器輸出3原則」の撤廃や兵器類の海外との共同開発・共同生産が急速度に進行していることに現れている。

それに対して中手の専業メーカーは、その多くが撤退するが、生き残った企業では生産過程の合理化などによる生産コストの削減、ばら積み船やコンテナ船などに特化することで韓・中に対抗してきたのである。その中には常石造船に見られるようにいち早く海外（セブ島・中国）に生産拠点を求める企業や、国内での生産ネットワークを緻密化することで競争力を高める経営戦略を採る今治造船など、品質と価格両面で世界市場での生き残りをかけた戦略が講じられている。

2．造船業のグローバル化

(1) 1990年代に始まる本格的な海外進出

造船業は巨大な設備と資金を要する典型的な装置産業である。同時に船舶建造には長期の時間を要し、また受注生産でもあるために発注者の設計要求に対応する生産体制が求められる。したがって、これまでこの分野では造船業本体の海外進出は極めて例外的でしかなかった。多くは海外で販路を広げることを主目的とした販売店の設置、修理や機械メンテナンスのための、あるいは船舶以外の重機の生産を目的とした事業所の設置であった。

その中で石川島播磨重工は、1959年にブラジル政府による全面的バックアップのもとで石川島ブラジル造船所を設立している。この造船所は、溶接組み立て工場、機械仕上げ工場、管工場、艤装工場を持ち、5,000～1万重量

第3章　造船企業のグローバリゼーションと軍事化への傾斜　　　　　　　55

トンクラスの建造可能な船台を有する本格的なものであった。次いで1964年に石川島播磨重工は、シンガポールにも船舶修理に比重を置いた造船所を設立し、1971年はシンガポールに陸上プラント・エンジニアリング工場を、同年オーストラリアに船舶関係の販売会社を設立するなど、他企業に比べて突出的な展開を見せている。また日立造船も1971年にシンガポールに、川崎重工が76年にフィリピンに修理工場を設立している。しかしその後大きな動きは見られない。

　このように造船業本体の海外展開は極めて稀で、たとえ海外進出したとしても修理工場が主体である。石川島播磨重工のブラジル工場も、現地への技術移転が必ずしもスムースに進まず、効率も芳しくなく、受注に関しても交渉などで生産が停滞し、縮小へと向かう。

　1974年造船不況の到来により新たな対応が求められる造船業界で焦点になるのが、資本と生産の集約、そして人員整理と新たな分野への進出を内容としたリストラクチャリングである。資本と生産の集中は、先にも述べたように最初に中小資本の整理淘汰と、企業グループの形成という形で進行する。90年代初頭にはさらに集約が進み、特に2002年は大手資本である総合重機メーカー間において、これまでの資本の枠を超えての提携や、新たに造船部門の統合による新会社設立が一挙に進行していく。この背景には、韓国造船業の市場席巻に加えて、中国の急台頭によりそれまでの日本の市場が急

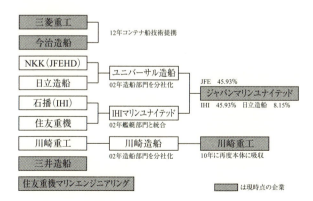

図3-2　2014年の造船地図

(出所)『日本経済新聞』『日経産業新聞』各社ホームページより作成

速に浸食されて苦境の度合いがさらに強まってきたことがある。その結果、図3-2に示すように、造船業界の国内的再編成がさらに大規模に進行するのである。

業界第2位のIHI（2007年石川島播磨重工業を改称）は、2002年に三井造船との間で船舶設計の共通化や資材調達で、川崎重工との間でも提携を強化し、他方では船舶・海洋部門を切り離した住友重機の艦艇部門を吸収して資本金102億円で造船専門の新会社IHIマリンユナイテッドを設立する。また同時期に日本鋼管（NKK）と日立造船との間で、それぞれの造船・海洋部門を統合した造船新会社ユニヴァーサル造船（資本金250億円）が設立されている。かかる中で工場の整理も進み、巨大ドックの削減や新たな人員整理の断行と態勢の再構築が行われていく。また川崎重工もIHIとの提携を行う一方、船舶・舶用機器部門を分離独立させて川崎造船を設立する。同様に住友重機でも商船建造部門を分離して住友重機マリンエンジニアリングを設立（2003年）している。その結果、総合重機メーカー6社であった造船所は、三菱重工、IHIマリンユナイテッド社、ユニヴァーサル造船、住友重機マリンエンジニアリングの4社体制へと移行したのである。

ほぼ同時期に中手の造船専業メーカーでも変化が生まれる。まず竣工量では、それまで圧倒的支配力を持った総合重機メーカー各社が大きく後退し始め、今治造船、常石造船、大島造船所や名村造船などがトップグループを形成していく。これは総合重機メーカーの大型タンカーなどの市場喪失、中手造船所がより高い技術を要するばら積み船などの建造に特化して韓・中との競争力を高めた結果によるものである。たとえば今治造船では、瀬戸内海に点在する造船所の吸収や設備の統合によるコスト競争力の増進を図り、大島造船所は一つの大型船台の中で複数の中型貨物船建造により効率向上を図り、サノヤス・ヒシノ明唱では大型ドックの増設やブロック建造技術の導入と、新たな生産システムの導入や経営管理が急速に進み、かつLNG・LPG船などの高付加価値船建造への進出で市場開拓に乗り出していく。

かかる中で造船の海外進出が日程に上ってくる。最初に本格的な海外生産に着手したのは代表的な造船専業メーカーの常石造船（ツネイシホールディングス）である。1994年にフィリピンのセブ島に資本金3億フィリピンドル

で造船・修理部門を持つツネイシ・ヘビーインダストリーズ社を設立して、2～5万トン級ばら積み船や5,100台積自動車運搬船の建造に着手する。続いて2003年に資本金4,340万ドルで中国浙江省舟山に合弁会社常石集団（舟山）造船有限公司を立ち上げている。ここでは当初、主にばら積み船用のブロックを組み立て、それを日本に曳航して最終的に組み立てて完成させることから始めて、その後本格的な生産体制に入り、2011年には20隻、159万重量トンの生産と売上44.5億元をあげて、建造量では中国第11位へと成長を遂げている。また同社は上海に設計部門を設立して中国での生産や、セブ島での生産強化を目指している。

　川崎重工の中国進出は1990年である。川崎重工は、中国最大の運輸会社中国遠洋運輸集団（COSCO）との合弁で江蘇省南通市に資本金8,000万ドルで南通中遠川崎船舶行程有限公司（NACKS）を設立する。当初は30万重量トンドック1基、従業員969名から稼働を始め、2001年は早くも第1号船の引き渡しにこぎつけ、2008年は2号ドックを建設して生産能力も50万重量トンにまで拡大する。建造する船種も主力の5万トン級ばら積み船から30万トンの大型タンカーや大型コンテナ船建造へと範囲が急速に広がっていく。さらに2009年にNACKSは、COSCOとの共同出資で大連中遠造船行程有限公司を設立してLNG船建造に着手する。その結果、2011年のNACKSの建造量は188万重量トンと全国で第10位を占めるまでになっている。

　このように日本造船業の苦境は、電機・機械に相当遅れてではあるが、2010年代に入りようやく国内的再編の過程から海外生産、すなわちグローバル的展開の段階に移行しつつある。

(2) 南米・アジア新興経済国に展開する造船業

　これまで述べたように日本の造船業界は、2010年代に至って新たな段階に入る。これまでは造船専業メーカーを中心とする国内企業の再編成であり、海外展開の事績は必ずしも所期の目的を達成したものではなかったが、しかし2010年代に入ると、競合相手の中国企業との合弁から、近年経済発展が著しい南米ブラジルやインド、ベトナムへと進出し始める。その他に日立造船や三井造船、三菱重工などの総合重機メーカーでは、中国での舶用エ

業、特に舶用をふくむエンジン生産へと乗り出していく。

　三菱重工の船舶・海洋部門も2011年を境にして積極的姿勢に変わる。船舶・海洋部門の強化、つまりやや劣勢に立たされている船舶とエンジニアリング部門を強化することで挽回する戦略への転換である。

　これまで同社は他の造船所との提携については、大型タンカー部門が苦境に陥っても、LPG船や豪華客船、艦艇などの高付加価値船受注で一定の安定的経営を保ってきていたためにやや消極的であった。しかし韓・中両国の建造能力が質・量ともに高まり、また国内の総合重機メーカーが統合を進めて競争力を高める中で新たな対応を迫られてくる。その一つの方向が専業メーカーとの提携強化である。専業メーカーの代表的造船所である今治造船との間で、今後予想されるシェールガス運搬用LPG船需要に対応すべく同船の共同設計・販売会社設立を2013年に合意し、また伯方造船との間でも同年に小型コンテナ船（1,000台搭載）の共同開発が合意されて国内再編成が進行している[9]。

　三菱重工の海外展開でまず注目されるのはインドへの進出である。近年インド経済の発展は著しく、同時に鉄鉱石や石炭などの資源も豊富に存するために日本企業の進出も相次いでいる。かかる中で三菱重工は、2011年に造船・化学プラント・電子機器・原動機生産を手掛けるインド有数の総合重機メーカーであるラーセン・アンド・ドウブロ社との間で、2007年から着手している原動機生産の合弁から一歩進めて、同社傘下のカタバリ造船所への品質管理や共同受注のための支援協定を結び、さらに同社本体との間で設計・資材調達・品質管理など商船建造に関する協定を締結。また中国との間でも2012年に同国造船のトップグループを占める太平洋造船集団との間で、8万2,000積載量トン級のばら積み船建造に関する技術協定を結んでいる。これは船舶建造のみならず、インドに見られるようにインフラ整備や海洋資源開発のためのプラント部門の強化策の一環である。

　そして造船業界の新たな動きとして、成長著しいブラジルへの展開がある。三菱重工も、ブラジルへの進出に積極的である。ブラジル大手造船所であるエコビックス・エンジェビックス社（ECOMX）との間で、2013年10月に三菱重工・今治造船・大島造船・名村造船所・三菱商事の5社による資本

参加が合意された。株式取得は500億円（30%）で、その30%の内訳は三菱重工が半分の50%、残り50%を4社で分け合うというものである。ブラジルは産業のインフラ、つまり海底油田の開発など大型の海洋開発が予定されており、ために浮体式海洋油田開発や石油貯蔵設備などのプラント施設建設が急がれる。このように三菱重工は、船舶建造や海洋構造物などのプラント技術の海外移転と新たな展開を見せている。

先に少し触れたが、IHIはブラジルとの間で合弁会社石川島ブラジル造船所（イシブラス社1959年～1994年）を設立して船舶建造や海洋構造物製造に携わってきたが、同社が1994年にエマキ・ベロルメ社と合併することでこの事業は一応の終了を見せる。そこで新たに進められてきたのが、ブラジル最大規模造船所であるアトランチコス造船所と技術提携することであった。同社は2008年に本格的な稼働体制に入るが、船舶建造技術や工程管理などの多くの克服課題を有していたこと、そしてエンジニアリング部門への進出意図をもっており、そこでIHIとジャパン　ユナイテッド　マリン社及び日揮の3社と共同出資（97億円）して造船・エンジニアリングなどの海洋ビジネスの拠点づくりに着手したのである。

川崎重工も2012年にブラジルにおける造船や海洋構造物生産に参入する。同国最大の建設会社オデブレヒト社など3社が設立したエスタレーロ・エセアーダ・ド・バラグラス造船所に対して30%（2億5,300万ブラジルレアル）の出資と、塗装や曲げ加工技術者の派遣を含む技術提携を行っている。

専業メーカー各社は海外生産の比重を高める方向をとり、また海外での生産を目指すことで船舶受注競争を乗り切る方針を取っている。いち早く海外に生産拠点を構築した常石造船（ツネイシホールディング）によるフィリピン・セブ島（1994年）や中国・舟山（2003年）の造船所を強化している。その結果、2013年にはこれら2造船所の生産実績は同社の日本での生産量を凌駕するまでになっており、同社の主力工場が交代している。また大島造船所もベトナムへ進出している。同造船所は、早くから貨物船建造に特化した生産をしていたが、国内での労働力調達や材料費騰貴によるコスト競争に後れをとる可能性があるとの判断で、より安価で質の高い労働力を求めてベトナム進出を決める。同社は2012年7月、ベトナム・カムラン市に造船所建設に

関する協定を締結している。同造船所は、3,600万ドルを投じて2017年頃を目途として稼働態勢に入る予定で、完成時には3,000人規模で、年間20〜30隻の建造能力をもつ設備を有し、主力船舶を3万6,000〜3万8,000積載トンクラスの貨物船に置く方針である。

　川崎重工の資本参加や技術移転は、三菱重工やIHIと同様に海洋油田の開発に要する浮体構造物や石油貯蔵設備生産からドリルシップと呼ばれる石油掘削関係の船舶建造が主たる目的である。つまり韓・中からの追い上げで、コスト競争の面はもとより品質面でも苦境に立たされる日本造船業は、総合重機メーカーを中心にインド・ベトナム・ブラジルに新たな拠点づくりをすることで活路を見出す方向へと舵を切るのである。また専業メーカーは常石造船や大島造船所に見られるように、積極的な海外展開で活路を見出そうとしているか、あるいは今治造船のように総合重機メーカーと提携する一方、他方では周辺の同業専業メーカーや舶用機器メーカーとの提携や吸収という形で技術開発、生産効率の向上などの手立てによる競争力強化を図ることで局面の打開を図っている。

3. 海外市場も視野に入れる総合重機メーカーの軍事生産部門

(1) 軍事産業リードする総合重機メーカー

　産業技術の発展は、多くの人々の生活を豊かにしてきた。しかし反面では兵器生産により人の殺傷と財産の破壊を行い、今日でもなお止むことなく続いている。周知のように戦後日本は、平和憲法の下で「戦力の不保持」を掲げてきた。これは自衛隊の発足から今日に至る過程で形骸化されては来てはいるが、少なくとも建前の上では憲法9条を守り「陸海空軍その他の戦力」は保持しないとして一定の歯止めはかかってきていた。しかし1982年から始まった中曽根内閣は、防衛予算の1%枠の突破、アメリカの核戦略を基礎に据えたレーガノミックスへの積極的な関与と、これまでの政府には見られない勢いで自衛隊の強化、つまり軍事力の強化路線へと踏み出していく。そして野田民主党内閣から第2次安倍内閣に至り、「武器輸出3原則」の撤廃や

集団的自衛権から憲法改定を展望した政策が矢継ぎ早に出され、さらに新たな段階を迎えている。

　このことは同時に、軍事力の「物質的基盤」を形成する企業にとっても大きな「期待」でもある。総合重機メーカーは、戦前からの歴史を持つ代表的な軍需産業を前身とする。その代表例が三菱重工である。戦前・戦後を通じて一貫して軍需産業としてのトップの座を保持しており、兵器生産に深く関わり飛びぬけた存在である。またIHI、川崎重工、住友重機なども戦前から軍事機構と密接に結び付いて展開してきた歴史を持つ。

　そしてこれら企業は現代もなお、表3-1に見るように日産、三菱電機、東芝などと共に常に防衛省受注のトップグループを形成している。まさに総合重機メーカーは、今も昔も日本の軍事生産の中核企業として屹立している。これら企業を併せると、最先端のハイテク技術を駆使した戦闘機やロケットの生産からイージス艦や潜水艦の建造、そして防衛・攻撃に関する軍事システムの生産と、重要兵器のことごとくを網羅している。たとえば三菱重工は1990年に最高度のハイテク技術を装備した護衛艦「こんごう」(7,250排水トン・イージス装置搭載艦あたご型）の主力造船所（IHIも1隻建造）であり、潜水艦は主に三菱重工と川崎重工とが、これら企業間で一種の棲み分け生産を行っている。また戦闘機やP3C、ヘリコプターなど軍用機関係の開発や生産でも三菱重工、IHI、川崎重工3社がほぼ中心的に受注しており、排他的独占的利潤を確保している。また宇宙関係を見ると、弾道弾ミサイルシステムの生産や宇宙ロケットの開発から打ち上げに至る過程もこれら企業が中心となって主導している[10]。

　しかもわが国の防衛予算は、安倍内閣になって急速に膨張している。尖閣諸島の帰属問題、北朝鮮「脅威」論、あるいは中東や東欧における紛争などを口実とした軍備強化予算である。このことは取りも直さず、軍需の拡大につながるもので、当該企業にとってはより多く受注が実現する「歓迎」すべき事態ではある。

　軍事力は、その国の生産力水準を反映している。資本主義が高度に発達している日本は、その意味で世界有数の軍事力を保有するに十分な基盤を備えていると言える。また軍事生産は、それが自国に止まらず他国を対象として

表3-1 契約相手方別契約高順位 (上位10社)

区分順位	契約相手方	件数	金額(億円)	年間調達額に対する比率(%)	主な調達品
1	三菱重工業㈱	225	2,403	15.7	地対空誘導弾ペトリオット、SH-60K哨戒ヘリコプター、新空対艦誘導弾（XASM-3）
2	日本電気㈱	246	1,632	10.7	野外通信システム、通信電子機器借上、自動警戒管制システム等用装置借上、水上艦用ソーナーシステム
3	川崎重工業㈱	120	1,480	9.7	潜水艦（8123）、C-2輸送機、MCH-101掃海・輸送ヘリコプター、CH-47JA輸送ヘリコプター
4	三菱電機㈱	115	1,240	8.1	03式中距離地対空誘導弾、03式中距離地対空誘導弾（改）（その3）、99式空対空誘導弾（B）、シースパローミサイルRIM-162
5	㈱ディー・エス・エヌ	2	1,221	8.0	Xバンド衛星通信中継機能等の整備・運営事業（本事業衛星等整備）
6	ジャパンマリンユナイテッド㈱	3	740	4.8	護衛艦（2406）
7	㈱東芝	73	503	3.3	電波監視装置1号機、基地防空用地対空誘導弾、11式短距離地対空誘導弾、地上電波測定装置J/FL.R-4A
8	富士通㈱	111	300	2.0	事務共通システムの借上、遠距離探知センサシステム研究試作、市ヶ谷地区構内通信網機器の借上
9	㈱IHI	31	277	1.8	主機械LM2500IEC型ガスタービン機関（24DDH用）、P-1用エンジン（F7-10・補用）
10	㈱小松製作所	31	267	1.7	120mmTKG、JM12A1対戦車りゅう弾、120mm、JM1りゅう弾、155mmH、M107りゅう弾

(注) 年間調達額に対する比率は、24年度契約額15,287億円に対する比率である。
(出所)「防衛省装備施設本部の概況（平成25年度版）」（上位10社のみ）

も、その性質上国家機構（軍事）や政策（軍事方針）と密接不可分の関係で存立する。兵器の性能が高度に発達し、またそれを生産する一握りの企業が独占的支配力をもつ現代では、国家との間にこれまでとは比較にならない程の結合関係や癒着構造を作り上げて、恒常的に独占的利益を生み出す方向をたどる性質を持つ。兵器は戦時に使用する場合はもとより、平時にあっても敵への備えという観点からは常に新たな兵器の開発が行われなくてはならないという「宿命」を持っており、その意味では軍事生産に関わる企業にとっては巨大で安定的な市場であると位置づけられる。

ではこのような軍事生産への傾斜は、国民生活や経済の生産サイクルにどのように関連しているのか。軍事生産は国家、つまり国民の税金の一部を割

いて行われるもので、民需の減少を意味する。従って軍事力の拡大・強化は、社会的総生産物の一部をより多く充当することであり、民需部門の圧迫となって現れる。つまり「軍事物資は、本質的に消費の実現を目的とするので再生産過程から離脱し」、「生産と生産能力に否定的な影響をあたえ、労働力の再構築も破壊する」結果をもたらす。しかも軍需市場は、一般の商品と異なり、自由な競争がほとんどない独占市場であり、国家と独占的企業との間において「随意契約」などによって最高に独占的利潤が実現する構造になっている。そのために国民的規模で軍事生産拡大を考えると、「軍需品購入のための国家資金がおおきくなればなるほど、勤労者の実質的所得は減少」する結果をもたらす。このことは国民の購買力の低下から、ひいては社会的資本形成力や拡大再生産テンポの低下をもたらす可能性を持つ。特に現代における軍事生産を考えた場合、それらは優れて知識集約産業として成立しており、また主要で高価な戦略・戦術兵器類は単独ではなく、一つのセット、一つのシステムとなっていて、自動車や家電に比べ関連産業のすそ野は狭く、また労働者の雇用も少なく、逆に受注した独占企業にとっては最大限利潤の獲得は容易になる傾向を持っている[11]。

(2) 海外市場も展望する軍事産業

2011年9月当時の民主党政権の下で前原政調会長は、アメリカでの講演の中で「武器輸出3原則」の見直しを表明した。それ以前に民主党は「新たな防衛大綱に関する提言」(2010年)で「武器輸出3原則」の撤廃に言及しており、その後防衛大臣と主要な軍事産業関連企業との意見交換会でも「長期的な防衛産業戦略の策定」や契約制度の見直し、軍事技術の「鎖国」状態を解消するためにも「武器輸出3原則」の見直しの必要性が話し合われている。これらの結果、同年12月政府は、藤村修官房長官談話として「武器輸出3原則」緩和政策へと転換する。

そして2012年12月に誕生した第2次安倍内閣は、「武器輸出3原則」緩和をさらに進めて、アメリカとの間での共同開発の強化から、イギリスやフランス等との間での軍装備品の共同開発、諸国への武器輸出と兵器生産に関する政策を一気に日程に上らせている。このような変化は「政治主導」による

軍事化の面と同時に、その背景には兵器生産関連企業、つまり経団連・防衛生産委員会や日本防衛装備工業会（旧日本兵器工業会）の存在と意見がある。

経団連・防衛生産委員会（委員長大宮英明・三菱重工社長）では、その都度防衛政策に関する提言を行い、政府に大きな影響力をあたえている。経団連は「新たな防衛計画の大綱に向けての提言」（2010年7月）を出しているが、その中で「防衛技術・産業の強化」のためには、米欧との間で共同開発・共同生産、そして兵器の輸出入緩和政策が不可欠であることを強調しており、その上で防衛産業政策では5項目の重点的投資分野が必要である旨を指摘している。システムインテグレーション能力、最先端要素技術、固有の運用要求に対する技術、運用支援能力、国際的優位性を確保する技術の5項目である。さらにこの中で宇宙開発に関しても重要な提言をしている。つまり衛星やロケットによる防衛目的の宇宙開発・利用が不可欠であると、宇宙空間の軍事利用の必要性を強調している。

その具体的な取り組みとして2012年7月に在日米国商工会議所航空宇宙防衛産業委員会と共同で「日米防衛産業協力に関する共同声明」を出し、兵器の共同開発、共同生産の態勢強化を打ち出している。また機関誌『月刊経団連』（2012年8月号）でも「新たな防衛計画の大綱に向けての提言」を特集して、兵器産業基盤の強化の必要性、そのためには「武器輸出3原則」を見直す必要があるとの見解を強く述べている。

このような動きは日本防衛装備工業会（会長佐藤育男・日本製鋼社長）も同一歩調である。同会は、防衛産業関係の企業団体として1951年に日本技術協力会として設立され、その後これはいったん解散するが、代わって兵器生産協力会（1952年）、日本兵器工業会（1953年）、さらに社団法人日本防衛装備工業会（1988年）が継続して設立され、2012年に一般社団法人に移行して今日に至り、その間一貫して軍事生産企業の中核団体としての歴史を持つ。2012年の会員数は128社で、鉄砲、誘導武器、弾火薬、車両、電子、水中武器、艦艇兵装部会、艦艇搭載武器、哨戒機武器、航空機搭載武器、材料の常設11部会で調査研究を行い、防衛装備品の生産・技術基盤についての研究・調査や改良についての恒常的な会員相互の関係を形成するとともに、意見の反映の場として防衛省とも密接な協力関係を作っている。この中で期待され

ているのが「武器輸出3原則」の撤廃である。兵器の外国との共同開発、武器輸出市場の海外への拡大、防衛予算の増額などである。それ故に野田内閣が「武器輸出3原則」を緩和する方針を出したとき、2012年5月の同工業会総会において当時の西田厚聰（東芝）会長は、兵器の共同開発・生産の道が開かれたと歓迎の言葉を述べている。

　日本経済の軍事化への道は、今や杞憂であるという範囲を超えて、日本産業の中で大きく位置づけられているし、関係企業にとっては新たな利潤獲得源として大きな期待となっている。もちろんそれは単に武器の生産という単純な図式ではなく、電子機器で装備された最先端のロケットや航空機開発技術と緊密に結びついた形で展開している。この大きな転換が野田内閣による2011年の「武器輸出3原則」緩和方針、そして安倍内閣による一連の「秘密保護法」、集団的自衛権を背景とした米欧諸国との積極的な武器の共同開発や原子力発電の輸出志向である。

　表3-2で、2011年からの軍事化の動向を年表として示そう。一見して明らかなように、2011年から2014年初頭のわずか3年余の間で、自衛隊戦闘機の共同開発・生産やJAXAによる宇宙ロケット打ち上げなどと同時に、装備品の海外諸国との共同開発や武器輸出、原子力発電輸出といった、これまでほとんど見られなかった外延的な拡大が極めて顕著である。

表3-2　軍事化の動向

年・月	政治の動向	財界・企業の動向
2011年7月	防衛省「防衛生産の技術基盤研究」中間報告で武器輸出3原則見直しに言及	IHI等が開発のエンジン「V2500」をブラジル・エンブラエル社軍用機KC380に搭載。ブラジルも同社に発注
2011年9月	前原民主党政調会長、米での講演で「安全保障の深化のために兵器の国際共同開発、生産、3原則の見直しを」と表明	ボーイング社の中型ジェット旅客機787型機、第1号が全日空に引き渡し。三菱重工等で機体の35%を生産。その後エンジン電気系統にトラブル発生
2011年10月	民主防衛部門会議で「武器輸出3原則」見直しを確認。F35部品の第3国への移転を了承	
2011年11月	藤村官房長官談話で兵器の国際共同開発、生産参加、国際協力目的の装備品供給を認めると表明	

年・月	政治の動向	財界・企業の動向
2011年12月	FXにロッキード社のF35採用決定	F35製作に三菱重工・IHI・三菱電機が主翼・後部胴体・エンジンの一部、約4割に参加
2012年3月		三菱重工、防衛省発注の「先進技術実証機」のステルス機組み立て開始。富士重工も参加の国産戦闘機
2012年4月	野田・キャメロン(英)首相との会談で、安全保障・防衛分野の協力拡大の共同声明。装備品開発・生産	
2012年5月	H2A大型国産衛星(三菱重工・JAXA)、初の宇宙ビジネスで打ち上げ成功。以後三菱重工に移管	日本防衛装備工業会総会で、兵器の共同開発・生産の道が開かれたと西田会長(東芝社長)が挨拶
2012年6月		三菱重工・IHIなどが12年度3月期決算で民間機需要などで黒字決算
2012年8月	非戦闘部分の技術支援を12年度予算で1億6,000万円のベトナム・東チモール・モンゴル・トンガへ	
2012年9月	防衛省と川重でヘリコプター官製談合疑惑。新型ヘリコプターの随意契約に関して富士重工の排除。	三菱重工も関与した疑い
2013年1月	防衛省、潜水艦「そうりゅう」型のAIP機関などの技術を豪に提供検討。長時間潜水技術	
2013年2月	政府はF35の国内で生産した部品の輸出は、例外措置で認める方針。同機はイスラエルも購入予定	
2013年2月	フィリピンに対して14年にもODAによる40メートル級巡視船10隻を供与。ベトナムなども候補先	
2013年3月	安倍内閣官房長官談話で、F34は「3原則」の例外として認め、第3国への移転と管理は米に委任と	川重、国産初の哨戒機P1を納入。同時開発の大型輸送機C2と共に自衛隊・民間・海外市場を目指す 三菱重工の国産ジェット旅客機MRJ開発のおくれ。2015年引き渡し予定。1機40億円、330機受注済み
2013年6月	安倍・キャメロン英首相と武器開発の一環として科学防御服の共同研究に合意。フランスとも兵器共同開発に合意	
2013年8月		三菱重工・JAXAによる民間初のロケット「H2B」打ち上げ。国際競争への参入を図る 川崎重工、「787」型機材増産に向けて新工場建設
2013年10月		川崎重工・ボーイング社共同で次世代エンジン開発 三菱重工連合、トルコと原発受注で正式合意。安倍首相のトルコ訪問に合わせて調印
2013年11月		IHI、F35エンジンをP&W社と共同で生産へ。初の日本企業参画が確定。当面38機分 三菱重工、トルコ企業と戦車用エンジンの共同開発の合弁会社設立を両国首脳で合意

第3章　造船企業のグローバリゼーションと軍事化への傾斜　　67

年・月	政治の動向	財界・企業の動向
2013年12月	政府は自民に「3原則」を撤廃、新原則作成方針提示 国家安全保障戦略と防衛大綱を策定。武器輸出の新たな緩和、自衛隊のオスプレイ・水陸両用車での新装備	住友重機、防衛省納入機関銃1,000丁のデータを改ざん 三菱航空機、国産旅客機MRJ受注325機と発表
2014年1月	日仏外相・防衛相会談で防衛装備品開発・輸出に関する委員会設置を合意 防衛相、日英とF35用ミサイルの共同開発の方針	
2014年2月	政府素案を与党に提示し、武器輸出3原則禁輸方針を提示。共産圏・紛争国禁止を削除	

(出所)「日本経済新聞」「日経産業新聞」「朝日新聞」「しんぶん赤旗」の各記事、『防衛白書』各年版から作成。

　かかる中で大きな役割を果たしている中心的企業が、三菱重工・IHI・川崎重工の総合重機メーカーである。そのいくつかを見てみよう。2011年12月に自衛隊の次期主力戦闘機がロッキード社のF35に決定されたが、これは三菱重工・IHI・三菱電機が主翼・胴体・エンジンの一部の約4割を受け持つもので、三菱重工はP&W社と共同で日本企業として初めてF35エンジンの共同生産に参画する。同機の自衛隊購入は当面38機、1機約100億円で30兆円市場と言われているが、ロッキード社の世界市場は極めて広く、そのためにも三菱重工などは強い期待を寄せていることは十分推察できる。このことに関して政府は管官房長官談話で、F35の部品の輸出は「武器輸出3原則」の例外として認めると表明している。同機をイスラエルも購入する予定であり戦争・紛争地域や国へ市場が広がることは、今後に大きな問題を残すであろう。

　F35決定に先立つ2011年9月に、ボーイング社の中型旅客機787型機第1号機が2011年9月日本（ANA）に引き渡されたが、この生産に関して三菱重工を中核企業として川崎重工・富士重工が「メガサプライヤーとして本体の開発に参画し、主翼、中央翼、前胴、脚格納庫などを取りまとめ」、機体の約35％、エンジンの12％を日本企業が担当している。この分野では、激しい国際間競争を経ながら、2030年は37,000機、市場規模約60兆円が見込まれているとされ、日本企業の参画も現在では価格的にはまだ低額ではあるが、将来的には技術の習得も含めて大きなメリットを有すると位置づけられ

ている。これに関連して三菱重工では、自社で開発したエンジンの小型国産機「MRJ」(三菱リージョナルジェット)を1機40億円、330機(受注済み)以上の生産を目指して開発を急いでいる。この市場とも併せると、航空機部門は大きなメリットを持っているといえよう。また同社では2012年3月、国産戦闘機としてステルス機組み立てを富士重工、川崎重工とともに開始しているし、それ以前には川崎重工が国産初の哨戒機P1の生産(2013年3月納入)に携わっており、IHIもP&W社とF35エンジンの共同生産に参入している。このように三菱重工を頂点として総合重機メーカーは、航空機部門では民間機から軍用飛行機、さらにはヘリコプター生産とあらゆる分野で複雑に絡み合いながら独占的地位を確立している[12]。

　総合重機メーカーが大きな比重を持つ生産分野が艦艇建造である。護衛艦から潜水艦、ミサイル搭載艦から輸送艦等大小さまざまな艦艇が国内企業によって建造されている。中でも最大の艦艇建造企業は三菱重工であり、次いでIHI、川崎重工と、ここでも総合重機メーカーが上位をほぼ独占している。とりわけ三菱重工は護衛艦建造実績を数多く持ち、建造費約1,400億円を要するハイテク艦である情報処理と攻撃指令を持つイージスシステム搭載のミサイル護衛艦6隻のうち、三菱重工が5隻を建造するなど、他の兵器を合わせて絶対的な地位を占めている。

　今一つ注目すべきは宇宙産業である。近年の航空宇宙研究機構(JAXA)による宇宙開発は目覚ましいものがある。この分野では国際間競争、特に商業衛星打ち上げについて日本の受注競争の遅れが指摘されているが、その市場への参入を図ってそれまでJAXAが中心となって開発してきた体制から、2013年3月商業衛星として三菱重工との共同打ち上げを契機として、三菱重工に全面移管して、ここにロケットエンジンメーカーとしてのIHIと三菱重工とがこの分野で独占的地位をさらに強めていく。

　2011年を境にしてアメリカとの間ではもとより、戦後の産業政策で基本的な点が変更されていることに注目すべきである。「日米安保条約」による両国間の緊密な関係は軍事生産においても一貫して強化されているが、安倍内閣になって新たな事項が追加されていく。軍事生産に関するアメリカ以外の国との共同開発・生産と実質的な武器輸出である。2013年6月安倍首相と

イギリス・キャメロン首相との間で、武器開発の一環として科学防御服の共同研究に合意し、同年11月にはトルコ企業と戦車用エンジンの共同開発合弁会社設立を合意している。またフランスとの間でもイギリスと同様に兵器の共同研究にも合意しており、これらに先立つ2013年1月にはオーストラリアとの間で潜水艦の潜水能力向上のための技術を供与し、さらには同年2月にはフィリピン政府に対して、海賊対策としてODAによる40メートル級巡視船10隻を供与するとしている。同時に安倍首相による原子力発電建設の売り込みもすさまじく、トルコ・ベトナム・インドなど発展途上国での建設を強力に進めている。この問題については他の章でくわしく論じられるが、一つだけ指摘しておけば、これら国内の主要な原子炉メーカーである三菱重工や東芝、日立がアメリカを軸としてフランスなど国際的な規模で展開する企業と密接不可分に関係していることで、これまでにない重要な問題を世界に提起している。

　総合重機メーカーは、造船業の不振を補う形で海洋プラント生産などを強化するとともに、「産・軍」結合による航空機から民間機の開発・生産、そして宇宙ロケット開発・打ち上げの「航空・宇宙」事業拡大への傾斜を強めている。これらの傾向はIHIや川崎重工においても同様に見られる。

　なぜ軍事産業であるのか。軍事産業は、何よりも発注者が国家（軍）であることで財政的な裏付けがあり、「信用」も添付されて事業展開の上で安定的な経営が可能である点である。また航空機やロケット開発は国家事業としての位置も有している。その場合、巨額の開発費については技術開発補助金などが、また官・民の交流などの見えない利得を含めて国家資金と政策が投入される。つまり企業にとっては開発費を低く抑えることができるし、先行投資にもなる。開発した技術はその企業に蓄積され、将来に向けて大きな効果を発揮する可能性を持つものとなる。

　しかも兵器類は往々にして随意契約でなされる。つまり独占的利潤が獲得できることである。しかしそこには「官・財」癒着、「政・官・財」「三位一体」構造の悪しき事例が生み出されることも少なくない。事実ヘリコプター生産をめぐって富士重工排除を目的とした川崎重工と防衛省との間での談合疑惑（2012年9月）、住友重機による防衛省納入機関銃1,000丁のデータ改ざ

ん問題、あるいは政治献金をめぐるこれまでの疑惑など、その事例は数多く指摘されてきた。

　航空機は、非常にすそ野の広い産業である。自動車の100倍、約300万点の部品からなっていると言われており、航空機という製品の性質上高い精度の部品が要求される。航空機開発・生産はアメリカとアメリカ企業との間で行われており、その意味では「日米安保条約」による国家戦略の柱である。この緊密な関係をベースとして技術供与を受けることは、国内市場のみならず海外市場をも視野に入れたもので、その意味では軍事産業のグローバル展開である[13]。

　またロケット開発・打ち上げも企業にとって大きなメリットを持つ事業である。推進エンジン、ロケット本体、燃料とそのどれをとっても最先端の技術開発が不可欠である。しかも極めて高価なもので、海外にも市場を求める通信衛星などの商業を目的としたロケット以外に、スパイ衛星と言われる探査ロケットからミサイル弾道弾用のロケットまでとその範囲は広く、かつ高度に秘密性を要する製品でもある。従って航空機と同様に、多くの開発・生産の利得を内包している。つまり利潤の独占化が最も高い分野である。それ故にかかる企業は、今後さらに軍事産業としての事業を強める方向を取ることは想像に難くない。

注
1) 高度成長を牽引してきた造船・重機産業の大企業は、その過程でエンジニアリングから電子部門と幅広い生産体制を作り上げてきた。殊に74年造船不況を契機としてその「陸上がり」による造船部門の軽減化や、異部門への進出で業態が大きく変化し、これまでの「造船・重機」というカテゴリーでは捉えることができなくなっている。そこで本稿ではこれらの大企業を「総合重機」、「総合重機メーカー」とする。古賀義弘他編著（2000）『総合重機』大月書店、序章。
2) 同上書、第1章「陸海空に展開する総合重機」。
3) 古賀義弘編著（2011）『中国の製造業を分析する—繊維、アパレル、鉄鋼、自動車、造船、電機、機械—』唯学書房。
4) 中国船舶工業年鑑編集委員会編『中国船舶工業年鑑2012』
5) 日本船舶振興財団（1983）『造船不況の記録』。
6) 前掲、『総合重機』77ページ参照。
7) 古賀義弘編著（2004）『日本産業と中国経済の新世紀』第2部第1章「造船業のアジアへの集中と総合重機産業の展開」唯学書房、参照。
8) 古賀義弘編著（2011）『中国の製造業を分析する』第2部第9章「再編成と巨大

化に向かう中国造船業」唯学書房、参照。
9) 川崎重工と三井造船との間でも統合交渉が進められるが、川崎重工社長と他の重役との間での軋轢から交渉打ち切りになる。その背景には川崎重工の造船部門の海外進出をも視野に置いた経営姿勢や経営陣トップ間の主導権確保、三井造船による造船部門の軽減化と舶用エンジン生産など舶用部門の強化などが相まっての要因がある。「日本経済新聞」2013年6月13日付。
10) 丸山恵也編著（2012）『現代日本の多国籍企業』第1部「造船　日・韓・中造船業界の熾烈な競争と日本企業」新日本出版社。
11) 木原正雄（1994）『日本の軍事産業』新日本出版社、38〜39ページ、46ページ。この節では本書の論旨に多く依拠している。
12) 「日経産業新聞」2011年11月7日付ほか。
13) 同上。

(古賀義弘)

第4章
鉄鋼メーカーのグローバル戦略と企業金融

はじめに

　本章では、「従来の経済学や既存の経営学の普遍的な理論の枠組から、どこまで日本の最近の鉄鋼メーカーのグローバル戦略の新しい動きを説明できるのか」という問いにたいする答えを企業金融の立場から模索したい。
　そのさい企業金融のキーワードとなる言葉は、外国人持株比率、事業ポートフォリオ（不採算事業からの撤退など）、自己資本比率などであろう。
　前半で、外国人持株比率、事業ポートフォリオ、自己資本比率などの言葉をなぜ重視する必要があるか、解説する。
　後半で、日本の最近の鉄鋼メーカーのグローバル戦略の新しい動きを分析する。

1. 企業金融の3つのキーワード―外国人持株比率、事業ポートフォリオ、自己資本比率―

　鉄鋼は、経済学者や経営学者がつねに注目してきた産業である。換言すれば、経済学や経営学は鉄鋼を主たる研究対象の1つとしながら発展してきたといえる。18世紀から19世紀までのイギリス産業革命は鉄鋼の発達の過程であった。18世紀から19世紀までのイギリス古典派経済学は当時の鉄鋼の発達を主たる研究対象の1つとしながら経済学を発展させたに違いない。20世紀とくに第二次大戦後の日本の経済成長も鉄鋼の発達の過程であった。20世紀とくに戦後の日本の経営学は当時の鉄鋼の発達を主たる研究対象の1つ

第4章　鉄鋼メーカーのグローバル戦略と企業金融　　　73

としながら経営学を発展させたに違いない。

　であれば、「鉄鋼という個別特殊な1つの産業を主たる研究対象の1つとしながら経済学者や経営学者はこれまでどのような普遍的な理論を構築してきたのか。また経済学や経営学のその普遍的な理論は今後鉄鋼の新しい変化をどこまで説明できるのか」というようなかたちで問題を設定することができる。たとえばイギリス古典派経済学者（例・デビット・リカード）が「固定資本」という概念を使用しながら労働需要の変化を議論したとき、そのばあいの「固定資本」は主として鉄鋼の高炉の設備を念頭においたある程度特殊なイメージであったのかもしれない。また日本の経営学者（例・藻利重隆）が「資本固定性」という概念を使用しながら企業経営の長期傾向を議論したとき、そのばあいの「資本固定性」は主として鉄鋼の高炉、転炉、連続鋳造、圧延の諸設備を念頭においたある程度特殊なイメージであったのかもしれない。であればそのような特殊なイメージから導き出された理論で今後どこまで新しい変化を説明できるのであろうか。

　いっそう具体的にいえば、「従来の経済学や既存の経営学は、鉄鋼に典型的にみられる1980年代以降日本の多業種化や多国籍化をどこまで説明できるのか」というようなかたちで問題を設定することができるということである。1980年代以降鉄鋼を1つの典型事例としながら日本企業は事業多角化（多業種化）や多国籍化をすすめてきた。学者によってはこれらの動きは現代企業の最も重要な2つの特徴だと主張する。であれば、「従来の経済学や既存の経営学のその普遍的な理論は1980年代以降の鉄鋼の新しい変化、具体的には多業種化、多国籍化をどこまで説明できるのか」というようなかたちで問題を設定することができる。

　本章の主要な目的は、「従来の経済学や既存の経営学の普遍的な理論の枠組から、どこまで日本の最近の鉄鋼メーカーのグローバル戦略の新しい動きを説明できるのか」という問いにたいする答えを企業金融の立場から模索することである。

　財務管理論の構成要素の解説は、学者によって異なる。たとえば株式会社金融、投資決定、資本市場評価という区分がある。また、インベストメント、コーポレートファイナンスという区分もある。さらに事業投資、資本構

成、配当政策という区分もありうる。

　筆者の私見では財務管理理論は複数の領域——企業金融、株主構成、経営分析——で構成されている（たとえば井手・高橋［2009］はこれら3つの分野いずれもとりあげている）。

　欧米流の財務管理理論のキーワードは「資本コスト」、あるいは「NPV（net present value、正味現在価値）」である。そしてこれらのキーワードは、しばしば「事業ポートフォリオ」という用語と一緒に使用される。実際に米国ではこれらは事業撤退の基準としても使用されているという（井手・高橋［2009］）。企業活動のグローバリゼーションは海外売上高比率の上昇と外国人持株比率の上昇にあらわれている（内閣府［2011］）。日本では、外国人持株比率の上昇にともなって、財務管理理論のキーワードである「資本コスト」や「NPV」を事業撤退の基準としても使用する企業が増加している。

　また財務管理理論の専門領域ではこれまで自己資本比率 $\left(\frac{自己資本}{総資産}\right)$ の推移がしばしばとりあげられてきたが、意外にも学者によって意見がさまざまであって、これといった定説があるようで、ない。1970年代半ば以降ほぼ一貫して上昇傾向にあるわけだから、あきらかに構造的な傾向を指摘する必要があるにもかかわらず意外にそうした指摘はみあたらない。

　このような問題意識のもとで日本の鉄鋼メーカーのグローバル戦略を理解するとどうなるのか。それが本章の目的である。

　ところで唐突であるが、総資産の評価は学者によって異なる。

　たとえば無形資産は、長澤・伊藤（2010）によって整理されているように、2つの側面をもっている。無形資産は、一方で、企業特殊性の強さ、汎用性のなさという点からみれば、「硬直的」であるかもしれない。その側面からみるかぎりでは、無形資産集約企業は、不採算事業からの撤退などのリストラクチャリングを速やかには実行できないかもしれない。無形資産は、他方で、同時・多重利用の可能性という点からみれば、「資産転用の可能性」をもち、そのかぎりで「柔軟性」をもつかもしれない。その側面からみるかぎりでは、無形資産集約企業は、不採算事業からの撤退などのリストラクチャリングを速やかに実行できるかもしれない。

　このような無形資産を含む総資産の2つの側面の存在を反映しているかの

第4章 鉄鋼メーカーのグローバル戦略と企業金融　　75

ように、事業多角化の評価も学者によって意見が2つにわかれる。

一方で、ある学者は「企業が事業多角化をおこなうと投資家が株式を購入し株価が上昇する。株価が上昇するかぎりでは（とくに企業集団内部の株式の相互持ち合いのもとでは）資本効率改善の必要は存在しないと認識され、事業ポートフォリオの変更（不採算事業からの撤退）もおこなわれず、総資産の膨張を反映するかぎりで自己資本比率も低下していく」と議論する（仮説A）。

他方で、他の学者は、「日本企業が事業多角化をおこなったので投資家が株式を売却し株価が低下した。株価が低下するかぎりでは（とくに外国人持株比率の上昇のもとでは）資本効率改善の必要が存在すると認識され、事業ポートフォリオの変更（不採算事業からの撤退）がおこなわれ、総資産の圧縮を反映するかぎりで自己資本比率も上昇していく」と議論する（仮説B）。

これら仮説Aと仮説Bの最大の違いは、「事業部門多角化（事業ポートフォリオの変更）は外国人持株比率の上昇のもとではどのように評価されるのか。そしてその結果として自己資本比率はどうなるのか」ということである。

(1) 仮説Aのイメージ図

```
　　　　　無形固定資産増加
　　　　　　　↓
　　　　　事業部門多角化
　　　　　（事業ポートフォリオ）
　　　　　　　↓
　　　　　利益率の上昇
　　　　　　　↓
　　　　　株価の上昇
　　　　　　　↓　←　株式相互持ち合い？
　　　　資本効率改善の必要なし
　　　　　　　↓
　　　　資本コスト概念の必要なし
　　　　　　　↓
　　　　自己資本比率の低下？
```

(2) 仮説Bのイメージ図

過剰投資
↓
事業部門多角化
（事業ポートフォリオ）
↓
総資本回転率低下
↓
株価の低下
↓ ← 外国人持株比率の上昇？
資本効率改善の必要
↓
資本コスト概念の必要
（不採算事業部門からの撤退の基準）
↓
自己資本比率の上昇？

以上の事業ポートフォリオに関する論点は大変興味深い。

現実には、どのような海外地域に進出し、どのような海外地域から撤退するかという地域構成（海外地域構成）の問題と、どのような事業に参入しどのような事業から撤退するかという事業構成の問題とは、密接に絡み合っている。

そのかぎりでは、以上の事業ポートフォリオに関する論点は、海外現地生産比率や海外売上高比率の変化を分析するさいにも大変参考になると思う。

以下の作業は、単純化すれば「外国人持株比率の上昇→事業ポートフォリオや地域構成（海外地域構成）の変更→自己資本比率の変化」という因果関係の探索作業となる。

2. 鉄鋼メーカーのグローバル戦略と企業金融

(1) 鉄鋼メーカーのグローバル戦略①（本業比率、海外現地生産比率、海外売上高比率、外国人持株比率）

内閣府（2011）は企業活動のグローバリゼーションを海外売上高比率の上

昇、外国人持株比率の上昇との関連で分析している。

海外売上高比率の上昇、外国人持株比率の上昇いずれも財務管理論の立場から見ても重要な動きである。

図4-1、図4-2、図4-3は「平成24年度企業行動に関するアンケート調査結果」（内閣府［2013］）のものである。ここからわかることは、製造業区分別にみても、資本金規模別にみても、また、業種別にみても、海外現地生産比率の上昇が顕著だということである。

表4-1、図4-4は「平成24年度企業活動基本調査報告書」（経済産業省［2012］）のものである。ここからわかることは、本業比率の推移である。高村寿一・小山博之編（1994a）、高村寿一・小山博之編（1994b）も解説しているように、鉄鋼は1980年代以降本業比率を引き下げ多角化をすすめた。

図4-5、表4-2は「平成24年度株式分布状況調査の調査結果について」（東京証券取引所ほか［2013］）のものである。図4-5からは1980年代以降の外国人持株比率の上昇傾向がよみとれる。表4-2からは鉄鋼など重化学工業部門の外国人持株比率の低さがよみとれる。

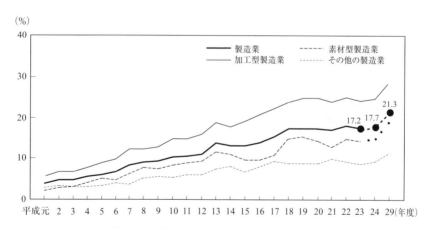

図4-1　海外現地生産比率の推移（製造業）

（注）1. 平成24年度は実績見込み、29年度は見通しを表し、それ以外の年度は、翌年度調査における前年度の実績を表す（例えば、平成23年度の値は、平成24年度調査における「平成23年度実績」の値）。
　　　2. 海外現地生産比率を0.0％と回答した企業を含めた単純平均である。
（出所）「平成24年度企業行動に関するアンケート調査結果」36ページ。

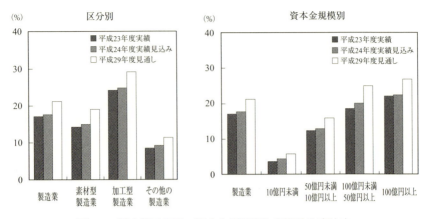

図4-2　製造業区分別・資本金規模別海外現地生産比率

(注)　海外現地生産比率を0.0%と回答した企業を含めた単純平均である。
(出所)　「平成24年度企業行動に関するアンケート調査結果」36ページ。

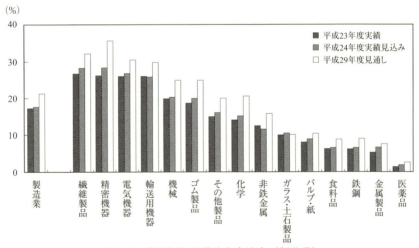

図4-3　業種別海外現地生産比率（製造業）

(注)　1.　海外現地生産比率を0.0%と回答した企業を含めた単純平均である。
　　　2.　業種については、「平成23年度実績」「平成24年度実績見込み」「平成29年度見通し」いずれも回答企業が5社以上の業種とした。
(出所)　「平成24年度企業行動に関するアンケート調査結果」37ページ。

第4章　鉄鋼メーカーのグローバル戦略と企業金融

表4-1　製造業の本業比率と兼業比率

	中分類ベースの本業比率・兼業比率 (%)						(参考) 大分類ベースの 本業比率(%) 製造業 (A)+(B)
	本業 比率 (A)	前年度差 (%ポイント)	本業以外 の製造業 (%)	製造業	小売業	その他	
製造業	85.3	▲0.1	10.1	3.0	0.1	1.5	95.4
食料品製造業	90.0	1.1	4.3	4.2	0.6	0.9	94.3
飲料・たばこ・飼料製造業	90.8	▲0.9	2.6	5.8	0.2	0.6	93.4
繊維工業	77.9	▲10.8	17.9	2.6	0.1	1.5	95.8
木材・木製品製造業	89.0	0.3	3.2	3.3	0.2	4.3	92.2
家具・装備品製造業	78.9	▲1.4	11.1	6.5	0.4	3.1	90.0
パルプ・紙・紙加工品製造業	88.2	▲0.1	3.7	7.2	0.2	0.7	91.9
印刷・同関連業	89.4	▲0.5	7.3	2.3	0.2	0.8	96.7
化学工業	85.9	▲0.4	7.7	5.6	0.0	0.8	93.6
石油製品・石炭製品製造業	90.0	▲3.7	8.7	1.1	0.0	0.0	98.7
プラスチック製品製造業	83.9	2.1	11.6	3.9	0.0	0.6	95.5
ゴム製品製造業	82.6	1.0	9.2	6.7	0.1	1.4	91.8
なめし革・同製品・毛皮製造業	94.8	5.0	4.2	0.3	0.0	0.7	99.0
窯業・土石製品製造業	83.4	▲0.3	6.9	3.8	0.2	5.7	90.3
鉄鋼業	90.3	▲1.0	7.8	1.2	0.0	0.7	98.1
非鉄金属製造業	82.9	▲0.1	12.2	3.8	0.0	1.1	95.1
金属製品製造業	86.2	▲2.0	9.7	1.7	0.2	2.2	95.9
はん用機械器具製造業	72.1	▲2.0	24.4	1.0	0.0	2.5	96.5
生産用機械器具製造業	86.1	0.0	9.2	1.4	0.0	3.3	95.3
業務用機械器具製造業	79.0	0.3	16.2	2.0	0.1	2.7	95.2
電子部品・デバイス・電子回路製造業	75.8	▲13.4	23.2	0.5	0.3	0.2	99.0
電気機械器具製造業	70.5	▲7.1	18.0	10.3	0.0	1.1	88.5
情報通信機械器具製造業	78.3	13.0	13.9	0.1	0.0	7.7	92.2
輸送用機械器具製造業	92.6	▲0.6	5.5	1.4	0.0	0.5	98.1
その他の製造業	85.3	2.4	9.3	1.8	0.4	3.2	94.6

(注) 表中の網掛けは、前年度差が低下した業種を示す。
(出所) 経済産業省「企業活動基本調査報告書」平成24年公表、平成23年実績。

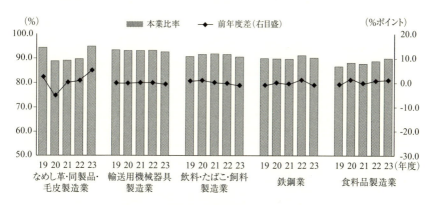

図4-4　製造業の業種別本業比率の推移

(出所) 経済産業省「企業活動基本調査報告書」平成24年公表、平成23年実績。

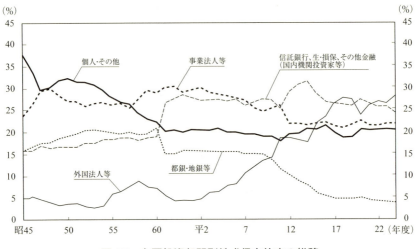

図4-5　主要投資部門別株式保有比率の推移

（注）平成16年度から平成21年度までは、ジャスダック証券取引所上場会社分を含む。
（出所）東京証券取引所　ほか。
　　　「平成24年度　株式分布状況調査の調査結果について」平成25年6月20日公表。

(2) 鉄鋼メーカーのグローバル戦略②（中期経営計画）

　新日鉄住金も神戸製鋼所も「有価証券報告書」の「対処すべき課題」で「中期経営計画」のエッセンスを紹介している（新日鉄住金［2013a］、新日鉄住金［2013b］、神戸製鋼所［2013a］、神戸製鋼所［2013b］）。「有価証券報告書」の「対応すべき課題」と「中期経営計画」とをまとめながら読んで、何が中心的な経営課題かを浮き彫りにしよう。

　日本の最大の鉄鋼メーカー新日鉄住金は「有価証券報告書」の「対応すべき課題」、「中期経営計画」で「『技術』『コスト』『グローバル対応』において効果を発揮し、東アジアの新興鉄鋼メーカーが本格稼働を開始する2015年までに世界最高水準の競争力を実現する（最低目標ROS 5%程度）」と述べている。

　神戸製鋼所は2013年度からの3年間を「経営基盤の再構築」の期間と位置づけ、2016年度以降を「収益の『安定』と事業の『成長』に向けた布石を打つ期間とする」と述べている。「収益の『安定』と事業の『成長』に向け

表4-2　外国法人等の業種別保有比率等の状況

業種	外国法人等業種別保有比率		保有比率増減 (a)－(b)	業種別株価指数騰落率
	24年度(a)	23年度(b)		
	%	%	ポイント	%
空運業	19.5	6.9	12.6	△25.4
電気・ガス業	19.3	15.5	3.8	△6.0
医薬品	29.2	26.0	3.2	35.0
石油・石炭製品	30.1	27.0	3.1	4.0
銀行業	28.1	25.5	2.6	36.4
保険業	34.7	32.1	2.6	13.9
陸運業	19.4	16.8	2.6	42.1
食料品	28.1	25.6	2.5	28.8
非鉄金属	25.4	22.9	2.5	4.4
鉄鋼	18.5	16.3	2.2	△3.1
機械	28.2	26.0	2.2	19.6
不動産業	33.6	31.5	2.1	73.4
化学	28.7	26.7	2.0	17.5
輸送用機器	33.6	32.0	1.6	26.5
電気機器	33.6	32.1	1.5	1.6
情報・通信業	27.9	26.4	1.5	27.3
サービス業	22.7	21.5	1.2	35.9
ゴム製品	25.5	24.5	1.0	54.6
小売業	23.1	22.1	1.0	27.0
金属製品	19.1	18.2	0.9	11.5
建設業	24.4	23.5	0.9	19.2
海運業	25.5	24.8	0.7	△2.8
倉庫・運輸関連業	17.8	17.1	0.7	45.6
卸売業	24.8	24.6	0.2	7.7
証券・商品先物取引業	28.9	28.9	0.0	71.4
ガラス・土石製品	21.3	21.4	△0.1	△2.0
その他製品	27.1	27.2	△0.1	5.7
繊維製品	17.8	18.2	△0.4	5.2
水産・農林業	9.3	9.9	△0.6	△3.8
鉱業	36.3	37.1	△0.8	△7.9
パルプ・紙	11.0	11.9	△0.9	△9.6
精密機器	30.1	31.1	△1.0	3.6
その他金融業	26.5	27.9	△1.4	56.0

（参考）TOPIX騰落率 21.1%
（出所）東京証券取引所　ほか
　　　　「平成24年度株式分布状況調査の調査結果について」平成25年6月20日公表。

た布石」の内容は、神戸製鉄所上工程設備の休止を含む「鋼材事業の構造改革」、圧縮機事業等のグローバル展開を含む「機械系事業の戦略的拡大」などである。

　新日鉄住金は、中期経営計画（2013年3月13日公表）において、次のように述べている。「当面の鉄鋼需給は厳しい環境が予想される」。一面で、東アジア地域では、「ギャップの拡大」。2015年までに新規稼働予定のプロジェクトとして、中龍　第2高炉。宝鋼。現代　第3高炉。武鋼。POSCO　高炉拡大改修。POSCO　インドネシア。FPG　ベトナムがあげられる。他面で、日本では、「中期的には60百万トン程度が継続」。

　神戸製鋼所は、中期経営計画（2013年度～2015年度）において、次のように述べている。一面で、国内では、「鋼材需要は、漸減傾向になると想定」。他面で、東アジアでは、「2015年に東アジア各地で新しい製鉄所の稼働が予定され、鋼材の供給量が増大すると想定」。

　新日鉄住金も神戸製鋼所も、日本国内における鋼材需要の横ばいあるいは漸減傾向、東アジアにおける鋼材供給の急激な増加に着目している。

　日本の鉄鋼メーカーの「中期経営計画」のポイントの1点は、海外で供給体制を構築していくという点である。ここでは「グローバルな事業参入をいかなる基準ですすめるか」がキーワードとなる。

　もう1点は、他方で同時に国内では設備休止・整理統合、いわゆる資本廃棄がすすめられるという点である。ここでは「ローカルな事業撤退をいかなる基準ですすめるか」がキーワードとなる。

　日本の鉄鋼メーカーの「中期経営計画」の最大のポイントは、「国内での設備休止・整理統合、海外での供給増加」ということである。

（3）安全確保、生産性、品質

　すでに（2）においても紹介したようにグローバリゼーションは海外売上高比率の上昇、外国人持株比率の上昇としてあらわれている。『経済財政白書』（内閣府［2011］）では、海外売上高比率、外国人持株比率、無形固定資産投資の相互の関連が指摘されている。企業活動のグローバル化の主な指標として海外売上高比率の上昇傾向、外国人持株比率の上昇傾向が使用されてい

る。それぞれ顧客の動き、株主の動きをあらわしているといえるかもしれない。そう考えたとき、全体として、最近のグローバリゼーションの背景や影響はどのように理解されるべきであろうか。

　鉄鋼は①安全確保、②生産性、③品質の3つの点に注意して観察する必要がある。鉄鋼をしらべるならば、高炉メーカーを見学する必要がある。高炉メーカーを見学したら3つの点をみてくる必要がある。①安全確保、②生産性、③品質の3つである。それぞれ従業員の立場（利害）、株主の立場（利害）、顧客の立場（利害）をあらわしているといえなくもない。従業員は工場で安全にはたらきたいと考える。株主は生産性をあげて利益をだしてほしいと考える。顧客は品質をできるだけよくしてほしいと考える。これらが相互に矛盾しなければそれが一番望ましいのは言うまでもない。はたして実態はどうであろうか。

　安全確保、生産性、品質のあいだで相互に矛盾するとすればそれはグローバリゼーションの主な指標——海外売上高比率の上昇傾向（海外での供給増加）や外国人持株比率の上昇傾向——とどのような関係にあるのかが今後ますます問題になるであろう。

　2014年にはいってから鉄鋼・化学で大きな事故が2件発生した。2014年1月9日、三菱マテリアル四日市工場で爆発事故が発生し、5人が死亡し12人が重軽傷を負った（各種報道）。また2014年1月17日、新日鉄住金名古屋製鉄所で火災が発生した（各種報道）。

　工場事故を複数の観点から多面的に分析する必要があると思う。たとえば、①自然環境などによる外的・偶然的なショックの要素、②現場の従業員個人の心理要因（ヒューマンエラー）、③工学的な技術要因（故障、安全装置の有無など）、④個々の企業の経営組織のしくみ・システム・構造（安全装置への投資の状況、日常の「指導」の徹底状況）、⑤法律（安全基準の遵守状況、監督機関の独立性の有無など）などの観点である。日本ではまだ①、②の側面に矮小化させる向きが多い。せいぜい③の側面の調査を一定の条件のもとで実施する程度である。④、⑤の側面の調査はほとんどまったくおこなわれておらず今後の課題である。

　これら5つの側面から多面的に、とくに最近のグローバリゼーション——

国内での設備休止・整理統合、海外での供給増加——との関連でも、⑤構造の問題として、2014年1月の三菱マテリアル四日市工場の爆発事故発生、新日鉄住金名古屋製鉄所の火災発生を位置づけていく必要があるのかもしれない。

多面的に、とくに最近のグローバリゼーション——国内での設備休止・整理統合、海外での供給増加——との関連でも、構造の問題として、2014年1月の三菱マテリアル四日市工場の爆発事故発生、⑥新日鉄住金名古屋製鉄所の火災発生を位置づけていくとすれば、どうなるか。

新日鉄住金も神戸製鋼所も「事業ポートフォリオの構築」という発想のもとでの不採算事業からの撤退を繰り返し強調している。

新日鉄住金は『中期経営計画』で「資産圧縮3000億円程度（12年度下期から3年程度）」と述べている（新日鉄住金［2013a］スライド26）。

神戸製鋼所は『中期経営計画』で「事業ポートフォリオや各事業への出資形態の変化に合わせ当社グループに最適な経営プラットフォームを検討」と述べている（神戸製鋼所［2013b］スライド29）。

(4) 鉄鋼メーカーの企業金融（自己資本比率）

鉄鋼における外部資金への依存の高さ、労働生産性の高さは、学者によっては鉄鋼の「資本係数」の高さとの関連で説明される。

宮沢（1969）によれば（生産成長率＝貯蓄率÷限界資本係数）である。これは「限界資本係数が低ければ低いほど、貯蓄率が高ければ高いほど、生産の成長率は高くなる」ということを意味する。ところで鉄鋼・化学などの重化学工業部門では限界資本係数が高い。それゆえ、鉄鋼・化学などの重化学工業部門では一定の生産成長率を実現・維持するために必要な貯蓄率はそれだけ高くなるのであって、そのかぎりでは内部資金ではまかなえず、外部資金に依存せざるをえなくなる。

また、宮沢（1969）によれば（労働生産性＝資本集約度÷平均資本係数）である。これは「もし平均資本係数が高くても、もしそれ以上に資本集約度が高ければ、そのばあい労働生産性は高くなる」ということを意味する。ところで鉄鋼・化学などの重化学工業部門では資本集約度が高い。それゆえ、鉄

鋼・化学などの重化学工業部門では平均資本係数の上昇を相殺してあまりあるほど一定の労働生産性を実現・維持している。

しかしはたして1960年代鉄鋼の外部資金への依存の強さ、自己資本比率の低さは鉄鋼の産業特性だけで説明できるのか、時代特性を考慮しないでもよいのかという疑問が残る。

実際には、1960年代後半における自己資本比率の低下傾向は、設備投資の緩慢化、商品供給過剰、掛け売りの増加のあらわれという側面をもっていた。

また1970年代半ば以降における自己資本比率の上昇傾向はニクソンショック、オイルショックによる影響のあらわれという側面をももっていた。1960年代には円レートの安定の前提のもとで輸出志向がすすみ、資源供給の安定の前提のもとで資源の輸入依存がすすんだ。これらの前提のもとで重化学工業化（企業集団ごとのコンビナート建設の活発化）がすすんだ。1970年代以降にはニクソンショック（1971年）、オイルショック（1973〜74年、1979年）のせいで前提が崩れ円レートの上昇傾向のもとで輸出不振がすすみ、資源価格の上昇傾向のもとで輸入困難に直面した。これらの動きは素材産業を中心とした重化学工業における1970年代半ば以降の自己資本比率の上昇傾向の背景になっていると考えられる。

このように、日本の鉄鋼メーカーの経営指標の最大のポイントは、「1980年代以降の鉄鋼の総資本回転率の低下、自己資本比率の上昇をいかに国際的な観点——ニクソンショック、オイルショック、戦後世界経済の枠組の変化など——から説明するか」という点にある。

おわりに

以上の分析の結果として、次のような結論が導き出されるとおもう。すなわち、「日本の鉄鋼メーカーにおいては、1980年代以降、事業部門多角化（事業ポートフォリオの変更）の結果として総資本回転率の低下傾向、株価の低下傾向という経営課題に直面したが、とくに最近は外国メーカーによる乗っ取りの脅威（それはかならずしも外国人持株比率に反映されていないが）のもと

で海外での供給増加・国内での資本廃棄がすすめられており、これはこれでさらなる自己資本比率の上昇の要因となる」という結論である。

　以上の作業は、「外国人持株比率の上昇→事業ポートフォリオや地域構成（海外地域構成）の変更→自己資本比率の変化」という企業金融の因果関係の探索作業であったと同時にその検証作業であったが、もちろん十分な分析になってはおらず、あくまで現時点での試論にすぎない。

　とはいえ、筆者の分析の背景にある問題意識（安全確保、生産性、品質のあいだで相互に矛盾するとすればそれはグローバリゼーションの主な指標──海外売上高比率の上昇傾向（海外での供給増加）や外国人持株比率の上昇傾向──とどのような関係にあるのかという問題意識）を共有していただければ、今回の分析の所期の目的は達成されたことになる。

参考文献

新日鉄住金株式会社（2013a）『有価証券報告書　第88期　平成24年4月1日～平成25年3月31日』（http://www.nssmc.com/ir/pdf/nssmc_jp_br_2012_all.pdf）。

株式会社神戸製鋼所（2013a）『有価証券報告書　第160期　平成24年4月1日～平成25年3月31日』（http://www.kobelco.co.jp/ir/library/vlbl_security/2012/index.html）。

新日鉄住金株式会社（2013b）『中期経営計画』説明会資料（http://www.nssmc.com/ir/pdf/20130313_200.pdf）。

株式会社神戸製鋼所（2013b）『中期経営計画』説明会資料（http://www.kobelco.co.jp/releases/2013/2013-2015.pdf）。

財務省（各年）『財政金融統計月報　法人企業統計年報特集』財務省。

東京証券取引所・大阪証券取引所・名古屋証券取引所・福岡証券取引所・札幌証券取引所（2013）「平成24年度株式分布状況調査の調査結果について」（http://www.tse.or.jp/market/data/examination/distribute/b7gje6000000508d-att/bunpu2012.pdf）

内閣府（2013）「平成24年度企業行動に関するアンケート調査結果」（http://www.esri.cao.go.jp/jp/stat/ank/ank.html）。

経済産業省（2012）「平成24年度企業活動基本調査報告書」（http://www.meti.go.jp/statistics/tyo/kikatu/index.html）。

内閣府（2011）『経済財政白書（平成23年版）』

吉原英樹・佐久間昭光・伊丹敬之・加護野忠男（1981）『日本企業の多角化戦略』日本経済新聞社。

高橋文郎（2006）『エグゼクティブのためのコーポレート・ファイナンス』東洋経済新報社。

井手正介・高橋文郎（2009）『ビジネスゼミナール経営財務入門（第4版）』日本経済新聞出版社。

長澤賢一・伊藤彰敏稿（2010）「無形資産投資がリストラクチャリングに与える影響

に関する研究」『経営財務研究』第29巻第1・2合併号。
松本和男（1986）『企業収益と企業金融』日本経済新聞社。
ニッセイ基礎研究所編・小野正人著（1992）『ゼミナール　これからの企業金融・財務戦略』東洋経済新報社。
髙村寿一・小山博之編（1994a）『日本産業史3』日本経済新聞社。
髙村寿一・小山博之編（1994b）『日本産業史4』日本経済新聞社。
岡本博公（1987）「事業構造の変革と企業グループ—新日本製鉄のケース—」『現代日本の企業グループ』東洋経済新報社。
堀一郎（2008）「リストラ後のマーケット・インとプロダクト・アウト—鉄鋼業：新日鉄とUSスチール・ニューコア—」塩見治人・橘川武郎編『日米企業のグローバル競争戦略』名古屋大学出版会。
宮沢健一（1969）『日本の経済循環（新版）』春秋社。
青木茂男・松尾良秋（1993）『米国企業の競争力を読む—財務データによる日米企業経営の比較分析—』中央経済社。
青木茂男（2012）『要説経営分析（四訂版）』森山書店。
中村孝俊（1983）『日本の巨大企業』岩波書店。
成田修身・大橋英五・大西勝明・田中隆雄（1981）『企業分析と会計』学文社。
大橋英五（2005）『経営分析』大月書店。

　　　　　　　　　　　　　　　　　　　　　　　　　　　　（髙橋　衛）

第5章
日本の多国籍企業と原発輸出

はじめに

　東京電力福島原発の事故は、すでに3年もの長い年月がたったにもかかわらず、いまだその原因解明もされていない。それにもかかわらず、安倍政権は「成長戦略」の柱にインフラ輸出をおき、とくに原発輸出を現在の3,000億円から7倍弱の2兆円に増大させるとする。そして、首相自ら「原発ビジネス」のトップセールスとして、原子力発電のベトナムをはじめトルコなど多くの国への輸出をすすめている。しかし、世論調査をみても、国民の6割もの人が原発輸出に反対している。

　原発事故の原因を全て地震と津波という「不可抗力によると自然災害」に責任転嫁をすることなく、真の原因を解明しようとするならば、原発の安全対策、原子炉はもちろん配管の機能・構造から部品に至るまで総合的検討が必要であることは言うまでもない。したがって、法的にその責任が免除されているからと言って、福島原発を建設したプラントメーカーの製造物責任や倫理的責任が消えさることはない。事故原因の解明如何では、原発プラントメーカーも大きな責任が問われることも生じうる。それにもかかわらず、原発プラントメーカーは原因解明への協力など、社会に対していかなる責任ある対応もせず、米国の核世界戦略の一翼を担って、巨大な利益を求めてアジアをはじめ世界に原発を輸出しているのである。その輸出先は主として経済成長を目指す新興国であり、しかも、福島原発事故を経験した「世界一安全な原発」として首相自ら国際的な「トップセールス」を推進しているのである。政府や電発企業は日本国内で原発が基幹エネルギーとして稼働していな

ければ、日本の原発やその技術を世界に輸出することはできないと考え、原発再稼働を強引に推し進めているのである。原発輸出から引き起こされるリスクには、深刻な問題の発生が懸念される。この問題について本章で検討したい。

1．米国の核戦略と日本の原発企業

（1）米国の核戦略と原発産業の日米同盟

　米ブッシュ政権は、2005年5月「国家エネルギー政策（NEP）」で、原子力エネルギーの利用拡大、核燃料サイクル及び次世代原子力技術の開発促進を打ち出した。この政策はスリーマイル島の事故以降、新規原発建設がない米国の原子力産業を復活させ、10年間に30基余りの原発の建設という「原子力ルネサンス」を目指すものであった。しかし、現実には、この政策はテロ攻撃対策の原発規制基準の強化、建設コストの高騰、各地の原発反対運動などに阻まれて、進展はなかった。

　さらに、2006年2月、米エネルギー省はGNEP（国際原子力エネルギー・パートナーシップ＝The Global Nuclear Energy Partnership）を発表した。これは米国が核燃料供給国として原発受け入れ国に対して安定的に燃料供給をおこなうことの代わりに、核兵器への転用可能なウラン濃縮を含む使用済み燃料リサイクル技術の放棄を狙ったものである。これは核拡散防止条例（NPT）という米英仏中ロの5大国に核兵器の保有を限定する枠内で、日本の原発燃料の核燃料サイクル技術が認められているという事情を踏まえた米国の世界核戦略である。米国は自らの世界核戦略とそれと一体化した国際原子力産業のこうした構想を推進するためには、自ら原子炉の生産と核燃料サイクルの両面で技術的優位に立たなければならず、そのためには米国は何よりも同盟国で、しかも原発プラント・部品の世界輸出で主導的な役割を果たしている日本の協力を必要とした。GNEPの要請を受けて、日本は内閣府、外務省、文科省、経産省がその構想を評価すると表明し、同年5月、小阪文科相が米国エネルギー省ボドマン長官と会談し、米国の核燃料サイクル施設の共同設計、「常陽」「もんじゅ」を活用した核燃料再処理、原子炉のコンパクト化、ナトリウム

冷却炉用大型機器などの共同開発で合意するという迅速な対応を見せた[1]）。

　企業レベルでは、この時期に一斉に日米それに仏を加えた世界原発企業が連携を進めた。2006年2月、東芝はGNEP発表のその日、ウェスチングハウス・エレクトリックス（WH）の全株式を54億ドルで英ニュークリア・フューエルス社より取得し、両社の得意分野を組み合わせて沸騰水型原子炉（BWR）と加圧水型原子炉（PWR）を推進すると表明した。同年10月、三菱重工と仏アレバが第3世代の100万kW級原発プラントの共同開発をはじめ、先進リサイクル炉（ARR）と使用済み核燃料再処理施設の建設で合意した。日立製作所は2007年11月、原子力事業開始以来のパートナーであるジェネラルエレクトリック（GE）との原子力事業統合を発表し、米国にHitachi Nuclear Energy Americas LLC、日本に日立ニュークリア・エナジー社を設立し、改良型沸騰水型軽水炉（ABWR）やPRISM原子炉の開発を目指した。こうして米国の世界核戦略のもとに、日米原発企業の同盟の原発輸出による世界支配を進める体制が出来上がった。しかし、この体制を推進するには困難な状況が生じた。

　困難な状況の一つは米国GNEP構想の破たんである。すでにみたように、GNEPにみる米国の原子力政策は、①新型原子炉の開発と輸出、②核燃料再処理の継続、③核廃棄物の最終処分場の確保を「三位一体」で内外において推し進めることであった。しかし、米国内では、新型原子炉の制作には技術上の困難さから失敗し、核燃料サイクルの確立についても国内に800億ドルかけて3カ所の再処理工場を計画したがいずれも失敗に終わった。核廃棄物の最終処分場もネバダ州ユッカマウンテンを候補地に決定し進めたが住民の反対で断念せざるをえなかった。こうして米国内における「三位一体」の原子力政策は破綻し、主戦場を海外に求めざるを得なくなった米国にとって技術力と資金力のある日本企業は頼もしい同盟者であり、しかも、米国の世界核戦略の従属的なパートナーでもあった[2]）。

　米国の原子力産業の現状は次のような理由から極めて停滞した状況にある。①原発の建設費は日本の2倍程度と高く、規模の小さい米国の電力会社では、政府の債務保証なしにはこの巨額な資金を調達することは難しい。②米国のシェール革命の影響もあって、原発は技術的にも、コスト的にも競争

力が失われている。③オバマ政権のもとで、核廃棄物の最終処分場の計画が廃止され、この対策が決まるまでは、11の州で州法により原発の建設はできないことになった。④米国はこの30年間、原発を建設してこなかったことで人材が決定的に不足しており、また原発建設のノウハウも失われている[3]。

しかも、この日米同盟の世界進出を妨げる重大な事態が勃発した。それは日本の福島原発事故である。東京電力はこの日米同盟から離脱した。民主党政権は「脱原発」を決め、稼働原発ゼロとなった。「日本原子力ムラ」と原発企業は、体制の再編成を余儀なくされた。しかし、安倍政権の誕生により、原発の再稼働は進められ、海外への輸出推進に向けた首相の「トップセールス」が開始する。日米同盟原発企業の再編による世界進出の再開である。

(2) 日米仏原発プラントメーカー、連携で海外進出

世界の原発プラントメーカーは、図5-1にみるように1980年代以降、新規参入や集中と合併を繰り返し、現在は仏アルバ、米GE、米WH、露アトムエネルゴプロム、それに日本の三菱重工、東芝、日立製作所の7社からなるが、この7社の中でアレバ・三菱重工連合、GE・日立連合、東芝・WHの3大グループが形成され、世界の原子力産業はこの3大グループに寡占化されている。これに対抗する形で韓国、中国の後発企業が台頭してきており、これらと一定の関係をもつ英国のBNFL社（ニュークリア・フューエル）・グループやロシアのアトムエネルゴプロムなどが存在する。

3大グループ連携の海外原発事業の動向は次の通りである[4]。

三菱重工は米WHの買収で東芝に敗れたものの、仏アレバと連合を組み、海外原発事業の拡張を積極的に進めている。トルコには安倍首相がトップセールスとして乗り込み、三菱重工が仏アレバとの合弁会社アトメアを通して2023年までにシノップ原発プロジェクトで、原発4基を建設する優先交渉権を獲得した。民主党政権がすでに2012年に原子力協定を結んだヨルダンでも、アレバと組んで受注を目指し、アトメアの原子炉がヨルダン原子力委員会の適合評価を得ている。2030年までに400万～800万kWの原発建設を計画するブラジルへも、アトメアを通して受注を目指している。米国ではテキサス州の原発運営会社ルミナントから原発1基を受注し、中国へは山東省

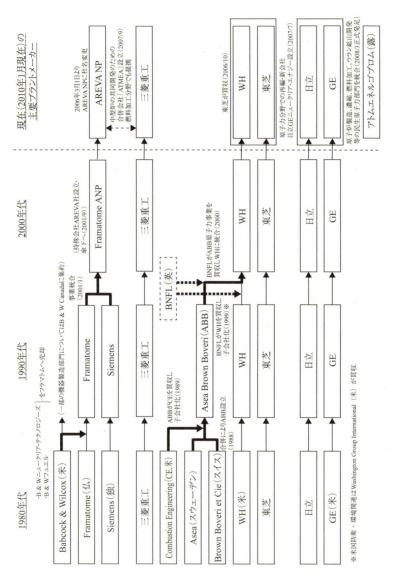

図5-1 世界の原発プラントメーカーの編成

(出所) 原子力資料情報室編『原子力市民年鑑』(2013年) より。

海陽原発と三門原発にタービンローターを16本納入した。

　三菱重工社長宮永俊一氏は、世界各国の原発需要について次のように述べている。「中東やアジア、ブラジルなどで新計画が増えてくると考えている。3～4年に1回のペースで受注を獲得できるように活動する。トルコの原発4基の事業規模は総額で約20兆円が見込まれ、当社がほぼ半分を受け持つと想定している。12年度に1,700億円だった当社の原子力部門の受注額を、トルコの事業が本格化する17年度には5,000億円まで拡大したい」[5)]。

　東芝はWHを子会社として買収し、シェア40％の世界一の原発プラントメーカーになり、原子力事業をグローバルに展開している。米国は34年ぶりに新規原発建設を認可したが、このジョージア州ボーグル発電所の原子炉2基、サウスカロライナ州VC発電所の原子炉2基は、東芝・WHが開発したものである。米原子力規制委員会（NRC）に出されている28基の原子炉申請のうち14基が東芝・WH製である。また、2013年2月、フィンランドのフェノボイマ社がハンヒキビに計画している原発建設の直接交渉権を獲得した。同じくTVO社のオルキルオト原発4号機の入札にWHと共同で参加している。また、WHは中国で三門原発2基、海陽原発2基の建設を進めるとともに、チェコのテメリン原発の入札にも参加している。また、2013年12月、東芝はWHを通じて英大手原発設備会社ニュージェンの株式60％を170億円で取得し傘下に収めた。東芝のこの会社買収の目的は、ニュージェンが計画する英国中部で原発の建設・運営の受注を確実にすることにあった。したがって東芝は同社取得で電力を売って収益を上げるのが目的ではなく、いずれ株式を外部に売却する方針である。この方式は、日立製作所の英原発会社ホライズンの買収と同じである。しかし、長期的視点から安全性を重視しなければならない原子力発電という特性や建設にあたっての地域住民の意向や協定の順守などを考えると、このような方式は、「後は野となれ山となれ」式の多国籍企業の本質を露骨に示した無責任な行為といえよう。東芝は2014年1月、ニュージェンから原発3基を1兆5,000億円で受注し、17年にも着工する。

　東芝の原発事業の売上高は2012年度が約5,200億円である。現在WHが米国と中国で原発を建設中であるが、国内では福島原発事故以降新規受注がな

く、既受注はいずれも11年3月以前であり、原発建設後の保守関連の収入が中心である。東芝はこれまでの設備の請負だけでなく、「川上」の発電事業にも踏み込んで受注をとる戦略に切り替え、原発輸出による海外需要の獲得に社運をかけ、2018年までには約30基の原発を受注し、売上高を1兆円に倍増する計画である。

日立製作所は米GEと連携し、2013年4月、すでに三菱重工に内定していた米バージニア州のノースアナ原発3号機の新設計画を、逆転で獲得した。12年3月には、リトアニアのビギナス原発のプロジェクトの事業権を獲得し、さらに、11月には英原発企業ホライズン社を買収した。この会社は所有地2カ所にそれぞれ2～3基の原発を建設する計画である。カナダではサスカチュワン州政府と小型原子炉を共同開発し、さらにポーランドの企業や大学と提携し原発技術者の育成、インターン学生の受け入れを進めている。社長中西弘明氏は「日本の原発が途絶えるのはエネルギー政策への打撃が大きい。原発の基幹技術をもつ日本の原発の継続を求める」とし、12年度の売上高は1,600億円であったが、その大部分が国内原発の保守点検であった。2020年度の原子力事業の売上高目標をほぼ倍増の3,000億円とし、海外比率を5割に増加する方針を示し、「現在進めている英国とリトアニアでの原発建設が進めば、20年代前半には稼働し、さらに、今後、サウジアラビアやメキシコで原発建設の受注を目指している」とする[6]。

(3) 日本の原発企業集団と「日本原子力ムラ」

日本の原発輸出の中心企業は、すでにみたように東芝、日立製作所、三菱重工の原発プラントメーカー3社である。東芝と日立はBWR（沸騰水型原子炉）で、主として東京電力、東北電力などの東日本地域の原発を建設しているが、これに対して三菱重工はPWR（加圧水型原子炉）で、主として西日本地域の関西電力、九州電力などの原発を建設している。

上記3社を主契約者とする原発企業集団は次のような構成からなっている。原子炉、タービン、ポンプなどは東芝、日立、三菱重工、IHI、川崎重工の原発主力メーカーである。発電機は日立、東芝、三菱電機、燃料は原子燃料工業、三菱原子燃料、グローバル・ニュークリア・フューエル・ジャパ

ン、土木工事は竹中、大林組、鹿島、熊谷組、清水、大成、五洋、西松、前田、奥村組、ハザマなどのゼネコン、プラント工事は東芝プラントシステム、太平電業、日立プラントテクノロジー、ウラン権益は海外ウラン資源開発、出光興産、三菱商事、丸紅などである。

　表5-1は東京電力福島原発（10基）の建設を担当した東芝・GE、日立を頂点に構成された企業集団である。

　表5-2は日本の原発プラントメーカーによる海外輸出実績の内訳をみたものである。

　原子炉は1970年代より東芝3基、日立2基、三菱3基と分け合っているが、タービン・発動機、取換用上部原子炉容器、制御棒駆逐装置、原子炉冷却材ポンプなどは三菱重工が主力となっている。

　安倍政権は原発輸出を成長戦略の柱にしているが、それは原発輸出が上記のような原発プラント企業を中心とする原発企業集団を形成し、日本経済に大きな影響力をもっていることによる。これが「パッケージ型輸出」と呼ばれるゆえんである。これは原発の設計・建設から運転・メンテナンスまで一括して受注し、さらに原発で起こした電気を使って電車を走らせ、都市開発までパッケージにして新興国・途上国に売り込もうとするビジネスである。この中核となる原発輸出は、「日本原子力ムラ」を基盤とする官民一体の輸出体制として構築され、しかもこれが国内の原発再稼働と結合しているところに特徴がある。「日本原子力産業協会」は、三菱重工、東芝、日立をはじめ東京電力など電力会社、三菱東京UFJなどメガバンク、三菱商事など商社、それにトヨタ、パナソニックなど日本の主要な企業から構成され、これまで「日本原子力ムラ」の中核を担ってきたし、現在は完全に復活している[7]。

　日本の原発企業集団は、1990年代後半以降の原発建設が停滞してきた中で、福島原発事故による国内市場が決定的なダメージを受けたことによって、海外進出に全力を傾注することになった。このような原子力業界の強い要望を受けて、2代にわたる首相自らの原発ビジネスのトップセールスが続いたのである。とくに安倍首相の外国訪問には三菱重工、東芝、日立製作所の原発プラントメーカー・ビック3を含む日本の代表的大企業の経営者100名以上が同行してオール・ジャパン・ビジネスを展開している。

表5-1　東京電力福島原子力発電所建設概要

	福島I-1	福島I-2	福島I-3	福島I-4	福島I-5	福島I-6
炉型	BWR	BWR	BWR	BWR	BWR	BWR
電気出力(万kW)	46.0	78.4	78.4	78.4	78.4	110.0
熱出力(万kW)	138.0	238.1	238.1	238.1	238.1	329.3
運転開始(～終了)	1971年3月26日～2012年4月19日	1974年7月18日～2012年4月19日	1976年3月27日～2012年4月19日	1978年10月12日～2012年4月19日	1978年4月18	1979年10月24日
着工	1967年9月29日	1969年5月27日	1970年10月17日	1972年5月28日	1971年12月22日	1973年3月16日
臨界	1970年10月10日	1973年5月10日	1974年9月6日	1978年1月28日	1977年8月26日	1979年3月9日
主契約者	GE	GE/東芝	東芝	日立	東芝	GE/東芝
アーキテクトエンジニア	EBASCO	EBASCO	東芝	日立	東芝	EBASCO
供給者 原子炉系	GE/GETSCO	GE/GETSCO/東芝/石播	東芝/石播	日立パブコック日立	東芝/石播	GE/GETSCO/東芝/石播
圧力容器	GE/GETSCO	GE	GE	NFI	NFI/AREVA NP	GE
炉心・燃料	GNF-J/NFI	GNF-J/NFI	GNF-J	NFI	NFI	NFI/GETSCO
蒸気系統	GE/GETSCO	GE/東芝/GETSCO	東芝	日立	東芝	GE/GETSCO
タービン	GE/GETSCO	GE/東芝/GETSCO	東芝	日立	東芝	GE/GETSCO
土建工事	鹿島/五洋/間/前田/熊谷	鹿島/熊谷	熊谷/鹿島	鹿島/五洋/間/前田/熊谷	熊谷/鹿島/五洋	鹿島/熊谷/間/前田/五洋
建設費(億円)	405.4	556.7	600.8	861.3	948.7	1833.1
建設単価(万円/kW)	8.8	7.1	7.7	11.0	12.1	16.7

	福島II-1	福島II-2	福島II-3	福島II-4
炉型	BWR	BWR	BWR	BWR
電気出力(万kW)	110.0	110.0	110.0	110.0
熱出力(万kW)	329.3	329.3	329.3	329.3
運転開始(～終了)	1982年4月20日	1984年2月3日	1985年6月21日	1987年8月25日
着工	1975年8月21日	1979年1月23日	1980年11月10日	1980年11月10日
臨界	1981年6月17日	1983年4月26日	1984年10月18日	1986年10月24日
主契約者	東芝	日立	東芝	日立
アーキテクトエンジニア	東芝	日立	東芝	日立
供給者 原子炉系	東芝/石播	日立パブコック/日立/AREVA NP/GNF-A	東芝/石播	日立パブコック日立
圧力容器	GNF-J/NFI/GNF-A	GNF-J/NFI/AREVA NP/GNF-A	GNF-J/NFI	GNF-J/NFI
炉心・燃料	東芝	日立	東芝	日立
蒸気系統	東芝	日立	東芝	日立
タービン	鹿島/五洋/間/前田/熊谷	鹿島/五洋/間/前田/熊谷	鹿島/大林/五洋/前田	清水/竹中
建設費(億円)	3565.0	2763.0	3147.6	2917.4
建設単価(万円/kW)	32.4	25.1	28.6	26.5

(出所) 原子力資料情報室編『原子力市民年鑑』(2013年)より作成。

表5-2 日本の原発プラントメーカーの主な輸出実績

機器名	輸出年	原発名	メーカー
原子炉圧力容器	1971	ブラウンズフェリー2、3号（アメリカ）	東芝
	1971	リングハルス1号（スウェーデン）	東芝
	1973	ホープクリーク1号（アメリカ）	日立
	1986	秦山Ⅰ期（中国）	三菱重工
	1999	秦山Ⅱ期1号（中国）	三菱重工
	2004	龍門1号（台湾）	東芝
	2004	龍門2号（台湾）	日立
	2006	オルキルオト3号（フィンランド）	三菱重工
格納容器	1975	金山1、2号（台湾）	日立
炉心支持板	1986	秦山Ⅰ期（中国）	東芝
タービン・発電機	1972	カラチ（パキスタン）	日立
	1975	ラグナベルデ1号（メキシコ）	三菱重工
	1976	ラグナベルデ2号（メキシコ）	三菱重工
	2000	秦山Ⅲ期1、2号（中国）	日立
	2006	龍門1、2号（台湾）	三菱重工
		三門1、2号（中国）	三菱重工
		海陽1、2号（中国）	三菱重工
取替用上部原子炉容器	1996	リングハルス2号（スウェーデン）	三菱重工
	2003	サリー1、2号（アメリカ）	三菱重工
	2003	リングハルス4号（スウェーデン）	三菱重工
	2004	ファーリー1号（アメリカ）	三菱重工
	2004	ノースアナ1号（アメリカ）	三菱重工
	2004	リングハルス3号（スウェーデン）	三菱重工
	2005	ファーリー2号（アメリカ）	三菱重工
	2005	ノースアナ2号（アメリカ）	三菱重工
	2006	フォートカルフォーン1号（アメリカ）	三菱重工
	2009～12	サウステキサス1、2号（アメリカ） サンオノフレ2、3号（アメリカ）	三菱重工
	2010	アングラ1号（ブラジル）	三菱重工
取替用蒸気発生器	1995	チアンジュ1号（ベルギー）	三菱重工
	2001	チアンジュ2号（ベルギー）	三菱重工
	2003	ドール2号（ベルギー）	三菱重工
	2006	フォートカルフォーン1号（アメリカ）	三菱重工
	2008	サンオノフレ2号（アメリカ）	三菱重工
	2009	サンオノフレ3号（アメリカ）	三菱重工
	2009	ドール1号（ベルギー）	三菱重工
	2009～14	計12基（フランス）	三菱重工
取替用加圧器	2006	フォートカルフォーン1号（アメリカ）	三菱重工
制御棒駆動装置	2004	ノースアナ1、2号（アメリカ）	三菱重工
	2004	龍門1、2号（台湾）	日立
	2005	リングハルス2、3、4号（スウェーデン）	三菱重工
インターナルポンプ	2004	龍門1、2号（台湾）	東芝
原子炉冷却材ポンプ、主給水ポンプ等	1986～87	秦山Ⅰ期（中国）	三菱重工
	1998～99	秦山Ⅱ期1号（中国）	三菱重工
	2000	秦山Ⅲ期1、2号（中国）	三菱重工
	2001	秦山Ⅱ期2号（中国）	三菱重工
	2008～10	秦山Ⅱ期3、4号（中国）	三菱重工

（出所）図5-1に同じ。

2. 世界の原発建設と日本の原発輸出

(1) 新興国の原発建設

表5-3は世界の地域別にみた原発の運転、建設、計画の現状をみたものである。

2012年1月1日現在、稼働中の世界の原発は427基、建設中は75基、新増設計画中は94基である。中国は稼働中14基に加え、30基を建設中、26基を計画している。ロシアは稼働中の28基に加えて、12基を建設中、13基を計画中である。しかし、福島原発事故以来、ドイツをはじめ多くの国が脱原発に踏み切ったこともあり、全体として世界の原発建設の勢いは、国際原子力機関（IAEA）の試算をみても漸減傾向にある。そのような中で、原発の建設が東欧、アフリカ、中東、アジアなど経済成長を目指す新興国において積極的に進められている。ここでは経済成長のための電力確保が、その国にとっての重要課題となっている。これらの国をみるとまだ原発をもっていない国が多いが、日本の原発輸出はこのような新興国を中心に推進されている。日本の資源エネルギー庁は、今後毎年5〜20基の原発が世界で建設されると試算している。

原発の1基当たりの建設費は巨額なものである。たとえば、サウステキサスのNRG発電所の1,350メガワット級原子炉は1基当たり4,000億円であり、日本がトルコに輸出しようとしている原子炉は1基5,000億円であるが、世界の原発建設費は高騰を続けている。しかも、原子力発電所は通常、原発を複数基建設するから1〜2兆円投資規模の大型ビジネスとなる。世界の計画中の原発が実際に建設されるとすれば、全世界の経済活動に大きな影響を与えることになろう。

(2) 日本の原発再稼働と原発輸出

日本が原発輸出に大きく舵を切ったのは、09年である。この年の暮れ、アラブ首長国連邦（UAE）の原発受注競争で日立を中心とする日本連合は、韓国電力と斗山重工業などの韓国グループに敗退した。東欧や新興国では

表5-3 世界の原子力開発の現状（2012年1月1日現在）

(出力の単位は万kW)

国・地域		運転中		建設中		計画中		合計	
		出力	基数	出力	基数	出力	基数	出力	基数
西欧	フランス	6,588.0	58	163.0	1			6,751.0	59
	ドイツ	1,269.6	9					1,269.6	9
	イギリス	1,172.2	18					1,172.2	18
	スウェーデン	940.9	10					940.9	10
	スペイン	778.5	8					778.5	8
	ベルギー	619.4	7					619.4	7
	スイス	340.5	5					340.5	5
	フィンランド	284.0	4	172.0	1	260.0	2	716.0	7
	オランダ	51.2	1					51.2	1
北米	アメリカ	10,632.3	104	120.0	1	1,066.0	9	11,818.3	114
	カナダ	1,330.5	18					1,330.5	18
アジア	日本※	4,630.0	50	442.1	4	240	9	6,312.8	63
	韓国	1,871.6	21	580.0	5	280.0	2	2,731.6	28
	中国	1,019.8	14	3,329.9	30	2,817.5	26	7,342.2	70
	台湾	520.0	6	270.0	2			760.0	8
	インド	478.0	20	530.0	7	530.0	4	1,538.0	31
	パキスタン	78.7	3	68.0	2			146.7	5
	インドネシア					400.0	4	400.0	4
	ベトナム					400.0	4	400.0	4
CIS	ロシア	2,419.4	28	1,106.6	12	1,396.4	13	4,922.4	53
	ウクライナ	1,381.8	15	200.0	2			1,581.8	17
	アルメニア	40.8	1					40.8	1
	カザフスタン					?	1	?	1
東欧	チェコ	401.6	6			200.0	2	601.6	8
	ブルガリア	200.0	2			200.0	2	400.0	4
	ハンガリー	200.0	4					200.0	4
	スロバキア	195.0	4	94.2	2			289.2	6
	ルーマニア	141.0	2	211.8	3			352.8	5
	スロベニア	74.9	1					74.9	1
	リトアニア					138.4	1	138.4	1
中南米	ブラジル	199.2	2	140.5	1			339.7	3
	メキシコ	136.4	2					136.4	2
	アルゼンチン	100.5	2	74.5	1			175.0	3
アフリカ	南アフリカ	191.0	2					191.0	2
	エジプト					187.2	2	187.2	2
中東	アラブ首長国連邦					560.0	4	560.0	4
	イラン			100.0	1	38.5	1	138.5	2
	イスラエル					66.4	1	66.4	1
	トルコ					480.0	4	480.0	4
	ヨルダン					?	1	?	1
合計		38,461.8	427	7,602.6	75	10,501.1	94	56,565.5	596

※日本については2012年4月30日現在のデータ、建設中に「もんじゅ」を含む。日本原子力産業協会発表に加筆
（出所）図5-1に同じ。

原発需要が高まり、30年までに原発が計90〜370基増加する見込みである。UAEはその先駆けであった。09年、日立は子会社に転じていた重電部門出身の川村隆氏を会長兼社長として戻し、東芝も原子力部門出身の佐々木則夫氏が社長に就任した。原発輸出に社運をかけた体制づくりであった。しかし、日本連合はその直後UAEで敗退した。これは政府・経産省の「原子力立国計画」（2006年）の危機でもあった。この年に政権交代した民主党は、党内電力労組関係者からなる原発推進派の「日本には高い技術をもつ原発メーカーがあるのに世界に出ていけてない。メンテナンスやサービスと組み合わせたパッケージとしてのインフラ輸出が必要」との主張を入れ、10年菅政権は新成長戦略に、「パッケージ型インフラ輸出」を盛り込んだ。同時に、原発推進派の望月晴文元経産事務次官や前田匡史国際協力銀行執行役員を内閣官房参与に起用した。原発プラントメーカーと二人三脚で売り込む電力会社には東京電力が期待され、東電は新経営計画「2020ビジョン」で海外進出を打ち出した。経産省、原発プラントメーカー、東電による原発輸出の「09年体制」が出来上がった。しかし、11年3月福島第一原発事故で09年体制は崩れた。それでも経産省は執拗に原発推進と輸出の立て直しを図る。原発事故直後の混乱のさなか、経産省は「機密」扱いの「原子力エネルギー再復興へ向けて」と題する文章を作成し、関係幹部に配布した。それには「原子力なきエネルギーの安定供給は成り立たない」「原子力存続に向けた政府の再決意を表明する」、その上で、「原子力再生を果たし、インフラ輸出基盤を再構築」することは国の最重要政策と位置付けている。輸出では「今回の悲劇に潜む情報を分析し、世界と共有する」としている。原発輸出を推進する安倍政権は「事故の経験と教訓を世界と共有する」と唱えており、その原型といえる。

　安倍政権は「エネルギー基本計画」について、民主党政権時代の「原発稼働ゼロ」を転換し、原発を「重要なベースロード電源」と位置付けたうえ、その再稼働と海外輸出を推進する方策を決めた。このエネルギー基本計画作成委員の日本エネルギー経済研究所理事長豊田正和氏は「日本が安全を輸出するという点を明確にし、官民一体となった体制整備が必要である。『基本計画』の中で原発輸出の意義を明かにすべきである」とし、また、日本綜合

研究所理事長寺島実郎氏は「日本と米国の原子力産業は宿命的ともいえる連携体になっている」とし、米国との関係抜きに原子力政策は決められないことを強調している。このように原発推進派の人は、成長戦略の柱である原発輸出のため、何よりも国内の原発を再稼働させなければならない、そのためには原発が日本の「重要なベースロード電源」で国民生活の安定、経済発展の実現には欠かせないということを国の方針にしなければならないし、同時に、その原発輸出は米国の世界核戦略と結合したものでなければならないとするのである。

　原発を輸出するためには、核不拡散を定めた原子力協定を相手国と結ばなければならない。日本はすでにEU原子力共同体など12カ国・機関と協定を締結し、さらに、インド、ブラジル、メキシコ、南アフリカ、サウジアラビアなどと協定締結の交渉を進めている。原発を世界に輸出する体制を一気に拡大している。

3．日本のアジア、中東への原発輸出

(1) ベトナム、トルコ、インドなどへの原発輸出

　日本の原発輸出はまず新興国のベトナム、トルコ、インドから始まった。日本のベトナムへの原発輸出は、民主党政権時代、菅首相と経済産業相が東電、中電、関電、日本原子力発電、東芝、日立の社長らとベトナムを訪問し、オールジャパンで売り込んだ結果である。電力不足のベトナムは、原発4基の建設計画を持ち、2基はロシア、残る2基を日本に発注した。日本が建設する原発は、ベトナム南部のニントゥアン州ビンハイに100万kW2基で、2021〜22年稼働の計画である。ベトナムは2030年までに全体として10基建設の計画をもっている。日本政府はベトナムに対して、こうした原発建設を含むインフラ整備に、円借款約960億円の供与を決めた。

　安倍首相は2013年5月、UAEおよびトルコと原子力協定を締結し、次いでサウジアラビア、インドとも原子力協定の協議再開で合意した。6月には原発建設計画中のチェコなど東欧4カ国を訪問し、日本の原発輸出を協議した。

トルコとはすでに原子力協定を締結し、三菱重工の主導で仏アレバとの協力により中型原子炉ATEMA1の導入契約を締結した。契約は原発4基新設、総工費210〜250億ドル（2.2〜2.5兆円）、2017年着工、2023年稼働を目指すとしている。そして、安倍首相とトルコ政府間で一致した防衛装備開発協力の一環として、三菱重工がトルコの企業と戦車用エンジンを開発する合弁会社を設立することを決めているが、これは明らかに日本の「武器輸出3原則」に違反するものである。

2013年5月、安倍首相はインド・シン首相と会談し、原子力協定に向けた交渉再開で合意した。インドは核不拡散条約に加盟していないが、アジア有数の原発大国である。インドの国内原発は、稼働中20基、建設中7基、計画としては2020年までに18基、総事業費9兆円の新設を予定しており、日本にとっては最大の魅力的な原発輸出国である。安倍首相は協定の早期締結の合意と同時に、中国海軍の台頭を念頭に、海上の安全保障面での提携強化、海軍の軍事演習の定期開催などを決めている[8]。

(2) 原発輸出の推進母体：国際原子力開発（JINED）

原発の海外輸出を直接に担う「国際原子力開発」が2011年、原発輸出に向けての官民一体の国策会社として設立された。この主たる目的は官民連携で、原発の建設からその運営管理までも請け負う「原発輸出企業」の設立であった。株主は日本の9電力会社と東芝、日立、三菱重工の原発会社、官民出資の投資ファンド・産業革新機構であるが、最大の株主は東電である。役員は、社長武黒一郎（元東電副社長、現東電フェロー）、取締役武藤栄（元東電副社長、現東電顧問）らであるが、政府の「事故調査・検証委員会」の報告によれば、この両氏は08年政府の地震調査推進本部の大津波予測を無視し、福島原発の担当者としてその対策を怠ったといわれる当事者である。この会社は現在では福島事故の当事者である東電に代わって、海外に原発を輸出する役割を担っている。初仕事はベトナムへの原発輸出の受注であった。

(3) モンゴルに使用済み核燃料処分地の日米構想

2013年3月、安倍首相はモンゴルを訪れ、大統領と会談し、経済連携協定

(EPA）交渉、鉱物資源開発などで協力関係を強化することで合意した。

　米国はモンゴルとともに、世界的な原発需要の拡大をにらみ、モンゴルで加工したウラン燃料の供給と使用済み核燃料を処理する「包括的燃料サービス構想」(Comprehensive Fuel Service: CFS) を提唱し、日本にも参加を呼び掛けていた。使用済み核燃料の最終処分は、すでにみたように、米国では頓挫し、日本でもその候補地すら見つかっていない。モンゴルには世界最大といわれる推定埋蔵量140万トンのウランがあるが、このCFS構想は米国が進める国際的な核燃料サイクルの構想にモンゴルをそのウラン供給地であるとともに最終処分場として組み込もうというものである。2011年11月17日、米ナショナル・ジャーナル誌は、日・米・モンゴル間で、「モンゴルに原発を建設することを条件に核燃料最終処分施設の建設を協議している」ことを報じた。モンゴル国内での「核のゴミ」に対する議論が高まってくる中で、政府は「外国の核廃棄物の受け入れはしない」と言明はするものの、「モンゴル投資計画2012－2017」に、「放射性廃棄物保管、加工、埋蔵施設関連」の予算を付けているといわれる[9]。

4．原発輸出のリスクと政府・企業の責任

　原発輸出は大きなリスクを伴うものである。輸出相手国の国民に原発事故による核汚染の重大な被害を及ぼすばかりではなく、原発を輸出した国日本も賠償責任をはじめ種々のリスクをおわなければならない。

(1) 原発事故の輸出国住民への深刻な被害
　原発輸出の第1のリスクは、なによりも原発事故による輸出国住民への深刻な被害である。日本政府は福島原発の深刻事故を逆手にとり、「原発事故の経験と教訓を世界と共有する」とし、世界一安全な原発であると称して原発を売り込んでいる。日本ではまだ福島原発事故の原因の究明もされておらず、高濃度の汚水対策もできていないのである。事故原因の究明もないまま、原発再稼働に向けて短期間に急いで形だけをつくった新原子力安全基準を、「世界一の安全基準」と称し、今度は「新安全神話」を世界に広げて

いる。新基準で求めている対策の中身は、原発の生命ともいうべき原子炉の格納容器の設計基準の見直しなど抜本的な安全強化策のないまま、事故時のフィルター付きベント（排気）の設置や可動式ポンプの配備などの対策程度に止まっている。しかも、このフィルター付きベントですら、東電柏崎刈羽原発の試算で、敷地境界での全身被ばくは数百ミリに及ぶというものである。新基準は高濃度の放射能放出のベントを容認しながら、住民の被ばくには目をつむる、安全置き去りの危険なものである。この無責任な原発輸出のトップセールスは、世界の人々を原発事故の被害に巻き込む危険なビジネスである。

(2) 原発事故の賠償責任

米カリフォルニア州サンオノフレ原発の廃炉を決めた地元電力会社南カリフォルニア・エジソン社が、配管の破損を起こした蒸気発生器を納入した三菱重工業に対して巨額の賠償を請求した。サンオノフレ原発は約140万世帯分の電力を賄ってきた。2012年1月、蒸気発生器の配管から放射性物質漏れがあり、3号機が緊急停止。定期点検中の2号機でも配管に摩耗が見つかり、米原子力規制委員会（NRC）は両基の稼働を禁じた。エジソン社はNRCの再稼働の是非の判断を待たず、「これ以上長引くのは不経済」として廃炉を決めた。

三菱重工は「賠償責任の上限額は契約に明記された1億3,700万ドル（約140億円）」と主張するが、エジソン社は「欠陥があまりにも基本的かつ広範な場合、上限は無効」と反論する。賠償請求額は原発の停止に伴う代替燃料費や、原発維持費、不要になったウラン代、さらには廃炉費用まで「間接損害を含む一切の費用」として、その請求額40億ドル（約4,100億円）を国際仲裁判所に申し立てた。これは三菱重工の12年度の経常利益の3倍ちかい。日本の原発メーカーは、「原子炉ではなく部品の輸出でこんなリスクがあるのか」と想定外リスクに驚いているという。原発事故はこのように賠償範囲を限定不能にする性格をもつものである[10]。いま日本が進めているインド、ベトナム、トルコなどの新興国の場合は、当然のことながら、事故が起きた場合は、原子炉メーカーはもちろん、プラント・部品メーカー、さらに

は輸出国政府にまで賠償責任は及ぶのである。

　以上のケースは原発プラントの故障を原因とする廃炉処分への賠償の問題であったが、インドの「原子力損害賠償法」のように原発事故への包括的賠償を求める場合はさらに重大である。この法律では、日本のように原発製造者には原発事故責任が及ばないのとは基本的に異なり、原子炉製造者にまで事故責任が追及されるようになっている。この法律は1984年インドで起きた米ユニオン・カーバイト社の化学工場の大事故により、死者2万5千人、負傷者数十万人の犠牲者を出した教訓によったものである。これは製造物責任の原則からみても正当なものである。これに対して日立・GE、東芝・WHは、インド政府に賠償責任限度額を600億円以下とする「原子力損害に対する補足的な補償に関する条約」への調印を求めている[11]。インドの原発建設プロジェクトは、総事業費が9兆円、2020年までに18基という大規模なものである。そのプロジェクト規模の大きさ、巨額な事業費からいって、事故賠償責任は、日本の輸出企業のみならず、トップセールスをした国の責任にまで及ぶことは避けられないであろう。

(3) 地震多発国、政情不安国への原発輸出

　日本は今後、インドネシア、タイ、ヨルダン、トルコ、インドなどに原発を輸出する計画をもっている。アセアン諸国は2013年の台風・高潮によるフィリピンの大災害にみられるように、地震、津波、台風などの多い地域であり、またトルコは立地が内陸で冷却水の確保が困難なところであり、ともに災害発生時への緊急対応には大きな困難が伴うところである。

　地震国トルコは地震国日本と同様に原発建設が極めて危険なところである。トルコは1900年以降マグニチュード6以上の地震が72回発生している。99年トルコ北西部地震（M7.8）では約1万7,000人が亡くなり、変電設備が深刻な被害を受け、復興に多くの日数がかかった。この原発立地周辺のインフラ耐震性は低く、事故の深刻化は避けられないといわれている。三菱重工・アレバは原発建設予定地の断層等の地質調査を日本原子力発電に委託している。同社はさらに3社に再委託し、その1社が三菱グループのダイヤ・コンサルタントである。原発を輸出する三菱重工のグループ企業が安全評価

をする、お手盛り評価の危惧がある。この日本原電とダイヤ・コンサルタントは、原子力規制委員会が指摘した敦賀原発直下の活断層を、いまだに認めていない。トルコの原発建設予定地シノップでは、地元市長を先頭に市民の建設反対の住民運動が高揚し、それに加えて政府の強権的なイスタンブール緑地再開発計画への反対、さらには開発汚職に絡む閣僚辞任などがエルドアン政権を揺るがしている。トルコ政府は防衛力の強化を目指し、経済成長と防衛産業で世界トップ10位入りを掲げている。そのため三菱重工との次期主力戦車用エンジン・変速機、富士重工、川崎重工とのヘリ用エンジンの共同開発を日本の企業とすすめ、さらに無人機、赤外線探知機、潜水艦用燃料電池システムなどの防衛整備品からミサイルシステムに至るまで共同研究開発を拡大する計画である。しかも、トルコ政府の原発輸入には、このような防衛力の増強と関連させた原子力技術の保有を意図するものであることが懸念される。原子力協定は核物質や原子炉などの主要な原子力関連機器、技術を輸出する際、相手国が平和目的に限って利用することを法的に義務付けるために結ぶ。とくに使用済み核燃料から核兵器にもなるプルトニウムを取り出す濃縮・再処理技術の規制については厳しい。日本はすでに米、英、仏など12カ国と協定を締結しているが、トルコだけが例外的に「書面で合意があればトルコでも濃縮・再処理ができる」とされている。

　また、三菱重工が原発輸出を予定しているヨルダンは、トルコと同様の地震国であり、しかも、パレスチナ問題を抱えて政情不安が続き、テロの危険性があるといわれる国である。

　このような原発輸出が引き起こす可能性がある地震国・政情不安国での原発事故や軍事力増強国での原発技術の核兵器への転用などに対して、「トップセールス」の日本の政府と原発企業はどのような責任を持つというのであろうか。

(4) 資金融資による新興国の原発建設

　新興国は原発建設に要する資金のない国が多い。これには日本の円借款という長期低利の優遇資金貸付で事業費の大部分の資金を援助し、原発を建設させる。その資金融資は主に政府系金融機関の国際協力銀行（JPIC）が引き

受け、そこに都市銀行などが加わる協調融資の形をとっている。多くの新興国への円借款方式による原発輸出は、本田浩邦氏が言うように本質的には国際的な「貧困ビジネス」である[12]。

ベトナムの経済発展はリーマンショック以降6%程度を維持し、安定的な成長を遂げてきている。しかし、2011年のGDPは1,227億ドルで、日本の広島県と同じ程度の経済規模である。国民1人当たりのGDPは1,374ドルで、世界平均の15%にも満たない。所得水準を2011年でみると、1日2ドル未満で暮らす貧民層は3,333万人、国民のおよそ40%を占める（アジア開発銀行調べ）。

このようなベトナムにおいて日本の円借款という資金援助があるとしても、巨額な事業資金を要する原発建設は、国民に大きな負担を強いるものである。さらに、この原発が東電福島原発級の事故を起こすようなことでもあれば、国家財政の破綻は避けられないであろう。日本の政府と企業は、このようなことについてどこまで責任を考えているのであろうか。このことはベトナムだけの事例ではなく、新興国の多くが抱える共通の問題である。原発輸出の「貧困ビジネス」は、これらの国に決して豊かで、安心の経済発展を約束するものではない。

(5) 放射性廃棄物処理は輸出国に責任

2010年10月、菅首相（当時）はすでにみたようにベトナムのグエン・タン・ズン首相とハノイで会談し、フォンディンに建設予定の原発4基のうち2基を日本が受注することで合意した。その際発表された「日越共同声明」には「プロジェクトの全期間にわたる廃棄物処理における協力及び安定的な燃料供給等ベトナムが示した条件を満たすことを保障した」とある。この核廃棄物処理にかんする日本政府の方針は、「使用済み核燃料は再処理してプルトニウムなどを取り出し、残る高レベル放射性廃棄物をゴミとして最終処分場に処分する」、いわゆる「核燃料サイクル」の実現にあった。したがって、ベトナムに使用済み核燃料処理について協力するとしているのは、これを日本が引き取ることを暗黙の前提としたものである。このことはすでに日本政府が2006年に発表した「原子力立国計画」の中で、「海外の使用済み核

燃料を日本で再処理することを検討する」としていることからみても分かる。しかし、日本では日本原燃が青森六ヵ所村に建設中の核燃料再処理工場は1997年に完成予定が技術上のトラブル続きで今なお完成しておらず、その見通しすら立っていない。再処理工場から出るごみの最終処分場も場所すら決まらず、国内原発の使用済み核燃料は当該原発でプールに保管させている状況で、あと数年でここも満杯状態にある。海外の使用済み核燃料まで日本に引き取る状況にはない。核燃料サイクルは、技術的にも困難であり、経済性もないことから、英米独など世界の多くの国は撤退している。にもかかわらず、日本だけが全ての核燃料廃棄物を再処理する「全量処理」という非現術的な核政策にこだわり、巨額に上る税金を無駄遣いしている。以上の事情から日本は使用済み核燃料を引き取りたいものの、ベトナムとの合意文の中にそれを明文化せず、あいまいなままにしている。とはいえ、「ベトナム政府の高官などは事故が起こったら日本が何とかしてくれる。使用済み燃料についても日本が持ち帰ってくれる、と思っている」[13]という。事故の責任や使用済み燃料の処分は、原発システムの最大の問題である。それを明確にしないまま原発を輸出することは商行為としても許されるものではない。使用済み燃料を日本が引き取らず、この処分を原子力技術のないベトナムに押し付けるのも極めて危険で無責任なことになる。

(6) プラント専業メーカーによる原発の管理運営

国際原子力開発は日本の原発企業の原発輸出のため、官民連携で原発の建設から管理運営までの請負いを目指すべく設立された。しかし、この「パッケージ型インフラ輸出」は、福島原発事故で電力会社が脱落することにより、原発の管理運営の担い手が不在となり、パッケージ型は崩れた。その原発の管理運営は現地の電力会社か国営電力に委ね、日本の原発企業はプラント建設だけの形へと変わらざるをえなかった。たとえば、東芝は福島原発事故以前では東京電力と組み米国などで原発建設の受注をとっていたが、事故以後は東電の脱落により原発の管理運営については、フィンランドでは現地の原子力事業会社に任せ、チェコでも原発の建設の後、原発の運転は国営電力に委ねることにしている。しかし、原発をすでに所有しその管理運営の技

術を有している国は、この方式に対応できても、新興国や途上国は原発建設の需要は多いが、原発の管理運営の経験がないためこの方式は通用しない。これらの国は原発の建設から管理運営に至るまでのパッケージ・プラントを要求している。実際に、世界の原発受注競争では、パッケージ型の韓国やロシアの方がプラント型の日本より優位にある。そこで日本の原発企業は、世界各国の電力会社を買収したり、グループ化して、原発の管理運営を委ねることで、新興国などの要求に対応している。たとえば、三菱重工のトルコ・シノップ原発4基の建設は、三菱にとっては初めての輸出であるばかりか、提携している仏アレバと共同開発した新型原子炉「アトメア」の初受注、初運転となる。しかも、シノップでは原発受注だけではなく、受注条件により自ら出資して発電事業にも参画しなければならない。プラントメーカーにとっては、地震国トルコでの未経験な原発運営管理のリスクはきわめて大きなものである。三菱重工社長宮永俊一氏は、新興国の電力会社が原発運転の経験がないため、その運転を輸出プラントメーカーに求めることについて、次のように述べている。「トルコでは仏電力会社GDFスエズと連携し、受注に結びつけた。今後も当社の提携先である仏アレバと近い関係にある電力会社と協業を模索していく」「本来ならば関西電力など日本の電力会社とも連携したいところだが、国内各社に事業を手掛ける余裕は今のところない。国内原発の再稼働を達成してからの話になるだろう」[14]。日立も、三菱と同様である。日立が英原子力発電会社ホライズン・ニュークリア・パワーを買収したのは、未経験の原発事業の運営管理をこの企業によってカバーすると同時に原発のここへの輸出を目的とするものである。このように日本の原子炉プラントメーカーには原子炉を運転管理した経験がないにもかかわらず、日本の原発輸出は新興国が望む「パッケージ型輸出」を受注競争の目玉にして売り込んできた経緯がある。日本の原発企業は、原発の管理運営を別会社に委託するとしても、原発建設の主契約者として原発発電事業の運営管理に責任を負わなければならず、日本の福島事故でのようにプラントメーカーだからといって原発事故から一切の責任を免れることにはならないであろう。

おわりに

　福島事故から3年近くたった。しかし、いまだ事故原因の解明はおろか原子炉メルトダウンした核燃料の状態すら把握できないままで、政府は事故収束宣言をした。しかし、この収束宣言にもかかわらず、こんどは高濃度放射線の汚染水が海へ流出し、これを防止できず深刻な事態となっている。こうした事態を放置しておきながら、「汚染水は完全にブロックした」と安倍首相は世界に公言した。そして自ら「トップセールス」と称して、日本の原発企業の要請を積極的に受け止め、「世界一安全な原発」を売り文句に海外、特に新興国への輸出の推進にまい進している。日本の原発企業は、経団連など財界のバックアップと復活した「日本原子力ムラ」と一体となって原発の再稼働を推進し、「輸出立国」再構築の原動力となるべく原発輸出に全力を挙げている。しかし、この日本の原発企業とは対照的に、独シーメンスは仏露2合弁事業などを売却し、「社会とともに歩む」と原発事業からの完全撤退を決めている。ここには人類とは共存しえない原発をビジネスにすることへの倫理的反省がある。日本の原発企業のように、世界の多くの人々、さらには日本の国民に対しても深刻な影響をもたらすであろうリスクについての深い考慮もなく、目先の巨額の利益を求める原発輸出はあまりにも露骨で、反倫理的である。

注
1) 本田浩邦（2013）「なぜ安倍政権は原発推進をやめないのか？―アメリカの原子力政策と日本の原発輸出―」『季論21』2013年秋号、74〜80ページ。
2) 本田浩邦、前掲稿、75ページ。
3) ダニエル・ウォルター「原発輸出における企業の思惑と課題」三菱総合研究所「日本の原子力発電を輸出せよ」http://next.rikunabi.cim/tech/docs/ct s03600.jsp?p=001787
4) 村上朋子（2007）「世界の原子力発電市場と産業界再編の展望」日本エネルギー経済研究所『IEEJ』2007年2月、report@tky.ieej.or.jp
5) 「朝日新聞」2013年12月2日付。
6) 「日本経済新聞」2013年12月14日付。
7) 佐久間亮（2013）「危険な原発輸出に走る安倍政権」『経済』2013年11月号、70〜74ページ。

8)　「朝日新聞」2013年12月2日付、同紙2014年1月14日付。
 9)　本田浩邦、前掲稿、89ページ。今岡良子（2013）「安倍首相のモンゴル訪問の隠された意図を語る」『ピープルズニュース・オンライン』2013年4月22日。
10)　「朝日新聞」2013年7月20日付。
11)　本田浩邦、前掲稿、88ページ。明石昇二郎（2011）「原発輸出—これだけのリスク—」『世界』2011年2月号。
12)　本田浩邦、前掲稿、80ページ。
13)　大島堅一（2013）「原発撤退の経済学—エネルギー転換の課題—」『経済』2013年11月号、38〜39ページ。
14)　「日本経済新聞」2013年12月19日付。

(丸山惠也)

第 2 部

グローバリゼーションと地域経済・アジア

第6章
地場産業の活路

はじめに

　本章では、「グローバリゼーション」の進展の中で、日本の地域経済・産業、地域の中小零細企業が直面している諸問題を摘出し、それらがどのように変化してきたかを明確にしたい。その上で、ものづくり地場産業にスポットをあてて、その「サバイバル戦略」を概観し、今後の活路を探るものである。

1.「グローバリゼーション」と地域経済・産業の変化

(1) 日本経済のグローバル化と地域経済
　戦後日本経済の産業構造の変化の中で、地域経済・産業はどのように変化してきたのか。
　1960年代は、高度成長期の中心の時期であり、貿易の自由化（1961年）と資本の自由化（1966年）など海外からの圧力が強まり「国際化」が進んだ時期である。この時期の年平均成長率は10.4%と高いものであった。1964年に東京オリンピックが開催され、東海道新幹線が開通。前半は、コンビナート建設による鉄鋼、石油、石油化学、造船など重化学工業化が進展した。後半は、電気機械、自動車、産業機械などの機械工業が急成長した。この時代の地域構造は、4大工業地帯・太平洋ベルト地帯が形成され、産業構造は重化学工業化が進んだ。この間、地域の産業は、大企業の下請け中小企業が増加し、「企業城下町型集積」も形成された。他方、「輸出型地場産業」は衰退化

した。

　1970年代は、産業構造が高度化する中で、「変動相場制」への移行や「石油ショック」というグローバル経済の枠組みの大変化に遭遇した。この時期の年平均経済成長率は、5.2％と60年代の半分になった。1971年のニクソンショック、金ドル交換停止によって戦後長らく続いた1ドル＝360円のIMF固定相場制が崩壊し、1973年2月以降、「変動相場制」の時代へ移行した。その後、わが国では長期傾向的な「円高」の時代が始まった。1973年には第4次中東戦争を契機とした「第1次石油ショック」、1978年にはイラン革命を契機とした「第2次石油ショック」に見舞われた。高度成長期を通じてわが国のリーディング産業であった素材産業は、原料高による国際競争力の低下と不況による需要減により大きな需給ギャップを抱え、「構造不況」に陥った。他方で、70年代後半になると、エレクトロニクスなど「高度加工組立型産業」が成長して輸出をリードし、産業構造の高付加価値化が図られた。また、「円高」の進展により、「輸出型地場産業」は国際競争力を失い、

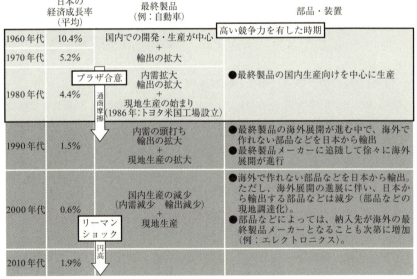

図6-1　国内外の環境変化に伴う我が国ものづくり産業の変化

（出所）経済産業省『2013年版　ものづくり白書』3ページ。

衰退の一途を辿った。

　1980年代は、自動車、電気機械などが「輸出依存型リーディング産業」として日本経済を牽引した。ME（Micro Electronics）革命によるNC化が進展し、産業構造の「知識集約化」が進み、同時に金融、証券、保険なども成長して「サービス産業化」も進展した。経済成長率は、年平均4.4％と中成長経済に変化した。画期的な出来事は、1985年9月のG7において、主要先進国がそれまでのドル高を修正し、円高誘導のための協調介入に合意したことである（「プラザ合意」）。その後、異常な「円高」に導かれたことでわが国の輸出産業は大打撃を受け、製造業大企業は為替リスク（「円高」）を回避するためにアジアを中心にした海外生産＝多国籍企業化を加速化させた。また、「プラザ合意」後のアメリカの強い「内需拡大」要望を受け入れ、金融緩和策を推進した結果、1980年代後半から1990年にかけて「バブル」が発生し、株価や地価が異常に高騰した。

　1990年代は、「バブル崩壊」と「平成デフレ不況」の始まりの時期であった。経済成長率は、1990年代に1.5％に低下し、2000年代は0.6％に低下するというように、長期にわたる「低成長時代」に入った。この時期にも、「円高」が進んだ。製造業大企業の海外進出は「海外逃避」といわれるほど急増した。特に中国進出が増加した。海外での現地生産が拡大し、海外からの安価な製品輸入も増加して、わが国製造業の「空洞化」が進んだ。国内の工場立地件数も、1990年からの20年間、毎年傾向的に減少した。地域構造は、「東京一極集中化」が進む一方で、地方都市の「空洞化」が問題化し、両者の「格差」が拡大した。地方自治体の財政危機も表面化した。また、この時期は、アメリカの強い要求による「グローバリゼーション」が進行したことも特徴である。アメリカは、1994年から2008年にかけて日本政府に対して「年次改革要望書」（正式には「日米規制改革および競争政策イニシアティブに基づく要望書」）というアメリカ国益の追求を旨とした「グローバル（アメリカン）スタンダード」に基づくきめ細かな「要求」を提示してきた。わが国は、それらを受け入れた結果、情報通信、金融、サービスなどの分野でも「グローバル化」が急進した。

(2)「グローバリゼーション」と「平成デフレ不況」

アメリカ発の「グローバリズム」は、バブル崩壊後の「平成デフレ不況」の中でも暴れまわった。

バブル崩壊後、アメリカ政府の要望に沿って、わが国政府は「市場原理主義」に基づく政策展開、すなわち、様々な「規制緩和」や「構造改革」を行った。それらは「グローバルスタンダード」の名の下で、あたかも絶対的な「国際基準」のように説かれ、推し進められた。その過程で、日本の「高度経済成長」を促した要因や日本固有の制度、たとえば、「土地本位制」、「株式持ち合い」、「メインバンク制度」、「終身雇用制度」等が失われた。そして、そうした「構造改革」推進の結果、わが国経済は大きな「構造変化」を伴う、「バブル」以前の状態には戻れぬような構造的な「大不況」に陥ることになった。

その「平成デフレ不況」で見られる症候群は、①資産価格の低下による金融システム不安、銀行・証券会社の倒産、中小企業の倒産、失業率の増加、②大企業の利益・配当志向の強まりとグローバル化による非正規雇用の増大[1]、労働組織化率の低下、労働分配率の低下、個人消費の低迷、③大企業の海外進出による国内生産・設備投資の減少、雇用の減少、④大企業の海外進出による輸出減少・製品輸入増加、貿易収支悪化、⑤個人消費低迷、設備投資減少、輸出減少等による経済成長率の低下、⑥税収減による政府債務の累増、⑦所得格差の拡大、地域間格差の拡大など、多岐に及び「悪循環」を形成している。

表6-1 「平成デフレ不況」下の国民生活悪化の状況

主たる項目	1990年の状況 (A)	2010年の状況 (B)	(B)／(A)
国内総生産(名目)	440兆円	479兆円	1.1
完全失業者数	134万人	334万人	2.5
完全失業率	2.1%	5.1%	2.4
企業倒産件数	6.5千件	13千件	2.0
生活保護世帯数	62.4万世帯	141万世帯	2.3
自己破産申立件数	1.1万件	12.1万件	11.0
自殺者数	2万人	3.2万人	1.6

また、「平成デフレ不況」は、地方、中小零細企業、農業、預金者、年金生活者、若者など、「弱者」に「シワ寄せ」された不況でもあった。さらに、それは、地域コミュニティを崩壊させ、治安の悪化を招き、社会不安を増大させる不況でもあった。「失われた20年」(1990年と2010年の比較)における国民生活悪化の状況を見ると、この間の名目GNPが1.1倍であったのに対して、完全失業者数は2.5倍、企業倒産数は2.0倍、生活保護世帯数は2.3倍、自己破産申立件数は11.0倍、自殺者数は1.6倍と増加(悪化)している(表6-1)。このように、「グローバリゼーション」は、失業と倒産を増大させ、コミュニティを壊し、生活保護世帯や自己破産者を増やし、自殺者も増やす等、「人間の生活を破壊し、人間の生活の安全をおびやかしていく。しかも、市場経済によって破壊される恐れのある人間の生活を保護する使命を担っている財政をも破壊してしまうのである」[2]。

「グローバリズム」すなわち「新自由主義」「市場原理主義」という「アメリカンモデル」へ盲従した「小泉・竹中路線」(2001～2006年)は、特に、「空洞化」と「格差拡大」という2つの大きな問題を発生させ、「地域経済」・「地域産業」を悪化させた。その政策の問題点を列挙すると、①公共事業による景気・地方下支え機能の喪失(5年間で20%減)、②地方交付税削減(5年間で25%減)による地方自治体の財政赤字拡大・一部破綻、③米国の市場開放要求を受け入れた商業分野の「規制緩和」による地方中心市街地の「空洞化」、④「地域政策」の欠如等があげられる。

(3)「リーマンショック」と「東日本大震災」後の「3つの危機」

わが国経済が不幸だったのは、以上のような「平成デフレ不況」から立ち直る前に、「グローバリゼーション」の必然的な帰結としてのアメリカ発「金融危機」、すなわち「サブプライム危機」(2007年秋)と「リーマンショック」(2008年9月)に見舞われてしまったことである。アメリカ発の「市場原理主義」は、投機的金融活動を過熱化し暴走させた。この結果、米国の大手投資銀行のリーマンブラザーズが破綻し、「世界金融危機・同時不況」へ突入した。この「アメリカンモデル」の破綻による世界的な「金融危機」は、欧米向けの輸出減少を主因にわが国の景気を悪化させ、地方経済を破壊して、国

民生活を悪化させたのであった。

　さらに、わが国は、「リーマンショック」からの回復過程で、2011年3月11日に発生した「東日本大震災」と「福島第一原子力発電事故」に遭遇してしまった。わが国観測史上最大（M9.0）の超巨大地震は、岩手・宮城・福島・茨城4県を中心に甚大な津波被害を与え、東日本全体に内閣府試算で16～25兆円もの被害（ストック）を与えた。さらに、巨大地震と津波によって東京電力福島第一原子力発電所で世界の原子力史上最大級の事故が発生した。電源及び冷却機能の喪失、冷却水の減少による炉心・燃料棒の損傷と溶解（メルトダウン）、水素爆発・建屋の損壊等が発生し、大量の放射性物質が大気中や海洋に放出され汚染が東日本を中心に広範囲に広がった。この事故は、発生後3年半が経過した現在も未だ「収束」を見ていない。

　こうして、現在、わが国は、①「世界金融危機」（長期デフレ不況、米国発金融危機、欧州発金融危機）、②「エネルギー危機」（電力コスト上昇、放射能汚染）、③「地球温暖化危機」（化石燃料利用による二酸化炭素排出量の増大、気候変動等）の「3つの危機」に直面しており、産業構造、地域構造を根本的に転換・変革する必要に迫られている。

　「新自由主義的市場原理主義」に依拠する「アベノミクス」で、我々はこの「危機」を乗り越えることができるであろうか。「福島復興」がまずは最大の重要事項である。安倍政権は「福島第一原発事故」への対応一つをとっても、放射能汚染拡散防止対策、避難者への賠償対策、除染対策、廃炉対策、風評被害対策等への対応が不十分であり、問題が山積したままである。そうした諸問題は、「新自由主義」が主張するような民間企業・株式会社である電力会社が「市場原理」に従って対処するには限界を超えた過大な問題であるように思われる。さらに、「エネルギー危機」や「地球温暖化危機」への対応に関しても、省エネルギー技術開発の促進、再生可能エネルギー開発の継続・最大化、脱原子力のための代替エネルギー（天然ガス・LNGなど）の開発・輸入戦略、10万年を要するともいわれる放射性廃棄物の処理問題など、民間企業に任せるのではなく民主国家がリーダーシップを取って早急に対処すべき政策課題や国民・地域が主体となって「改革」を推進しなければならない課題が山積している。

2.「グローバリゼーション」と「産業空洞化」

(1)「空洞化」の定義

　わが国は1973年の「変動相場制」移行後、傾向的な「円高」＝為替リスクに対応して、製造業大企業のアジアを中心とした海外生産＝多国籍企業化が進行したが、1985年の「プラザ合意」後の「円高」でそれがより加速化された。しかも、1980年代以降に顕著になった「新自由主義政策」＝「グローバリゼーション」＝「対米従属による大企業の資本蓄積とそれをバックアップする政策」によって、「空洞化」問題が深刻化した。

　「空洞化」の定義に関しては、様々な議論がある。一般的には、「生産の海外シフトが進み、それによって国内の生産・雇用・技術が損なわれること」といわれることが多い。「一国の生産拠点が海外へ移転すること（海外直接投資）によって、（あるいは、それに伴う逆輸入の増加によって）、国内の雇用が減少したり、国内産業の技術水準が停滞したり、さらに低下する現象」[3]（中村・渋谷）、「海外直接投資の増加によって、国内における生産、投資、雇用等が減少するような事態」（昭和61年版「通商白書」）等とも定義されている。それら狭義の（製造業に限定した）「空洞化」について、ここでは、「わが国の製造業大企業＝多国籍企業が、グローバル市場で利潤の極大化を図り為替リスクを回避するために新興諸国における現地生産を拡大する過程で、わが国国内における投下資本、設備投資、雇用、生産が減少する現象」としておこう。

(2) 製造業における「空洞化」

　わが国の対外直接投資と海外生産比率の推移は、1985年の「プラザ合意」後の「円高」を契機に、その後、顕著に増加している。特に、2000年代以降、中国向けを中心にその勢いを増し、対外直接投資のGDP比はフロー、ストックともに上昇傾向にある。また、海外生産比率や海外売上高比率も同様に上昇傾向にある[4]（図6-2）。経済産業省の「海外事業活動調査」においても、1985年の海外生産比率は3.0％であったが、90年6.4％、95年9.0％、

2000年14.5%、2005年16.7%、2010年18.1%と、著しく増加している。また、国際協力銀行の調査でも、日本企業の海外生産比率は、2001年の24.6%から2012年には32.9%へ上昇している。ちなみに、海外生産比率が高い業種は、繊維48.2%、電機・電子43.3%、金属製品42.8%、自動車39.4%等である。また、同調査によれば、生産の海外現地法人の保有状況は、中国、タイが多い[5]。

他方、わが国の製造業の事業所数と従業員数の推移を見ると、この間、傾向的に減少している。経済産業省の「工業統計表」によれば、1985年の事業所数は75万事業所、従業員数は1,154万人であったが、10年後の1995年にはそれぞれ65万事業所、1,088万人に減少し、20年後の2005年には47万事業所、855万人へ減少した。さらに、2010年（速報）には22万事業所（85年比71%減）、766万人（85年比34%減）へ減少したと見られる。これらの係数を見ただけでも、「空洞化」の進展が明らかである。特に、中小製造業の事業所数と従業員数は2000年から2010年までの最近10年間に急減している。同期間内の300人以上の大企業の事業所数の減少が5%にとどまっている

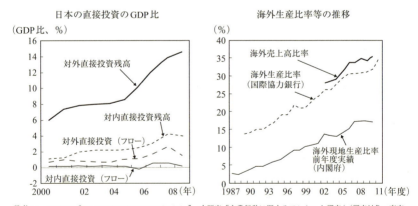

備考：1. UNCTAD"Foreign Direct Investment Statistics"、内閣府「企業行動に関するアンケート調査」（調査対象：東京、大阪、名古屋の証券取引所第1部、第2部に上場している製造業）、国際協力銀行「わが国製造業企業の海外事業展開の動向」による（調査対象：製造業で原則として海外現地法人を3社以上有している企業）。
2. 海外生産比率（国際協力銀行）の2010年度の値は実績見込み、2011年度は中期的計画。
3. ここで用いている海外現地生産比率、海外売上高比率の定義は下記の通り。
　海外現地生産比率＝（海外生産高）／（国内生産高＋海外生産高）
　海外売上高比率＝（海外売上高）／（国内売上高＋海外売上高）

図6-2　対外・対内直接投資と海外生産比率の推移

（出所）内閣府『平成23年版　経済財政白書』134ページ。

のに対して、中小製造業の事業所数（4人以上300人未満）は35%も減少した。

わが国の製造業を代表する自動車産業と電機・電子産業における海外生産比率は、自動車が2002年の41%から2008年には52%へ、電機・電子では同期間に36%から41%へ、それぞれ上昇した。また、海外移転によって国内の常用雇用者数は下がり続け、対称的に海外現地法人の従業者数は増え続けて雇用も国内から海外にシフトした。特に、自動車産業では、2010年以降、海外の雇用が国内の雇用を凌ぐに至っている（図6-3）。電機・電子産業でも生産拠点の海外移転や海外からの部品調達等が進んでいたが、家電産業（半導体やデジタル家電製品等）では海外進出に加えてわが国企業の国際競争力が低下し中国や台湾や韓国に敗退する中で、ソニー、パナソニック、シャープ、NEC、TDK、ルネサスエレクトロニクス等といった大手企業が国内工場の売却・閉鎖、数千人規模の人員リストラ等を行って「空洞化」に拍車をかけた。そして、従業員、下請け中小企業、地域経済を脅かすような深刻な事態に陥っている。

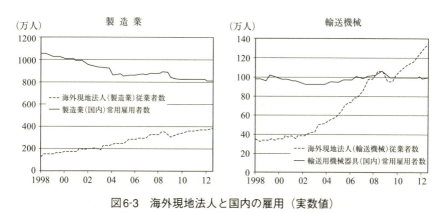

図6-3　海外現地法人と国内の雇用（実数値）

（出所）経済産業省「海外現地法人四半期調査」、厚生労働省「毎月勤労統計調査」

このように、製造業大企業の海外進出は、国内の生産、設備投資、雇用を減少させ、国内製造業を「空洞化」させた。すなわち、国内の生産拠点が海外に移転（縮小・閉鎖）し、海外の安価な設備コストと賃金と調達部品等を利用した生産が増え、海外で安く生産された製品が逆輸入されると、国内に

様々な「空洞化」問題が発生する。国内での投下資本が減り、設備投資や雇用も減る。国内の生産が減り、下請け中小企業の仕事量も減る。労働コストを削減するために雇用形態が変化し、非正規雇用が増える。労働組合の力は弱まり、賃金が抑えられて労働分配率も下がり続ける。労働分配率の低下とは逆に、大企業の内部留保は増え続ける。こうして、日本の製造業大企業（多国籍企業）の直接投資（海外進出）は、「海外からの部品調達」「受注減少」「海外製品との競合」等、国内の下請け中小企業の経営問題として顕在化し、さらに、失業者や非正規雇用を増加させ、地域経済を疲弊させている。

このようにみてくると、「空洞化」問題は、単に「製造業の空洞化」としてとらえるだけではなく、わが国における「グローバリゼーション」の展開に伴う「産業全般の空洞化」、「地方経済の空洞化」としてとらえるべきであろう。すなわち、「空洞化」は、以上みたように製造業において顕著に現れているが、地域との関係で見ると、地域経済の基盤である農業、地場産業、誘致企業、建設業、商業、サービス業、観光業など多くの産業分野で問題が発生しているし、大企業の企業城下町の衰退、農業の空洞化、地方都市の中心市街地の空洞化、地域コミュニティの崩壊等、「地域経済社会問題」として発現している。そこで、以下、地域農業、地域商業、地域金融における「空洞化」についても簡単に触れておこう。

(3) 地域農業にみる「空洞化」

わが国の農業においても、「新自由主義農政」の展開により、「空洞化」が進んだ。すなわち、わが国は、1980年代後半からアメリカの対日輸入自由化要求（畜産の自由化等）を受け入れて「市場原理主義」農政を展開した結果、食管制度や農協等の農業制度が崩壊し、アメリカの食料戦略へ組み込まれることになった。さらに、1995年にWTO（世界貿易機関）協定を受け入れ、アメリカ・ブッシュ政権の「貿易自由化戦略」に追随した結果、畜産物や油脂類を中心にアメリカからの輸入が急増し、わが国の農業は壊滅的な状況となった。農産物輸入に占めるアメリカのシェアは29%（2009年）に高まった（トウモロコシ96%、大豆68%、小麦59%、牛肉19%）。その過程で、それまで国内で自給してきた主食の米はそれらにとって代わられ、米は生産調整（減

反）を余儀なくされた。この結果、わが国の食料自給率は、1985年度の53%から2011年度には先進国中最下位の39%（カロリーベース）にまで低下してしまった。これは、国民の命と暮らしと直結した問題であるだけではなく、ナショナルセキュリティ上も由々しき問題として認識すべきであろう。そして、その過程で、農業の「空洞化」、地方経済の「空洞化」が進んだ。

　わが国の農業は、「グローバリゼーション」によって3つの「空洞化」を抱えている。1つは、「土地の空洞化」である。耕地面積は、1985年度の538万haから2008年度の463万haへ14%も減少した。耕作放棄地は年々増加し、2010年には約40万ha（埼玉県並みの広さ）に及んでいる。また、1971年に開始された米の生産調整（減反）も、100万ha以上（新潟県並みの広さ）に及んでいる。2つは、「人の空洞化」である。高齢化と後継者難により、農家就業人口は、1985年度の543万人から2010年度260万人へ半減、基幹的農業従事者数でみても、1985年度の346万人から2008年度の197万人へ、同様に激減している。しかも、年々高齢化が進み、2010年の平均年齢は、65.8歳に達している。3つは、「村の空洞化」である。農家数が年々減少し、1985年度の438万戸から2008年度には252万戸まで低下した。ピーク時1950年の618万戸に比べると4割水準まで落ち込んでいる。この結果、農村コミュニティが崩壊し、わが国の工業化や経済成長、さらに、自然環境などを支えてきた農村の活力が低下している。

(4) 地域商業における「空洞化」

　地域商業においても、「グローバリゼーション」による「空洞化」が進んだ。というのも、地方都市の中心市街地・商店街の「空洞化」も、アメリカの「外圧」を受け入れながら展開された「新自由主義政策」や「規制緩和」による商業の需給調整政策の失敗と係っているからである。すなわち、1989～91年、日米経済摩擦解決のための「日米構造協議」に基づき内需拡大方針のもとで、「大規模小売店舗法（大店法）」が改正され（1992年）、地域の中小零細小売業を守ってきた「商調協」が廃止された。これらによって、大規模小売店の出店規制が緩和され、大規模小売店の郊外立地が加速化した。さらに、1996年には、WTO勧告に基づく日米2国間協議（「外圧」）により、「大

店法」と「百貨店法」が廃止され（1997年）、大型店の増床が加速化された。これに対して、「まちづくり3法」（1998年、「改正都市計画法」、「中心市街地活性化法」、「大規模小売店舗立地法」）や2006年の「まちづくり3法」改正などが講じられたが、見るべき成果はなく、中小零細小売業は衰退し、地方都市中心部の人口流出や商業販売額減少に歯止めはかからなかった。

　こうして全国的に小売業の商店数は激減し、ピーク時1982年の172万店から2007年には114万店へ、34％も減少した。この過程で、地方都市の市街地の「空洞化」が進み、全国の商店街の空き店舗率は2009年に10.8％に達して、全国の地方都市で「シャッター通り」が数多く見られるようになった。そして、都市部においても農村部と同様に、コミュニティの崩壊と商店街の活力低下が進行した。

(5) 地域金融における「空洞化」

　金融政策・行政面においても「新自由主義的政策」の展開によって「地域金融」に多くの問題が発生し、地域経済・産業を「空洞化」させた。

　80年代後半以降、わが国は、アメリカからの「外圧」（自由化・開放要求）を受容した金融政策の展開によって、「バブル経済」を発生させた。日米両政府間で、日米経済協議、金融サービス分野に関する二国間協議、日米円ドル委員会（1983年11月）、金融市場開放と規制緩和措置実施の約束（レーガン・中曽根）等が展開された。さらに、ドル高是正のための「プラザ合意」（1985年9月、竹下）によって、「超円高」が出現し、その対応策としてとられた「超金融緩和策」により「金余り・低金利」状態が長く続いた。その結果、金融機関やノンバンクの貸出競争に火をつけて、不動産・財テクなどによって資産価格の高騰を招く「バブル」を引き起こした。

　しかし、1990年代初めの急激な金融行政の方向転換と「金融自由化」の同時展開が「バブル」を崩壊させ、長期にわたるデフレ不況の引き金となった。まず、土地関連融資の「総量規制」（1990年4月）と「3業種規制」（不動産・建設・ノンバンク）が行われ、地価と株価が急落した。そして、中小企業の倒産と地域経済の危機が深刻化した。

　次に、「日米金融サービス合意」（1995年、クリントン・宮沢）を経て、橋

本内閣の短期決戦型の金融制度改革（1996年11月）、いわゆる「日本版金融ビッグバン」（「フリー・フェア・グローバルの3原則」）が実施され、「規制緩和」と「金融自由化」が推進された。この過程で、1997年秋から1999年春にかけて「金融危機」が発生した。大蔵省が解体され、「護送船団方式」が放棄されたこともあって、大手銀行を含めた金融機関の破綻が起きた。その結果、「メインバンク制度」の崩壊と相まって、取引先企業の「連鎖倒産」が相次いだ。たとえば、長期信用銀行法に基づく産業金融の専門銀行であった日本長期信用銀行の破綻処理（1998年）による関連大手ノンバンク（日本リース、日本ランディック、NED、ファーストクレジット、ライフ等）の破綻、北海道開発の専門金融機関であった北海道拓殖銀行の破綻による北海道経済の危機、栃木県の「金庫銀行」であり県内貸出シェアの約5割を占めていた足利銀行の破綻（2003年）による栃木県の建設業や温泉観光地の旅館・ホテル業等、中小企業の倒産等が象徴的な出来事であった。

　その後、小泉政権下（「小泉・竹中ライン」）の金融行政、「構造改革政策」が展開された。それらは、2002年2月の「総合デフレ対策」、2002年10月の「金融再生プログラム」に代表される。その内容と問題点は、①デフレ不況下で「構造改革」強行（不況対策軽視）、②「市場原理主義」（不況対策・地域中小企業政策等の軽視）、③アメリカ型金融システム導入（アメリカンスタンダード適用、直接金融シフト、日本的特殊性や歴史認識の欠如）、④不良資産処理中心の金融行政・「自己資本比率行政」（資産査定厳格化、DCF法等）、⑤金融庁の権限強化・強権発動、⑥巨大銀行の国際競争力形成・「メガバンク」「コングロマリット」づくり、⑦アメリカの要求を踏まえた「郵貯民営化」の強行と「金融サービス立国」（1300兆円の個人資産の投資市場への誘導）等であった。そして、それらは、バブル崩壊後の「平成デフレ不況」を長期化・深刻化させた。

　このような「構造改革政策」は、地域金融面でも様々な問題を引き起こした。①地域金融機関の破綻による地方経済の打撃（金庫銀行の破綻、信金・信組などコミュニティバンクの激減）、②中小企業に対する「貸し渋り・貸し剥がし」の横行（自己資本比率規制による貸出資産の圧縮、金融検査マニュアルによる資産査定の問題）、③「メガバンク化」や「銀行合併」による金融機関店

舗数の減少と地方都市中心市街地の「空洞化」等である。こうして、金融面でも中小企業の倒産や中心市街地の「空洞化」や町の賑わいの喪失等が発生し、地域経済・産業全般の「空洞化」が進んだと見ることができる。

(6) まとめ

以上のように、「グローバリズム」すなわち「新自由主義的政策」は、わが国の経済産業全般に亘って、かつ、地方の隅々に至るまで吹きわたり、単に製造業のみならず、農業、商業、金融など多くの産業分野で「空洞化」問題を発生させた。そして、地域社会やコミュニティを崩壊させ、人々の生活を破壊した。したがって、「グローバリゼーション」に伴う「空洞化」に関して広義の「定義」をするならば、「アメリカを頂点とした世界的な資本蓄積構造の中で、わが国の大企業（多国籍企業）の資本蓄積行動とそれを補完する市場原理主義的な政策遂行の結果、海外直接投資が増加し国内における製造業の生産、投資、雇用等が減少したばかりではなく、農業、商業、金融業等を含む地域の産業・経済全般が疲弊・停滞し、人々の生活が破壊されたこと」とまとめることができよう。

また、地域の産業のうち、「地域農業」（農村）、「地域商業」（都市）、「地域金融」（金融）等は、エネルギー、食糧、教育、医療、福祉などと同じように、いわゆる「社会的共通資本」[6]の重要な構成要素であって、「経済合理主義」という尺度のみでは測れない多様な機能を有しており、「ルールなき自由競争」や「市場原理主義的政策」を適用すべき分野ではないことにも留意しておく必要があろう。

3．「地場産業」の「空洞化」と「サバイバル戦略」

(1)「地場産業」の定義

「地場産業」とは、「零細企業の地域集団による広域商品の生産流通体系」（板倉）[7]、「自然環境の優位性や原料資源の存在、豊富な労働力や特殊な技術、さらに有力な商人の存在を条件として産地を形成している中小企業」（下平尾）[8]等と定義されている。その特性としては、「①特定の地域に起こった

時期が古く、伝統のある産地であること、②特定の地域に同一業種の中小零細企業が地域的企業集団を形成して集中立地していること（いわゆる「産地」と呼ばれるもの）、③多くの地場産業の生産、販売構造がいわゆる社会的分業体制を特徴としていること、④ほかの地域ではあまり産出しない、その地域独自の「特産品」を生産していること、⑤地域産業とは違って市場を広く全国や海外に求めて製品を販売していること」（山崎）[9]があげられる[10]。「地場産業」に多い業種としては、織物、窯業、木工品、漆器、石工品、食品等があげられる。代表的な「産地」としては、京都の西陣織、今治のタオル、瀬戸、有田、笠間、益子等の陶磁器、大川の家具、輪島の漆器、川口、盛岡、山形の鋳物、燕の金属洋食器、豊岡のかばん、鯖江のメガネ等があげられる。

「産地」とは、「多数の同業業種の中小企業が流通部門、運輸部門などの関連業種とともに、一定の地域に集積し、その存立基盤を地域に大きく依存しながら、地域経済と密着して、市場を国内外に広く求めているものである」[11]。「産地」は、「地場産業」と同義に使われることも多い。中小企業庁の「全国の産地」（2005年度）によれば、生産額5億円以上の産地は578、企業数41,656、従業者数382千人、年間総生産額6兆7,872億円の規模となっている。

また、「産地」は「産業集積」の一形態とみられる。中小企業庁『中小企業白書』2006年版では、「産業集積」を、①「企業城下町型集積」②「産地型集積」③「都市型複合集積」④「誘致型複合集積」の4つに分類している。「産業集積」の4形態の内容は、①「企業城下町型集積」：特定大企業の量産工場を中心に下請け企業群が多数立地することで集積を形成（トヨタ自動車を中心とする愛知県豊田市周辺、新日本製鉄を中心とする福岡県北九州周辺、マツダを中心とする広島地域等）、②「産地型集積」：消費財など特定業種に属する企業が特定地域に集中立地することで集積を形成（金属洋食器・刃物の新潟県燕・三条地域、めがね産業の福井県鯖江地域、家具の北海道旭川市周辺等）、③「都市型複合集積」：戦前からの産地基盤や軍需関連企業、戦中の疎開工場等を中心に、関連企業が都市圏に集中立地することで集積を形成（東京都大田区等の城南地区、群馬県太田地域、長野県諏訪地域、静岡県浜松地域、

大阪府東大阪地域等)、④「誘致型複合集積」：自治体の企業誘致活動や工業再配置計画の推進によって形成された集積（岩手県北上川流域地域、山梨県甲府地域等）となっている。

本稿では、「地場産業」を「特定の地域に集積した中小零細製造業」と、広い括りで用いることにしたい。そして、「産業集積」の4形態を便宜的に2つに分けて、「伝統的地場産業」(②「産地型集積」）と「ものづくり地場産業」(①企業城下町型集積、③都市型複合集積、④誘致型複合集積) とし、以下それぞれの「空洞化」の実態とサバイバル戦略（活路）を見ていくことにしたい。

(2)「地場産業」の「空洞化」

「地場産業」の「空洞化」は、1960年代から進行した。1960年代には、年間生産額2億円以上の「産地」は約230あったが、その後、需給構造の変化（代替品の出現、代替原材料の出現、機械化・量産化、海外製品との競合、消費者ニーズの変化）、企業誘致を中心とする地域政策の展開、労働力供給不足などによって停滞した。1970年代に入ると、「輸出型地場産業」は、変動相場制移行後の「円高」による米国市場での苦戦と発展途上国製品との競合激化、オイルショックによるコストアップと不況の影響で壊滅的な打撃を受けた。1980年代以降も地場産業は持続的に衰退した。特に、「プラザ合意」以降の「円高」による「輸出型地場産業」の衰退は著しかった。1990年代以降のバブル崩壊と国際競争激化、長期不況、「円高」、2000年代に入って顕在化した「グローバル化」の影響、特に東アジア・中国からの安価な輸入品との競合激化によって、「地場産業」の規模は縮小し、産地内企業数は1985年の約12万件から2005年の約4万件へ、20年間に3分の1まで減ってしまった。また、この間の「産地」における生産額は半減し、輸出額は5分の1に激減している[12]。ちなみに、「伝統的地場産業」の中の「伝統的工芸品産業」[13] についてみると、生産額はピーク時1983年度の約550億円から2006年度に3分の1へ、2010年度以降は約100億円、5分の1まで縮小している。わが国の「手仕事」を中心とした「地方文化」や「伝統文化」までもが、「グローバル化」によって「空洞化」したといえよう。

「輸出型地場産業」の中には、有田、伊万里、九谷、瀬戸などの陶磁器産業のように、明治以降、殖産興業・富国強兵のための外貨獲得に資する輸出産業・リーディング産業として名を高めた「産地」も多い。そうした陶磁器産地の規模も、1985年から2005年の20年間に大きく縮小した。陶磁器製品の国内生産額は、1985年の約1,800億円から2005年の600億円へと、3分の1に縮小した。この間の輸出額（FOB）は、約900億円から100億円へ、9分の1になってしまった[14]。陶磁器産地のうち、主要な30産地の1992年から2005年にかけての変化を見ても、そうしたことが明らかである。この間、企業数こそ1割減におさまっているが、生産額は6割減、従業員数は5割減と、「空洞化」が著しい[15]。

(3)「伝統的地場産業」の「サバイバル戦略」

主要な「伝統的地場産業」産地の「空洞化」状況とそれに対する「サバイバル戦略」、活路を見出す取り組みについて、「今治タオル」、「鯖江のメガネ」、「燕の洋食器」の3つの「産地」の事例をとり上げ、具体的に見てみよう。

①「今治タオル」

今治はタオルの製造が始まって120年の歴史を有する全国一のタオル「産地」である。国内のタオル生産量は1990年の9.5万トンが2012年には2万トンへ急減し、他方、輸入量は90年の2万トンから8万トンへ上昇した。価格競争力を失った国産タオルが輸入タオルに代替され、特に安価な中国製に押されて減産に次ぐ減産を余儀なくされた。中国やベトナムに工場を移転する企業も相次いだ。今治のタオルは、ピーク時の90年の5.5万トンから2012年には1万トンまで低下した（四国タオル工業組合）。今治のタオル業者数も、この間、倒産や廃業で、90年の400社から2012年の100社へ、4分の1になってしまった。

こうした中で、今治タオル産地の「サバイバル戦略」が展開され、反転のきざしも見られるようになった。すなわち、2006年に国の補助を受けて始めた「ブランド化事業」がそのきっかけとなった。有名アートディレクターの協力を得て、ブランドマークを統一し、組合が設けた基準に合格した商品だけを「今治タオル」として販売することにした。その後、産地内の企業は

活発に商品開発を行うとともに、自社ブランドの強化にも取り組んでいる。同時に、組合は、「今治タオルブランドマニュアル」を作成して「ブランド力」維持・向上に取り組んでいる。この結果、「今治タオル」のロゴマークのついた高級品、企業の販促品やノベルティ、イベント別注品などが伸びはじめた。それらは、在京のアンテナショップやネット販売でも売られている。2012年6月には、今治のタオルメーカー120社でつくる四国タオル工業組合が東京南青山のファッション街に直営小売店も出店するに至った[16]。

②「鯖江のメガネ」

福井県鯖江市のメガネフレーム製造は、国内の9割以上のシェアを占める。1905年に農閑期の副業として大阪や東京からメガネ職人を招いたことが「産地」形成の始まりといわれている。1980年代に世界初のチタン製フレームの量産化に成功し、世界の高級ブランドのOEM生産の「産地」となった。しかし、90年代後半から、中国製との競合が激化し、危機に陥った。出荷額は、ピーク時の1992年の1,142億円から2008年の761億円に減少、事業所数も890から530へ減少した。

こうした中で、「産地」をあげて「脱OEM」に取り組んだ。1つは、「自社ブランド育成」の取り組みである。福井県眼鏡協会（鯖江市）の加盟メーカー20社が「産地統一ブランド」を作ったり、若手経営者が「鯖江ブランドワーキンググループ」を発足させたりしている。生産受託による「作る」だけの産地から自社ブランドによる「作って売る」産地への転換を図ろうとしている。そのために、アパレルショップとの取引拡大や直営店開設等にも取り組んでいる。2つは、眼鏡の技術やチタン加工の技術を生かして、「製品多様化」や「異業種参入」に取り組み始めた。眼科手術用のハサミなど医療器具を開発したメーカーもあれば、7社がチームを組んで「チタンクリエーター福井」を組織し、注文を一括して受けて、仕事を割り振り、医療機器部品、航空機部品、釣り具等を生産したりしている。また、組合の青年部会15社は、眼鏡枠素材のカラフルな樹脂やチタンを用いて文具品やアクセサリーも作りはじめた[17]。

③「燕の洋食器」

新潟県燕市の工業は、江戸時代の初期、農村の副業として始められた「和

第6章　地場産業の活路　　　　　　　　　　　　　　　133

釘」の製造技術導入に端を発するといわれている。江戸の大火によりクギの需要が増え、国内の大産地となった。元禄年間（1688〜1703）に越後に銅山が開かれると燕で鍋等の「銅器」の生産がおこなわれるようになり、銅を利用した「煙管（きせる）」や「矢立」の生産も始まった。明治時代になって欧州より洋釘が輸入されると燕の「和釘」は没落、「煙管」も紙巻煙草に、「矢立」も万年筆に取って代わられ、「銅器」もアルミ製品等に代替された。しかし、大正時代、第1次世界大戦のころに、諸外国から洋食器の供給を求められ、燕は金工技術をもとにスプーン、フォーク等の「金属洋食器」製造に活路を見出すことになった。第2次世界大戦後は、ステンレスの洋食器の大量生産に成功し、1984年には輸出比率が約8割も占める金属洋食器の大産地となった。

　しかし、1985年の「プラザ合意」後の「円高」によって壊滅的な打撃を受けた。燕産の洋食器は価格競争力を失い、韓国や台湾製に敗退した。燕市の金属洋食器の事業所数は、1985年の401から1999年には230へ、半減した。

　こうした中で、燕産地では、ステンレス加工技術を利用した新製品開発を行い「金属ハウスウェア（金属器物）」産業が誕生し、国内の主要産地となっている。また、金属加工技術を生かして、自動車部品、ミシン部品、金属雑貨、ゴルフクラブ、カーブミラー、農機具等、あらゆる金属製品が生産されている[18]。さらに、チタン合金の加工技術等を生かして、航空機産業に参入する動きも出ている[19]。

　「地場産業の歴史は事業転換の歴史である」といわれる[20]。「事業転換」の内容は、①製品そのものの転換、②その質的な転換、③市場の転換、④生産方法の転換、⑤経営の転換であり、シュンペーターのいう「新機軸」の概念に近いものがあげられている。まさに、事業構造が変化する中で、地域の中小零細企業や「産地」が生き延びるためには、絶えざる「革新」（イノベーション）が必要となるといえよう。山崎充は、「地場産業の将来を明るいものにするためには、……、各地の産地に目立つ革新的試みを大切にする姿勢が地場産業対策の中に組みこまれることが望まれる」「革新的試みとは、産地の中でこれまで長い間支配してきた"常識"に反するもの、あるいは社会

的分業体制の変革を求めるものである」[21]と叙している。こうした革新的な取り組み事例が、上記の燕産地をはじめとして、鯖江産地、今治産地にも見出すことができた。そうした「サバイバル戦略」は、「ブランド化」「製品多様化」「異業種参入」「自社製品開発」「脱下請・脱OEM」「直売」等といった「事業転換」や「（産地）革新」の内容を構成するものであった。

(4)「ものづくり地場産業」の「サバイバル戦略」

「ものづくり地場産業」の「空洞化」は、1985年の「プラザ合意」以降の急激な「円高」の進行に伴う製造業大企業のアジア進出や中国移管で大きく進行した。その後、90年代、バブル崩壊後の長期不況と中国を中心とした東アジア市場の急成長を背景に大企業の海外進出が本格化し、さらに、2001年に中国がWTOに加盟したことを契機に中国進出が急増したことによってわが国の「第2次産業空洞化」が進んだ。その結果、ものづくり中小企業、わが国ものづくりの基底部分は、危機を迎えることになった。

「ものづくり地場産業」の中で、日本のものづくりを底辺から支えてきたと見られる代表的なものづくり産地である東京都大田区、東京都墨田区、大阪府東大阪市の3つをとり上げ、それらの特徴とそれらに共通する「町工場」の激減状況、「空洞化」の実態、「サバイバル戦略」等を概観しよう。

①大田区

大田区は、日本の製造業の基盤を支える日本屈指の製造業の集積地であり（2008年の事業所数4,351、従業者数33,899人、製造品出荷額7,095億円）、自動車、家電、航空機、半導体製造、原子力関連等の「機械部品」の産地である。機械・金属加工の企業が全体の85％を占め、事業所の約8割は従業員9人以下の小企業である。

大田区の工業の歴史は、明治末期から大正初期にかけて、富国強兵・殖産興業策を背景にして大森・蒲田周辺に近代工場が立地し、軍需工業が集積された。東京瓦斯電気工業、新潟鉄工所、日本特殊鋼などが立地した。そうした大企業から大量の職人が輩出し、独立して企業化した面もあった。そして、高度加工技術を備えた中小零細機械金属工業が集積し、あらゆる機能を内面化していった。

大田区の「空洞化」は、企業数で見ると1983年のピーク時9,190社あったものが2008年には4,351社となり、2012年には4,000社を割り込んだ模様である。従業員規模で見ても、1983年の93千人から2008年には34千人に激減している。2010年末の従業者数4人以上の製造業事業所数は1,748で、2001年からの10年間でも4割減少した。大田区は、ハイテク型の産業が多く、大企業の下請け企業が多いため、大企業の海外進出等の影響をより強く受け、「空洞化」の程度も大きいと見られている。「空洞化」の主たる要因は、取引先の海外移転や海外調達による受注の減少等である。

　こうした中で、大田区で見られる「サバイバル戦略」は、次のように多様である。1つは、区内の加工業者間での「連携」が進んでいる。それらは、「仲間回し」「横請け」とよばれる「仕事の回し合い」で、中小企業同士の「発注―受注ネットワーク」が発達している。2つは、「地域ブランド」構築戦略である。「ローカルブランドからグローバルブランドへ」を目標に掲げて「大田ブランド推進協議会」が設立され活動している。3つは、「グローバル戦略」である。中国、タイなどの中小企業とのマッチング、受発注促進を推進している。また、海外進出戦略では、2005年にタイに進出し、「アマタナコン工業団地」に大田区中小企業の集合工場、「オオタ・テクノ・パーク」を建設した。4つは、自治体の「支援施設」である。2012年6月、大田区は賃貸工場「OTAテクノCORE（コア）」を開設、中小製造業への貸出を開始した[22,23]。

②墨田区

　墨田区は、江戸・明治から引き継がれた技術や技能が蓄積され、多種多様な業種の中小企業が集積した「日用消費財」のものづくり産地である。最近では、「東京スカイツリー」が建設された町として有名になったが、もともと「小規模」企業が中心で、3人以下の家族的規模の零細企業が中心である。コミュニティが残る下町、ものづくりの町であった。企業集積の歴史は古く、江戸時代には隅田川や運河の水利を活かした染色、瓦、材木、鋳物等が集積し、明治時代から大正時代にかけて皮革、メリヤス、マッチ、セルロイド、ゴム、石鹸、靴、時計、自転車、ビール等の欧米からの「移植産業」が集積した。また、カネボウ、セイコー、ライオン、花王等の工場もあって、

近代軽工業の発祥の地である。現在では、ファッション関連産業（繊維、皮革、ガラス等）や機械金属関連産業（プレス、金型、塗装、メッキ等）、印刷、紙、ゴム、プラスチック等、多様な洋風日用消費財の一大地場産業産地となっている。

墨田区の「空洞化」は、1966年のピーク時9,700工場から一貫して進行し、40年後の2005年には3,800工場へ激減した。特に、2000年代に入って顕著となり、2010年末の従業者数4人以上の製造業事業所数は1,032で、2002年に比べて3割以上も減少している。

墨田区においても多様な「サバイバル戦略」が見受けられる。1つは、企業同士が「連携」して「ネットワーク」を構築し、それをフル活用してユーザーニーズに対応しようとしていることである。1989年に46社で「ラッシュすみだ」という共同受注グループを作ったのもその一つである。2つは、ハイテク志向や「産学官連携」志向が強いことである。東京・下町の中小企業の技術を結集し、海洋研究開発機構、芝浦工業大学、東京海洋大学等の支援を受けた、水深8,000mに潜る海底探査ロボット「江戸っ子1号」プロジェクト（2009年5月発足）もその一つである[24]。3つは、墨田区が様々な中小企業支援施策を打ち出していることである。①「新・墨田区工業振興マスタープラン」（2009年3月）、「ネットワーク」を活用した製品化スキルの強化、②第三セクター・国際ファッションセンターの支援（提案力・製品化力・自社ブランド力の向上）、③「産業振興会議」の設置と諸施策等である。「産業振興会議」では、「工房ネットワーク都市」への取り組み、「すみだ中小企業センター」設置、「3M運動」（ミュージアム、マイスター、モデルショップ）等が推進されている[25]。4つは、「産業観光」の推進で、地場産業と観光を組み合わせた「まちおこし」が始まったことである。墨田区が中心となり、区内の空き工場を活用して「産業観光」の拠点を作り、カフェの併設、ものづくり体験や見学ができるスペースづくり、新たなものづくりの拠点整備（工場改修費や設備購入費の補助）等を計画中である[26]。5つは、後継者・人材育成へのユニークな取り組みである。関満博先生を塾長にした「フロンティアすみだ塾」という私塾・ビジネススクールが作られ、ヨコ、タテの「ネットワーク」が形成されている。さらに、その「ネットワーク」は全国私塾の交

③東大阪市

　大阪府東大阪市は、東京都大田区と並ぶ機械部品中心のものづくりの町である。日本の機械産業の基盤的産業が高密度に集積している。多様な業種の中小企業群が存立し、金属製品、一般機械、プラスチック製品、ニット製品などの企業が多い。

　東大阪のものづくりの歴史は、江戸時代から明治時代には河内木綿の生産が盛んなところで、伸線、鋳物も集積していた。戦前は、木綿産業が衰退し、バリカン、歯ブラシ等の生産が、戦後は繊維、ネジ、クギ等の生産が拡大した。1970年代から80年代にかけて、自動車や家電の部品製造業が集積し、金属加工やプラスチック加工等、幅の広い業種が集積している。最終製品メーカーが多い。

　東大阪市の「空洞化」は、ピークだった1985年の約1万社超から20年間で6千社へ、4割も減少した。従業員4人以上の事業所数は、直近ピークの1998年から2007年にかけて8年間で約3割も減少した。

　こうした中で、東大阪市に見られる主なサバイバル戦略は、以下のとおりである。1つは、「横請けネットワーク」や「仲間請け」と呼ばれる中小企業の「連携」が強いことである。もともと東大阪地区は町工場同士の横の連携が強い土地柄であったようだが、高度成長期にできた「中小のおっちゃんたちのサロン」というカフェをモデルにしたカフェがよみがえり、「カフェミーティング」で横のつながりを強め、新しい仕事を探る動きが出ているという。2つは、ハイテク志向が強いことである。2009年1月に、東大阪の中小企業の技術の粋を集めて人工衛星「まいど1号」が作られ、打ち上げに成功した。「衛星ビジネス事業化」への挑戦、医療機器の開発による「医療機器のシリコンバレー」構想、ナノテクノロジー(超微細技術)の事業化等、「まいど魂」技術を受け継ぎ、最先端の技術を軸にした成長戦略構想が後を絶たない[27]。

おわりに：地場産業の活路

　以上、主として、1985年の「プラザ合意」以降の円高局面で、アメリカ発の「グローバリゼーション」とその一環をなすわが国大企業の「グローバル化」の中で、中小企業や地域の産業がどのような状況に陥り、どのように生き残りをかけて奮闘しているかを見てきた。

　今後、わが国の経済環境はどのように変化するだろうか。一般的に言われている「構造変化」は次のようである。第1は、産業構造の変化である。「グローバル化」が続き、大企業の海外生産移転が続いて国内の「産業空洞化」が更に進むだろう。TPP参加などによって弱い産業の国際競争力が問われる。産業構造の「ソフト化・サービス化」の流れも継続されよう。「情報化・IT化」も進展するだろう。第2は、東日本大震災・福島第一原発事故の後遺症が長く続くことである。余震が頻発する時代、巨大地震発生確率が高まる時代の中で福島の教訓を踏まえれば「脱原発」の方向は不可避であり、結果的に電力・エネルギーは高価格時代に入る。このため産業構造変化が加速化され、省エネルギーや再生可能エネルギー開発利用も不可欠となる。第3は、社会構造の変化である。「少子・高齢化」、人口減少社会が着実に進行する。若年層を中心に非正規雇用者が増え、低い賃金水準が続くことから経済成長を支える「中間層」が縮小してゆく。家族やコミュニティが崩壊し、地域社会の安定性にも支障が出てくる。農山村ではさらに過疎化が進む。第4は、市場構造の変化である。この先10年程度は、元気な「団塊の世代」が消費市場を下支えし、「シニア市場」が更に成長するだろう。大量生産大量消費社会が見直されて手づくり志向や本物志向が増えてゆく。消費者の個性化が進み、大衆から「個衆の時代」へ変化する。第5は、地域構造の変化である。大都市部への集中は収まらないものの、「地方分散型社会」、「地産地消」、「地域ブランド」などが新たな潮流として芽を出してくる。

　こうした中で、地域の中小企業や地場産業はどこに活路を求めればよいであろうか。「逆境」の中で、「ソフト化・サービス化」「情報化・IT化」「省エネルギー」「再生可能エネルギー」「高齢化」「コミュニティ崩壊」「シニア

市場」「地域分散型社会」「地産地消」「地域ブランド」といった変化内容は、ある面、中小企業にとって事業機会の多い、チャレンジしがいのある変化であるようにも思われる。本稿ですでにとりあげたような「地場産業」の様々な「革新」的な取り組みの中に、そうした萌芽の一部を見出すことができる。

さらに、わが国の「地場産業」の活路・方向性を何点か指摘して結びにかえたい。

第1は、「地域が主体」となり、「地域からの改革」をめざして、地域の中小企業や諸産業、関係者が従来以上に「連携」と「連帯」を強めてゆくことが重要であろう。

第2は、地域の再生や活性化の在り方として、「大企業（工場）誘致」や「中央依存」の「外部依存型」ではなく、それぞれの地域が主体となって地域社会を人間の生活の場として再生させる「内発型発展」の可能性を求め、「地域循環型経済」を求めてゆくことが「全体最適」につながってゆくだろう。

第3は、それぞれの地域が、「主体性をもったグローバル化」をめざし、アメリカ主導の「グローバリゼーション」とは違った「新しいグローバル化」を模索すべきであろう。特に、アジアの人々との連携や連帯、「共生経済」や「分かち合いの経済」の考え方が重要となろう。中国だけではなく、ASEAN諸国等との「新たなネットワーク形成」も重要となろう。その際に、新興諸国の労働者、市民との連携のあり方も今後の検討課題の一つとなるだろう。

注
1) 非正規雇用者とは、パート、アルバイト、派遣社員、契約社員・嘱託、その他をいうが、総務省の労働力調査によれば、非正規社員の数は1985年の655万人から2011年には1,811万人に約3倍も増加し、その構成比もこの間16.4%から35.1%へ増加している。
2) 神野直彦（2002）『人間回復の経済学』岩波新書、43ページ。
3) 中村吉明・渋谷稔（1994）『空洞化現象とは何か』通商産業省通商政策研究所研究シリーズVol.23。
4) 平成23年度『経済財政白書』134ページ。
5) 国際協力銀行「わが国製造業の海外事業展開に関する調査報告―2013年度海外直接投資アンケート結果（第25回）―」（2013年11月）。

6) 宇沢弘文（2000）『社会的共通資本』岩波新書。「社会的共通資本」とは、「一つの国ないし特定の地域に住むすべての人々が、ゆたかな経済生活を営み、すぐれた文化を展開し、人間的に魅力ある社会持続的、安定的に維持することを可能にするような社会的装置を意味する。（中略）。社会的共通資本は決して国家の統治機構の一部として官僚的に支配されたり、また利潤追求の対象として市場的な条件によって左右されてはならない」（4〜5ページ）。
7) 板倉勝高（1981）『地場産業の発達』大明堂、1ページ。
8) 下平尾勲（1985）『現代地場産業論』新評論、197ページ。
9) 山崎充（1977）『日本の地場産業』ダイヤモンド社、6〜8ページ。
10) 「地場産業」と混同して用いられる概念に「地域産業」がある。「地域産業」の明確な定義はないが、「それぞれの地域に立地する企業の集合体（大企業や地場産業をも含む）」として使われ、また、狭義には、「それぞれの地域に立地する中小零細企業のうち、産地を形成せず、市場がそれぞれの地域に限定されたもの（いわゆる地場産業を除いたもの）」を指すこともある。たとえば、食品産業の中で、多くの地域に立地した豆腐屋、パン屋等は「地域産業」であるが、特定の地域に産地を形成し、歴史が古く、全国に販売している清酒製造業、水産物加工業などは「地場産業」として捉えられるものが多い。
11) 中小企業庁（1985）『中小企業白書』。
12) 中小企業庁「2005年度産地概況調査」。
13) 「伝統的工芸品産業」とは、「伝統的な技術・技法、伝統的な原材料を使って、古来から民衆の日常生活に用いられてきた生活用品を工芸品として生産する産業の総称である」（「伝統的工芸品産の振興に関する法律」1974）。2009年度の伝産指定産地は211あり、産地の分布は、中央日本に集中（京都・大阪・愛知・東京）している。業種別には、①織物・染色品、②陶磁器、③金工品、④漆器、⑤木工品等が多い。
14) 日本陶磁器産業振興協会資料等。
15) 伝統的工芸品産業振興協会編『全国伝統的工芸品総覧』各年版より筆者作成。
16) 「朝日新聞」2012年6月25日付。
17) 「日本経済新聞」2009年7月6日付、「読売新聞」2012年8月31日付、「朝日新聞」2012年12月24日付。
18) 『専修大学社会科学研究所月報』（2009）No.548を参考にした。
19) 「日本経済新聞」2009年6月22日付、2010年1月27日付。
20) 山﨑充（1977）『日本の地場産業』。
21) 同上書、341〜342ページ。
22) 山田伸顯（2009）『大田区から世界の母工場へ―日本のモノづくりイノベーション―』日刊工業新聞社。
23) 「日本経済新聞」2012年6月2日付。
24) 「日刊工業新聞」2012年4月11日付。
25) 墨田区公式ウェブサイト。
26) 「日本経済新聞」2013年8月13日付。
27) 「朝日新聞」2013年12月10日付。

（熊坂敏彦）

第7章
浜松市の産業展開

はじめに

　内閣府が2013年9月に発表した2013年4〜6月期の四半期別GDP速報の改正値では、わが国の実質GDPは年率3.8%、名目GDPは年率3.7%と、どちらも1次速報値に比べて年率換算で1%上方修正された。安倍政権が推進する経済政策「アベノミクス」によって、為替は超円高から円安に振れ、株価も乱高下を繰り返しながらもひとまずは上昇したと言って間違いはない。このような流れの中で、製造業の輸出が伸張し、企業の業績が回復するという期待が高まっているが、果たしてそうなのだろうか。

　浜松地域は、これまでものづくりを基盤に発展し、成長を遂げてきた場所である。しかし、わが国の産業界に第3の空洞化が起きるのではないかと懸念される今、浜松の製造業も海外生産に積極的にならざるを得ないという現状にある。その潮流は、たとえ円安が定着したとしても、現在の空洞化の原因を考えたとき、変えられるものではないのではないだろうか。国内市場は縮小傾向にあり、新商品を開発する力も確実に衰え始めている。製造業の製品生産が、労働コストの低い所に移転していくのは、日本や浜松に限ったことではなく、世界的な傾向である。したがって、ものづくりの国内回帰が起きる可能性は極めて低いと考える方が自然である。

　また、世界の経済を展望すると、資本主義のシステム自体が世界的な規模で危機的状況に入っているのではないかと見ることもできる。財政・金融危機、地域経済の疲弊、格差の拡大、中国経済の低迷など、難問が山積している。それらはもちろん浜松地域の産業にも大きな影響を与え、生産拠点の海

外移転をはじめとする企業の多国籍化、労働者の雇用環境や労働形態の変化、さらには地域そのものの構造にまで深く影響を及ぼし始めている。本章では、このような中で地域経済や産業、企業がどのように変化しているのか、どんな問題が起きているのか、アベノミクスの影響、効果についても検証しながら、地域の企業と産業の特徴を明らかにしていく。また、地域経済の果たす役割についても言及する。

1. 浜松市の産業構造

　浜松地域は産業面においてしばしば「ものづくりのまち」、「製造業の街」といわれ、世界的企業・オンリーワン企業が生まれ育つ都市と言われてきた。日本初の国産ピアノや国産オートバイが開発されたことはあまりにも有名であるが、そのほかにも日本初の軽自動車や日本初の木工機械、日本初の国産アルミホイール、世界初の胃カメラが開発されたことなど、「日本初」や「世界初」、または「日本一」（ピアノ生産量、電子楽器生産量ほか）や「世界一」（光電子増倍管生産量ほか）が現在でも数多く存在する非常に特異な地方都市であると評価されてきた。大田区や東大阪と並ぶわが国3大ものづくり地域としても知られている。

　かつての浜松地域において最も有力な産業は繊維産業であり、江戸時代より既に産地として一定の産業規模が認知されていた。当地域は、繊維産地として数百年の歴史を持ち（浜松市史によると14世紀中頃には、手工業としての織物業、染色業が始まっている）、特に高級綿麻製品の産地として有名である。

　1880年代後半には、50万反ほどの規模に発展したが、その後力織機が登場すると生産量は飛躍的に増大した。1920年代後半から1930年代初頭にかけては世界的な恐慌の影響もあり、当地の繊維産業は停滞することとなったが、1930年代半ばにかけて再び成長基調に達した。1931年の繊維生産額は、3,913万円であったが、1937年には1.5億円に激増しており、当時の浜松地域の全製品出荷額の70.8%を占めている。また、生産額の65%は輸出され、当地の繊維製品のマーケットは世界規模を誇っていたことがデータより示されている。

第2次世界大戦前期の浜松地域は、名実ともに「繊維の街」と呼ばれるに相応しい場所であった。繊維製品の生産には、自動織機のほか、準備工程においても様々な機械が必要であり、職人には、それらを生産すること、整備すること、扱うことなどが要求され、自ずとものづくりの下地が確立されていった。

　このことが後の輸送用機械産業をはじめとして、当地に勃興した多様な製造業の形成要因となっている。その後、当地の繊維産業は、1960年代の初頭をピークに衰退の道をたどることとなるが、それに代わって登場した輸送用機械産業（特に二輪車）が、浜松地域の経済を牽引する産業へと成長していく。第2次世界大戦後に興った輸送用機械産業が、1960年代には、楽器産業や繊維産業の生産額を抜いて1位となり、以後現在まで地域のリーディング産業として君臨してきたわけであるが、最近は国内市場の縮小と生産量の減少の流れを止めることはできず、積極的な海外展開によって補完する戦略を構築している（図7-1）。

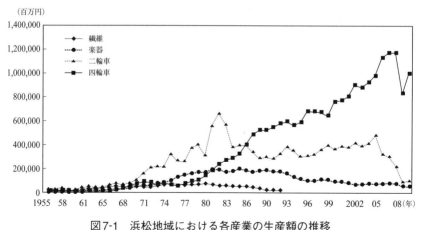

図7-1　浜松地域における各産業の生産額の推移

（出所）浜松商工会議所編『浜松経済指標』

　浜松市の産業別人口構成比をみると、2005年から2010年までの5年間で、就業者数は24,214人減少した。2010年の国勢調査における15歳以上の就業

者総数399,573人を業種別にみると、製造業が107,515人（26.9%）で最も多く、卸売・小売業65,228人（16.3%）、医療・福祉37,190人（9.3%）の順となっている。

産業別では、第1次産業16,679人（4.2%）、第2次産業137,287人（34.4%）、第3次産業236,259人（59.1%）となっており、第3次産業の割合が増えているが、他の政令指定都市と比較すると、第2次産業の割合が最も高く、製造業が集積する地域であるという特徴が顕著に表れている。

経済産業省「工業統計調査」（2010年）によると、浜松市内の製造業事業所は、2,323事業所で前年比5%減となっている。過去の推移をみると、ほぼ右肩下がりに減少しており、1992年と比較すると、1,847事業所（44.3%）減少している（図7-2）。

同じく2010年の浜松市の製造業従事者数は、76,309人となっており、1990年代には10万人を超えていた製造業従事者は、2000年代前半には9万人を割り込むまでに減少した。しかしその後は下げ止まり、2008年のリーマンショックが起こるまでは、従業者数は増加傾向にあった。しかし、リーマンショックにより従業者数は1年間で全体の12%に及ぶ10,622人減少した（図7-2）。

図7-2　事業所・従業者数の推移

（出所）経済産業省「工業統計調査」より作成

浜松市の2010年の製造品出荷額は、2兆145億7,688万円となっている。1900年代から2000年代半ばまでは2兆5,000億円～2兆8,000億円で推移していたが、リーマンショックの直前の2007年には3兆2,257億円まで増加していた。しかし、リーマンショック後には、出荷額は激減し、2007～2009年の2年間で、1兆1,276億円（35%）減少した（図7-3）。

図7-3　製造品出荷額等の推移

（出所）経済産業省「工業統計調査」より作成

　これまで工業統計表を用いて2010年の浜松市の工業の動向をみてきたが、それ以外のデータとしては、1事業所当たりの製造品出荷額は8.7億円、かつての3大地場産業であった繊維・輸送用機械（自動車・同付属品）・楽器の製造品出荷額は、それぞれ以下の通りである。繊維工業2,439,325万円、自動車・同付属品76,403,794万円、楽器2,292,262万円、合計81,135,381万円、全製造品出荷額に占める割合は、40.3%である。

　2012年末より安倍晋三政権の経済政策「アベノミクス」によって、株安・円高是正が進み、長らく続いた閉塞感打破への期待が高まっている。特に浜松地域は工業生産品を輸出することで成長してきた地域でもあるため、景気の押し上げ効果を実感している企業も当地域で24.9%あった（2013年3月しんきん経済研究所）。その後、9月の調査でも、直接の恩恵を受けた企業は

少ないものの、売り上げ向上など一定の波及効果が見られたとの結果がでた（2013年9月しんきん経済研究所）。この先の第3の矢と言われる成長戦略への期待については、「経済連携の推進」を求める声が全体の40.2％と最も高く、「規制改革の推進」38.7％、「産業の新陳代謝の円滑化」37.3％と続いた。当地域の中小企業者にとって、景気の回復が最大の関心事であることが数字の上でもはっきりした。

2．産業構造の変化

(1) 海外展開の動向

　経済産業省「海外事業活動基本調査」（海外に現地法人を有する我が国企業、但し金融業、保険業及び不動産業を除く、を対象とする）によると、2011年度（2011年度及び2012年3月末実績）の製造業の国内生産比率は、海外進出企業ベースで32.1％、国内全法人ベースで18.0％とほぼ横ばいであった。一方で海外設備投資比率は、21.5％と上昇し、過去最大となった。

　リーマンショックの影響で海外生産比率は一時的に低迷したが、中長期的にみれば増加基調にある。

　これを業種別にみると、浜松地域の主力産業である輸送用機械の海外生産比率（国内全法人ベース）が38.6％と最も高くなっており、生産拠点の海外移転が進行していることがわかる（経済産業省・海外事業活動基本調査 2009年度）。

　2011年4月現在で、浜松地域に本社または主な活動拠点を有する企業のうち、海外に展開している企業は177社、事業所等は562カ所であり、1993年の企業数58社、事業所271カ所と比較すると、企業数で3倍、事業所数では2倍に増加している。内訳をみると中小企業の海外進出は、1993年に比べ、企業数で4.3倍、事業所数で4.8倍となっており、中小企業の海外進出は大きく増加している（表7-1、図7-4）。

(2) 二輪車産業の海外進出

　二輪車産業は、日本の主要産業のひとつとして1960年代から1980年代ま

第7章 浜松市の産業展開

表7-1 海外展開企業・事業所等数

年	海外展開企業数				海外展開事業所等数		
	大企業	中小企業	合計	(県全体)	大企業	中小企業	合計
1993年	25	33	58	(197)	222	49	271
1995年	24	38	62	(234)	239	53	292
1997年	26	54	80	(269)	279	69	348
1999年	36	76	112	(340)	312	104	416
2001年	32	100	132	(357)	326	152	478
2003年	29	100	129	(341)	308	146	454
2005年	32	117	149	(361)	318	178	496
2007年	31	134	165	(397)	332	207	539
2009年	31	133	164	(379)	335	219	554
2011年	33	144	177	(372)	323	239	562

(注) 静岡県西部地域（浜松市・磐田市・掛川市・袋井市・湖西市・御前崎市・菊川市・森町）
海外展開事業所等数とは、現地法人のほか、支店・営業所・駐在員事務所・海外企業に技術供与している場合を含む。
(出所) 静岡県経済産業部「静岡県内企業海外展開状況調査報告書」

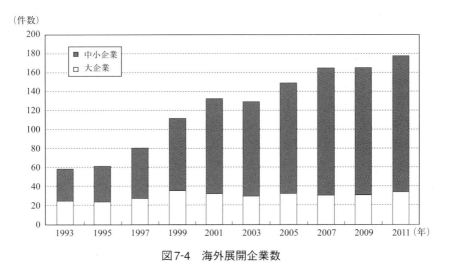

図7-4 海外展開企業数

(出所) 静岡県経済産業部「静岡県内企業海外展開状況調査報告書」

で、生産量において世界の頂点を堅持してきた。しかし、1993年に中国が日本を抜いて世界第1位となってからは、日本の二輪車メーカーは苦戦を強いられている。2009年の統計では、日本の生産量は第6位で、この要因は中国を代表とする新興国の台頭とホンダ、ヤマハ、スズキなどの日本メーカーの海外生産が拡大したことによる。浜松地域の産業別の生産額の実に52.2%を占める「輸送用機械器具」は、地域のリーディング産業であることは間違いなく、この分野の海外生産が拡大することは、地域の産業空洞化に結び付く可能性が高く、事態を注視しなければならない。

　新興国の中では、中国の生産量が突出している。2006年には2,193万台であった生産量は、2008年には2,750万台に達している。第2位はインドであるが、第3位のインドネシアの増加も顕著である。2008年のインドネシアの生産量は626万台であり、インドの840万台に迫りつつある。ブラジル、台湾、タイ、韓国の生産量は、100～200万台の間で推移している。日本の生産量も同等であるが、引き続き減少傾向にある。また、ベトナムの生産量の増加も著しく、2006年から2007年には、生産台数を約2倍の164万台に押し上げた。既に日本やタイと同等の生産能力を保持していると考えられるため、近い将来には世界第4位となる可能性も高い（本田技研工業広報部2010）。

　日本の二輪車メーカーは、1960年代初頭から海外生産を開始して、1970年代からは各社とも積極的に海外生産を進展させた。ホンダは、2009年に浜松製作所における二輪車生産からは撤退したが、近年、特にアジア地域において積極的な設備投資と販売活動を行っている。2010年3月期の販売量は、日本、北米、ヨーロッパでは各地域とも19万台前後であるのに対して、アジアでは763万台であった（本田技研工業広報部2010）。ホンダは1964年にタイで二輪車の販売会社を設立した。パキスタンは1962年、フィリピンには1973年に進出した。1967年にタイで生産を開始したときには、部品の現地調達率向上のため、日本の部品メーカーに現地進出を促した。2012年時点では、取引部品会社161社、うち日系メーカーは107社で現地調達比率は99.7%である。

　ヤマハ発動機は2010年12月期の国内における販売台数9.9万台に対して、アジア地域では608万台を販売している。同社の海外生産は、1960年代初め

のメキシコにおけるKD生産が最初であった。その後は、1963年にインド、1964年にアイルランド、1966年にタイ、1968年にマレーシアなどアジアを中心に積極的に海外展開を行ってきた。最近は、特にインドネシアとベトナムに注力している。

ヤマハが特に気を遣っているのがマーケティングの現地化である。音楽イベント、サッカーなどスポーツの後援企業となることで、若年層への浸透を図っている。また、長く乗って故障した二輪車をどこの店でも直せるようにし、消耗品とさせないようにした。セールス、サービス、スペアパーツ、この「3S」をそろえておくことが重要であった。スズキは、2009年の国内販売台数7.8万台に対して、アジア地域で248万台を販売している。同社の海外生産は、1967年にタイから始まり、その後1970年代半ばまでにインドネシア、パキスタン、マレーシア、フィリピンと続いた。

このように各メーカーは、国内市場の縮小に伴う生産量の減少を、積極的な海外生産により補完する戦略を構築している。今後は、新興国のみならず発展途上国の市場においても、各社の製造・販売競争は熾烈を極めると予想される。わが国の二輪車産業の集積地として常に中心的役割を果たしてきた浜松地域も、更なる発展のためには今以上のグローバル化が必要とされることは確実である（図7-5、7-6）。

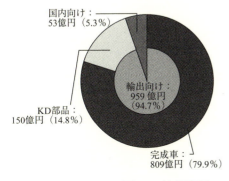

2012年出荷総額：1,013億円

国内向け：53億円（5.3％）
KD部品：150億円（14.8％）
輸出向け：959億円（94.7％）
完成車：809億円（79.9％）

うち、完成車の内訳

排気量	出荷高	出荷総額に占める割合
50 cc未満	5億円	0.5％
50～125 cc	35億円	4.1％
125～250 cc	112億円	12.9％
250 cc超	712億円	82.5％

図7-5　遠州地区の二輪車関連出荷高

（出所）浜松商工会議所「浜松経済指標」

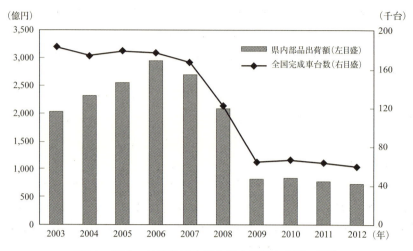

図7-6　国内二輪車生産台数と県内部品出荷額の推移

(出所) ㈳日本自動車工業会「自動車統計月報」
　　　静岡県企画広報部統計調査課「静岡県鉱工業統計月報」

3. これまでのものづくりと新しいものづくり

(1) かつての3大地場産業

　浜松地域の繊維機械メーカーにおいて輸送用機械の研究開発は戦前期に行われていた。その目的は、繊維機械は極めて寿命が長い機械であるため、一度導入すると代替需要が見込めないこと、及び繊維産業の拡大もいずれは限界を迎えるため、次の事業として輸送用機械産業に進出することであった。

　1948年には、本田技研工業株式会社が設立され本格的な産業形成期に入った。数十社の二輪車メーカーが存立し、当地域の輸送用機械産業の基礎を築いた時代となった。1954年には、スズキ（鈴木式織機）が四輪車の開発に着手し、翌1955年に「スズライト」を発表した。1962年には、業界はホンダ、スズキ、ヤマハ発動機の3社の寡占状態となっていた。1969年には、二輪車の国内生産量に対する浜松地域の割合が51％に急増した（63年には34％）。1970年には、四輪車の生産が27.2万台に急増し（61年には1万3,774台）、1986年には、四輪車の生産が、87.2万台となった（小型自動車が全体の

46%)。

　2011年の浜松地域における二輪車生産台数は、176,203台で、国内二輪車生産台数638,987台の27.6％を占めている。

　2008年には、本田技研浜松製作所の二輪車生産ラインが熊本製作所に移転、オートバイ発祥の地とも言える浜松の象徴であったホンダのオートバイラインが消えてしまうことは、当地域にとって大きな衝撃として受けとめられた。

　二輪車は、現在、内需よりも輸出が主であり、生産金額で95.1％が世界各国に輸出されている。2011年の浜松地域の自動車の生産台数は、949,799台で、国内生産台数8,398,705台の約11.3％であるが、そのうち軽自動車の生産台数は、617,488台で、国内軽自動車生産台数1,116,885台の約55.3％を占めている。

　リーマンショック後の世界的な景気低迷、超円高によるコスト競争力の低下などにより、メーカーは急激に生産拠点を海外に移行しつつある。移転先は、インドやインドネシア、ベトナムやミャンマーなど、これまでの海外投資先よりも更に労働コストの安価な場所へと変化している。

　浜松地域の楽器産業は、明治期に興り、長い間当地域の主要産業であったが、国内市場での成長が見込めないこと、急激な円高によるコスト競争力の低迷などから、楽器メーカーが、収益力強化のため国内事業を改革し、その流れの中で生産拠点を集約する動きが起こっている。2010年には、ヤマハ本社工場（浜松市）のピアノ生産ラインは、掛川工場へと移転した。しかし、浜松地域に本社を置く、ヤマハ、河合楽器、その他の楽器メーカーが生産するピアノは国内生産のほぼ100％を占め、電機・電子ピアノ、電子オルガンの生産も全国比97.9％を占める（静岡楽器製造協会2012年度調べ）。

　浜松地域の繊維産業は、第2次世界大戦前・後を通し一貫して地域の経済を牽引してきた当地域のリーディング産業であったが、昭和40年代後半を最盛期としてその生産額、生産量は減少に転じ、現在も依然として縮小し続けている。しかし、当地域の繊維生産品は、高度な技術に支えられた高級織物として繊維業界においても高い信頼を維持している。パリコレクション、ミラノコレクションに出品されるテキスタイルが当地域で生産されることも

多く、世界各国のデザイナーから直接注文が入ることも珍しくない。

　長い間、分業体制で産地が形成されてきたが、企業や生産者などの減少が続き、産地内での一貫生産が困難に陥り始めている。これまでの経営形態からの脱却、地域に拘らない仕事など、変化が求められている。最近では、ITを利用することにより、巨額な投資や設備・組織がなくても世界に向けて情報発信が可能なことから、ネット取引で成果を上げる事例が見受けられる。業界全体にとっても、期待される業態のひとつとなっている。

　また、当産地は、浴衣の産地としても有名で、浴衣の取扱量は全国第1位である。2006年には、約130万反、全国シェア51％（浜松織物卸商協同組合全国浴衣取扱量推移）であったが、安価な輸入品との競争に曝され、現在は約61万反とここ数年で半減している（遠州織物工業協同組合調べ2012年）。

(2) 新しいものづくり　農業

　浜松地域は製造業の街というイメージが定着しているが、農業産出額は約540億円、全国4位で、果樹や花卉（かき）の産出額は全国トップクラスである（2006年農林業センサス）。大規模農地を作らせない政策から、小規模農業が盛んになり、生産性を上げるため、よりお金を稼げる農業が中心となった。また江戸時代から石代納という方法で年貢を納めていたため、農地では商品作物を作ることが多く、土地集約性が高い作物の栽培が盛んに行われた。

　当地で栽培した綿花を糸に紡ぎ、同じく地域で生産された藍や茜で先染め（糸染め）し、デザイン性の高い縞模様の織物を織って、各地で立つ市に卸していた。当地域で織られる織物は遠州縞（笠井縞）と呼ばれ、産地ブランドを形成していたことも、これに深く起因する。

　2010年の農林業センサスによれば、浜松市の総農家数は13,855戸で全国第1位、農業就業人口は14,524人で全国第2位であり、他都市と比較すれば農業の人的資源に恵まれていると言える。しかし、基幹的農業従事者の約6割が65歳以上の高齢者であること（年齢階層別では75～79歳の割合が最も多い）、総農家数が多いといっても他の農業都市と比べ、兼業農家や自給的農家（経営耕地面積が30a未満かつ農産物販売金額が50万円未満の農家）の割合が高いという農業経営形態となっている。後継ぎの不足、農産物価格の低迷

等、農業にまつわる諸課題は、当地域に限ったことではないが、農家戸数の減少、農業従事者の高齢化は深刻で、耕作放棄地の割合も年々増加傾向にある。

このような状況の中、浜松市では、基幹的農業従事者を中心に、三ヶ日みかん（みかんの産出額全国1位）、三方原馬鈴薯、浜松PCガーベラ（ガーベラの産出額全国1位）などを地域特産品としてブランド化を進め、生産の維持・振興と農業環境の保全に努めている。

(3) 農商工の相互関係

農商工連携の法律上の定義は、「中小企業の経営の向上及び農林漁業経営の改善を図るため、中小企業者と農林漁業者とが有機的に連携して実施する事業であって、当該中小企業者及び当該農林漁業者のそれぞれの経営資源を有効に活用して、新商品の開発、生産若しくは需要の開拓又は新役務の開発、提供若しくは需要の開拓を行うもの」（『中小企業者と農林漁業者との連携による事業活動の促進に関する法律（農商工等連携促進法）』）となっている。法律文を解り易くすると、「農林漁業者と商工業者等が通常の商取引関係を超えて協力し、お互いの強みを活かして売れる新商品・新サービスの開発、生産等を行い、需要の開拓を行うこと。すなわち、これまで農林漁業者だけ、商工業等を営む中小企業者だけでは開発・生産することが難しかった商品・サービスを両者が協力し合うことで創り出し、市場で販売していくことで、売上げや利益の増加を目指そうとする取り組みのこと」（J-NET21）となる。農商工連携が成功するためには、当事者の努力のみならず、地域ぐるみの多面的な支援が必要であるが、当地域ではこれらの連携が思うように進んでいない。

他地域では、衰退しかかっている農業を工業に牽引して欲しいという想いで連携を持ちかけるが、当地域の場合は、農業も単独で力があるため、却って連携が進まない。しかし、農家数の減少や農業従事者の高齢化、後継者不足は否めず、前述の通り耕作放棄地も広がっていることなどを考えると、もはや当地域だけが特別な場所とは言えない（耕作放棄地の割合は、浜松市農地全体の12.12%〈2010年〉）。

農商工連携には、関係者を束ねるリーダーや多くの人を巻き込むプロデューサーなどの人材が必須であるが、双方に当事者意識が薄く、成果が上がっていない。農業者が進んで工業、商業と連携することで生まれるビジネスチャンスを期待している。販路拡大、農産物の付加価値づくり、浜松産農産物のファン獲得等を目指して、消費者ニーズを的確に捉えた売れる農産物づくりや農産物を活用した新しい商品やサービスの開発、市場開拓を推進しなければならない。

4. 課題と展望

(1) 第3の空洞化

日本の産業界は、過去何度もの空洞化の危機に直面してきた。第1の波は、1985年のプラザ合意から1990年代半ばまで、第2の波は、2000年代、世界の工場となった中国への生産移転が急激に進んでいき、そして2010年以降は、超円高などにより国内製造業が軒並み海外に移転する「第3の空洞化」が起きるのではないかと懸念されている。実際に、浜松地域のものづくり産業も、海外生産に積極的にシフトしている（約170社、230拠点。約5割が中国、その他、タイ、インドネシア、ベトナム等。浜信調べ）。

数年前から深刻化している浜松のリスクとして、次のようなものが挙げられる。

- 国内外への企業流出…浜松市内からの生産拠点の移転が進行（本田技研工業・二輪車生産、ヤマハ発動機・産業用ロボット、マリン事業、ヤマハ・グランドピアノ生産等）。
- 起業意欲の後退…事業所の廃業が進み、新設が進まない。創業が不活性。
- 技能・技術の喪失…熟練技能者世代の退職。社内教育体制の不備により技術伝承の遅れ。
- 経営基盤の固定化…中小企業の下請け体質。地域循環型経営の固定化。

(2) 浜松地域における第3の空洞化への対処

企業の海外進出の目的は、安価な労働力の確保からマーケットの開拓へと

変化してきている。国内の市場規模が縮小する中で、この流れは止まることはない。これを悲観的に捉えるだけでなく、ビジネスのグローバル化と考え、これまでのビジネスモデルを見直していくことが重要となる。今後は、地域環境、経済環境の変化の実態を踏まえ、地域の産業や企業が国際競争力を強化させ、アジア企業や国内他地域にどのようにして立ち向かうかという視点だけではなく、地域経済の健全な発展や地域に根差す企業としてあるべき姿を追求するという問題意識も必要となるのではないか。地域やそこに存在する企業が、経済発展だけを目指すのではなく、地域社会、国際社会の一員として責任を負うことも視野に入れなければならない時代となった。

(3) 浜松市における産業イノベーション

浜松市では、2007年3月浜松市創業都市構想を策定し、同年7月に構想を具体的に実践する拠点として「はままつ産業創造センター」を開設、人材育成、知財創造、創業・経営支援の3つを基本戦略として事業を推進してきた。その後、リーマンショックや東日本大震災など地域産業を取り巻く社会的・経済的環境が大きく変化したため、2011年10月に、はままつ産業イノベーション構想として新たに策定し直した。構想の目標は、地域企業の自社の強みを活かしたイノベーションの実現により、世界的企業、オンリーワン企業が生まれ育ち、新たな事業に果敢に挑戦する企業が集積する都市、浜松を目指すことである。

前述の通り、浜松市の産業は、輸送用機械産業の割合が高く、これまで同産業が拡大することによって地域全体を牽引してきたという歴史がある。また、中核企業を頂点とするピラミッド型の系列企業は、関連する中小企業の加工技術を磨き、技術や経営の高度化に貢献してきた。しかし、輸出型の産業に対する過度な依存状態の継続は、経済環境の激変によって地域経済全体に対して大きな影響を与えることとなった。この教訓を活かし、特に輸送用機械産業などの輸出型産業に代わる新たな産業分野、成長市場を目指し、既存の地域産業、地域企業の強みを核に、複合的な産業構造への転換を図ることが最優先の課題である。そのために、サプライチェーンの再構築や海外への生産拠点の移転が加速する中で、企業は生き残りをかけて個々の技術力や

競争力を高めていく必要がある。浜松市は、構想の基本方針として、人材育成、経営力や技術力の強化、マーケティングなどを支援し、製品の高付加価値化や販路の開拓を促進し、企業の競争力の強化を計ることにしている。

構想の基本的戦略の中で、①次世代輸送用機器産業、②健康・医療産業、③新農業、④光・電子産業、⑤環境・エネルギー産業、⑥デジタルネットワーク・コンテンツ産業等6つの産業を提示し、新たなリーディング産業として位置付け、重点的に支援を行うと発表した。

浜松地域の企業の海外進出の流れはプラザ合意の1985年ごろから本格的になり、その後、バブル経済崩壊後の1994年～96年、中国が世界の工場となった2000年～02年、円高が加速し始める2010年以降と何度かのブームがあった。これは日本産業界の流れとほぼ一致しているが、特に最近は経営資源が豊富な完成車メーカー系の大企業だけでなく、中小・中堅企業が自社の存続をかけ、海外に進出するケースが目立ってきた。

円安が定着することによって、国内メーカーが生産拠点を日本に戻し、雇用拡大につながるのではとの期待も膨らむが、現実にはその可能性はほとんどないと考えられる。日本を含めた先進国が、製造業の生産拠点を海外に移す理由のひとつは労働コストであり、為替の動向にかかわらず、労働コストの低い方、低い方へと流れていくだけである。また、今後は国内工場でもロボットによる生産が拡大されるため、工場における雇用の拡大は見込めない。他に考えられる海外展開の目的は、資源・原材料の購入市場として、製品販売市場として、輸送コストの問題、金融・税制面、資金調達コスト、為替リスク、長期的に見た投資効率などがあるが、このような理由からだとすると、ものづくりの国内回帰が起こる可能性は極めて低い。

当地域でも、ここにしかない、ここでしか作れないものを、新しい発想、新しい技術で作り続けていくことが、それを求めてくれる人や企業への最大、最高のサービスとなり、また浜松地域のものづくりにとって未来を拓く鍵となる。

参考文献
浜松商工会議所（2012）『遠州機械金属工業発展史2』浜松商工会議所。

経済産業省（2009、2012）『工業統計』経済産業省。
浜松市役所（1971）『浜松市史2』浜松市役所。
浜松市役所（1980）『浜松市史3』浜松市役所。
天野久樹（1993）『浜松オートバイ物語』郷土出版社。
大塚昌利（1986）『地方都市工業の地域構造』古今書院。
坂本光司・南保勝（2005）『地域産業発達史』同友館。
東洋経済新報社（2011）『ニッポンの工場2011～2012』東洋経済新報社。
NPO法人東海マネジメント研究会　渡部いづみ他（共）（2011）『ナイン・センス　九つの思考空間』静岡学術出版。
藤田泰正（2009）「工業発展と技術の地下水脈」『名古屋学院大学論集』第45巻第4号。
藤田泰正（2012）「輸送機器部品産業と海外進出―浜松地域におけるケーススタディを中心として―」『中小企業季報』2012、No.3。
（財）商工総合研究所（2012）「産業集積の現状と課題」『平成23年度調査研究事業報告書』。
浜松市産業部産業振興課（2011）はままつ産業イノベーション構想。
浜松市産業部（2012）「浜松の商工業　平成24年度版」。
浜松市商工部（2007）「創業都市・浜松の未来を見つめて」。
浜松市公式ウェブサイト http://www.city.hamamatsu.shizuoka.jp/

（渡部いづみ）

第8章
ベトナムの投資環境への視角
―日系企業の進出動向とローカル企業の現状及び課題―

はじめに

　1990～2000年代に「世界の工場」と謳われた中国は人件費・物件費の高騰、外国企業への優遇政策の縮小、国有企業の政治との癒着など、様々な問題により、その地位が揺らいでいる。それに代わって新たな生産拠点（いわゆる「チャイナ＋1」および「タイ＋1」＝中国のリスクやタイのコスト上昇に備えてもう一つアジアに製造拠点を所有しようとするビジネスの考え方）として再び注目を浴びているのは東南アジア、中でもベトナム、カンボジア、ラオスそして改革開放政策を発動させつつあるミャンマーのいわゆる「メコン地域諸国」である。この地域への日本企業の進出は加速している[1]。

　表8-1に示すようにこの地域の日本企業の直接投資を受けて、日系資本が関与した工業団地（表8-1のベトナム・ホーチミンシティのA工業団地およびB工業団地）や日系企業の駐在員向けのアパートメント（カンボジア・プノンペンのB住宅開発会社）ができている。また、こうした動きに呼応するように日本食レストランや日系資本のスーパーなどの進出も本格化しつつある。このような周辺環境の整備は今後一層、日系企業の進出を促すであろう。すでにコストの低廉さに着目して、工業団地が整備される以前から進出している企業もあるが（表8-1の金属加工会社およびプラスチック加工・印刷会社）、今後は工業団地へ進出する企業が大企業のみならず中小企業のレベルでも本格化するのではないかと思われる。従来、工業団地内への工場立地は土地代の高さにより敬遠されてきたが、小面積でかつすでに工場建屋が出来上がっている区画を賃貸で貸し出す「レンタル工場」が一般化してきており、将来的に

万が一撤退するにしても撤退コストが比較的低廉であることや、工業団地の管理会社から提供されるサポートも期待できるため、日本の中小製造業の進出も拡大することは間違いない。

こうしたプロセスは1990年代のフィリピン・ルソン島南部(ラグナ、バタンガス)、インドネシア・ジャカルタ市周辺、中国の大連市、蘇州市等に日本企業が進出していったプロセスと同様である[2]。実際に日系資本が多数進出していったタイや中国から、その分工場、子会社(日本の本社から見れば孫会社)としてカンボジアやラオスの工業団地に展開する例もある。表8-1のカンボジア・プノンペンの精密備品製造会社はタイの自社工場等から部品を調達し、カンボジアの工場で労働集約的な工程を行っている。また同じく表8-1の児童用品製造会社は中国・東莞工場では付加価値の高いベビーカーに生産能力を集中させ、カンボジア工場では付加価値の低い抱っこひもを生産している。生産技術の監督者は東莞工場で抱っこひもを生産していたときの中国人技術者である。また、現地の市場で競合他社がまだ進出していないことに着目して日本で行っていなかったビジネスを現地で新たに起こしたベンチャー的な日系企業もある(表8-1のラオスの農業・食品会社)。このように「チャイナ＋1」、「タイ＋1」は着実に進展している。

フィリピンやインドネシアへの日系製造業企業の進出と比較してより大きいメリットと言えるのは、コストメリットの視点から上記のようにタイや中国の既存工場と工程上の分業や製品ラインアップ上のすみわけができる点にある。それらの国々と陸続きであるため、陸上交通上のインフラ整備と通関手続きの簡素化が進めばこうした「分業」や「すみわけ」は時間的メリットも享受できるようになる。すなわち、東アジアスケールのサプライチェーンの管理が現実味を帯びてくるのである。国境を越えない一工場で完結する生産工場の場合でもメリットはある。ASEANにおける後発国で、かつ国内市場規模も比較的小さいカンボジアやラオスでは外資規制を緩くすることで外国の製造企業の誘致を図っている。カンボジアではサービス業においても100％外資企業の設立が可能であり、海外送金への規制も極めて緩い。また、ラオスでも個別案件毎に政府に現地社会へのメリットをもたらすものであれば、さまざまなサービス業の認可も降りることが多い[3]。カンボジアは輸出

製品のうち、縫製品が88％を占める等、各国内の閉じたビジネスにおいてもメリットの多いフロンティアである[4]。

本稿ではこうしたメコン地域の各国の中で、現時点で、日本企業の直接投資や委託製造が最も活発に行われているベトナムについて検討する。ベトナムは中国に代わる世界の工場の一翼を担うことができるのだろうか？　本稿では、筆者のインタビュー成果に基づき、ベトナムにおける日本企業のビジネスの動向とベトナムローカル企業の現状について紹介し、ベトナムへの直接投資を考えるうえでの、当面の留意点を提示することとする。

表8-1　メコン地域の日系企業進出の事例

場所	事業分野	現地日系企業責任者の考えるメリット
ベトナム（ホーチミンシティ）	A工業団地管理事務所（日系住宅開発会社A、日系商社）	ワンストップサービスなどのサポート体制がしっかりしている点が評価されて「チャイナ＋1．タイ＋1」の、日系企業の進出が増えている。近隣の港湾、新空港などのインフラ整備の計画も進んでおり、南部回廊よりも現実的なロジスティクスルートになっている。
	金属加工	日本本社からの100％出資。日本での研修生の人脈で信頼できる現地人を社長にして、本社からの委託加工を行っている。オーナーは月2回ほど来訪して経営指導。
	プラスチック加工・印刷企業（2社）	土地コストの安さで一般の地域に農村部に工場を構える。道路事情もホーチミン市内であり、問題ない。日本で取引関係にある2社で共同で工場を構えているので、取引先の拡大も共有にメリット。各社1名ずつの日本人が助け合って運営できる点もよい。地元村に様々な寄付し、地元政府との関係は良好である。
	B工業団地管理事務所	ホーチミン市内からも近く、安定した環境。多くの日本企業が進出。中小日系企業のレンタル工場を介した進出も実績が増えている。地方政府の方針が変わったら、一般の土地からは撤退しなければならないが、工業団地は政府の長期計画に基づいており、その心配がない。安心してモノづくりができる。日本の大学生のインターンシップを受け入れたこともあり、こうした海外でのモノづくりの実態の啓もう活動もしている。
	日系アパレル	PBの既製品カーテンの縫製。中国での生産ノウハウを生かした管理者（副社長＝日本人）が一人で管理。生産性は中国の4割程度だが、品質はよいものができている。今後は競争原理を入れて、数量の生産性アップも目指す。工業団地の中で日系工場同士の情報交換会を月に1回開いてくれる工業団地なので、非常に助かっている。
カンボジア（プノンペン）	児童用品製造	中国の東莞工場でかつて製造していた日本向け抱っこひもの製造。日本人1名（総務管理）の他は中国工場のベテラン技術者を各部門の責任者として当工場に派遣している。日中スタッフの協力で運営している工場。最初はレンタル工場、この1月からは自前の土地に工場建設。敷地に余裕があり、今後拡張になる予定。品質は本社の基準を満たしており、日本市場への出荷が可能になっている。ゆったりとした工場内部の配置になっており、従業員は働きやすいようである。昼食を支給。

カンボジア（プノンペン）	精密部品製造	4000人の大規模工場。これまでの20年の海外展開のノウハウを終結し、加えてカンボジアの状況を加味して工場運営を行っている。当工場の部材は全て海外から調達。まだ、現地では当社の品質基準を満たすサプライヤーはいないとのこと。初等教育、チームワーク教育などを徹底して教育し、さらに成績優秀者には家族を招待して表彰。従業員参加のイベントを設け、従業員の慰労にも意を用いている。生産性は高い。昼食は米飯が食べ放題。従業員寮完備。運営スタッフは日本人13人、タイ工場からの派遣スタッフ13人で管理・運営。
	プノンペン経済特別区会社	マレーシア華人78％、日本企業22％の出資でできた外資合弁の工業団地開発会社。政府から投資優遇許可、ワンストップサービスの許可を得ている。2011年急速に日系企業の入居が増えている。プノンペン市内、空港から近いため日本人駐在員向けのサービスアパートメントの建設区画もある。
	日系住宅開発会社B	駐在員（日系企業にこだわらず）、中小企業をターゲットにサービスアパートの展開を2012年8月から開始。26室中2組が入居中。セキュリティサービス完備。居住者は最上階にあるプール、乗馬クラブ、1階にあるレストランを利用でき、単身でも家族でも入居可能。また、日本語対応が可能な病院の紹介もする。賃料は$1,100～2,000/月。有料道路を通ったところに立地しており、そうすることで治安面での心配が少ないことをうたっている。
	カンボジア商工会議所（カンボジア総商会）	各地の商工会議所（商工会）を取りまとめる組織。会員数5000社程度。会員企業の課題は技術と資金。日系企業の会員は3社である。他に中国系、米国系、韓国系、スイス系がある。中国系が最も多い。日本企業と協力することは会員企業も歓迎するところである。いろいろなやり方で100％出資の企業設立もできる。現在のところ、制約が少ない国であると思う。
ラオス（ビエンチャン）	農産物・加工食品製造	現地の農地を借地し、高品質作物栽培。また、デザインやパッケージなどを工夫したパッケージ食品を製造。空港や市内中心部で展開し、販売。日本で成功している様々なビジネスが展開可能で、それなりのシェアを得ることができると思う。現地にも裨益するというビジネスモデルを作れば、進出認可はおりやすい。
	日本食レストラン	現地の進出支援弁護士の支援で、日本食レストラン開業。中間層、高所得層の日本食ブームが起き、それを狙っている。これまで海外での経験はないが今のところ、順調。サービス業は外資に容易に開放しないと聞いていたが、現地に強いコネクションをもつ専門家の支援を受ければ、あまり難なく認可されると感じる。

(出所）専修大学・川崎商工会議所調査団（2013年9月および2014年2月）のインタビューにより筆者作成

1. 日系企業の進出の特徴(1)——繊維分野の委託生産

　日系企業の進出の経緯を産業分野別にみると、比較的早期に進出していたのは繊維、電気機械、二輪等の輸送機械である[5]。このうち繊維については縫製業の進出が多い。筆者のインタビュー調査の範囲で見た限りでは、日系企業のこの分野での進出は直接投資ではなく現地企業への委託という形態が

ほとんどである。日系企業は現地企業にデザイン・使用素材を指定したうえで発注し、生産技術指導を行い、検品のうえ製品を買い取るという形での進出となっている。いわば、OEM（Original Equipment Manufacturing）生産である。たとえば日本の某大手繊維メーカーは現地の国有繊維メーカーに1990年代より肌着の製造を委託している。肌着は日本に輸入し、日本側のブランドで百貨店やスーパーに卸している。このほかに、米国にも輸出している。日本向け輸出60％、米国向け輸出15％である。残りは国内販売である。子供向け製品（ランニング用Tシャツ）はベトナム国内でもヒットした。現地繊維メーカーには縫製・編立の作業を任せ、日本企業は素材（ポリエステル、特殊化学品）、包装材、染料の調達をアレンジする。品質を維持するため日系企業は駐在員が工場内に常駐し、製造指導を行うという形である。こうした日本へのOEM供給はすでに約20年間以上に及んでいる。現地メーカーは日系の商社を通じて、日本の肌着メーカーと取引関係を持つようになったものである[6]。肌着原料のうち、ポリエステル30％は日本のOEM発注元から供給（輸入）し、そして、その他70％はベトナム国内産の綿を使用している。包装資材は中国製である。

　このように、日系企業は縫製作業が多い労働集約的なアパレル分野で早期から海外での生産に取り組んできた。すでに述べたように、近年では同様なことをすでにベトナムよりもさらにコストが安いカンボジア、バングラデシュ、ミャンマーにおいても始めている。こうした動きを一層加速させた背景にあるのは2010年頃から中国における投資環境の不安定化が少しずつ現実のものとなってきたことである。繊維企業はコスト、リスク双方を考慮して、東南アジアへの生産分業に目を移し始めたのである。

　たとえば、表8-2で見られるようにワールドは拡大分をベトナムに移転する。オンワード樫山と三陽商会はそれぞれ中国国内生産委託を約10％程度引き下げると報じられている[7]。三陽商会はベトナムでの生産比率を15％まで引き上げ、他の2社はミャンマーを委託生産拠点にするという方針である。この他、アパレル子会社を多く抱える関西系の伊藤忠商事がベトナム、ミャンマー、バングラデシュ、丸紅がベトナム、ミャンマーに縫製拠点の整備を拡大・充実させる方針を表明している[8]。

第8章　ベトナムの投資環境への視角　　163

表8-2　アパレル大手の中国生産比率

企業例	中国における生産比率(%)
ワールド	60%
オンワード樫山	75%
三陽商会	55%

（出所）「日経産業新聞」2012年9月26日付

　筆者が2014年2月にベトナム・ホーチミンの日系繊維工場長（カーテン製造）にインタビューした際、その工場長は中国での繊維工場での指導経験を踏まえて、ベトナムでの生産性は中国に劣後するもののその品質はほぼ同等であり、従業員教育等を通じて生産性の改善が進めば、ゆくゆくベトナム製が十分競争力をもつ、と語っていた[9]。

2. 日系企業の進出の特徴(2)──機械分野の直接投資と集積

　繊維に次いでベトナムに進出が拡大したのは電機・電子等の電気機械分野である。1990年代にすでにホーチミン周辺には旧三洋電機が生産拠点を所有していたが、その後、2000年代にかけて北部ハノイを含めてパナソニック、NEC、ブラザー、東芝、日本電産等グローバル日系企業が進出するようになった。それに付随して、部品製造の中堅・中小企業の進出も拡大している。本節では筆者が実施したベトナム現地で操業している機械分野の日系企業へのインタビューに基づき、その概要とオペレーションを紹介する。

(1) 日系企業A社（金型製造）[10]

　A社は日系商社と機械メーカーの共同出資会社である。ベトナムの国内販売では金型を日系企業、イタリア系企業に、そして一部は南アフリカの拠点を通じて日系企業に輸出供給している。金型製造用の工作機械は日本の工作機械メーカーから主に超大型マシニングセンターを輸入、金型を作る金属（鉄）は日本、中国、韓国、台湾などから輸入している。このうち数年来のウォン安を背景にコストメリットのある韓国からの輸入原材料が多く使用されている。いずれの国の鉄（製品）を輸入するかは顧客である輸送機械メー

カーの指定により決定される。製品価格は毎年10〜20%のプライスカットを納入先から求められているが、生産現場の生産性向上やコスト削減で対応している。生産資機材は特殊でベトナムでは調達できないため、日本から輸入して持ち込んでいるが、これについてもベトナム政府の外資優遇制度により関税免除、所得税減免などにより、恩典をうけている。

(2) 日系企業B社（電機機械製造）[11]

B社は複合事務機メーカーの100%子会社で、白黒のレーザープリンターを製造している。B社は中国の深圳にカラーのレーザープリンターの製造拠点を集約しており、レーザープリンターの生産拠点をベトナムと中国で分散している。

ベトナム（ハノイ工場）の従業員は2,000人（2008年2月現在）。生産方式は少量多品種生産に対応するために各機種の需要に応じて柔軟に生産台数を調整できるショートラインと呼ばれるラインとセル生産の中間形態で生産している。部品は中国およびベトナムに進出している日系部品メーカーから調達している。在庫を極力少なくするために、部品輸入は小分けにして頻繁に行う。

完成品は日本本社に販売し、その後世界市場に米ドルベース価格で第三国に輸出している。同社はベトナム進出を判断する際の留意点として、経済発展が著しい国は物価上昇や投機から土地価格が急上昇するため、早めに土地を確保（所有あるいは使用権の獲得）すること、部品はすべて米ドルベース輸入し、製品は日本の本社にいったん米ドルベースで輸出し、子会社として為替リスクにも直面しない取引構造とすることを挙げている。

(3) 日系企業C社（輸送機械）[12]

C社は二輪車、四輪車の製造工場である。年間、二輪車は110万台、四輪車は4,000台生産している（筆者訪問の2007年現在）。ベトナムでは低価格の中国製二輪車の参入も多いが、品質とブランド力で同社の二輪車は市場で確固としたシェアを確保している。四輪車は生産台数がまだ少なく、製品1台当たりの償却費が高いため、自動化率を極力抑え、手作業を行う部分を多くしている。二輪車は91%まで現地調達率を進めたため、為替リスクは少な

い。このように現地調達率が向上した背景には日系の部品メーカーがベトナムに進出してきたことがある。ワイヤーハーネスやブレーキペダルは在ベトナムの日系企業からの調達に頼っている。

　四輪車はベトナムでエンジンを組み立てているが、部品の大半はタイ、フィリピン、台湾、日本、インドネシアから輸入している。なお、製品規模が小ロットのため、生産工程全体に自動化ラインを導入せず、多くの工程を手作業で生産する方式にしたが、その結果、手作業での高い技術レベルを身に着けるほど従業員の技術レベルも上がった。溶接工の半数にはフィリピン、タイ、台湾で研修を実施している。

(4) 日系企業D社（金型製造）[13]

　D社はハノイで金型を製造し、現地に進出する日系企業に納入する工場である。同社にとってベトナム工場は中国拠点（蘇州、深圳）の2カ所、ベトナム（ハノイ）、メキシコ（米国から移設）の海外拠点のうちのひとつである。進出経緯は他の拠点と同様に取引先の要請でベトナムに生産拠点を設立したものである。コストを抑えるために、中古機械を日本から移設して、ハノイにあるタンロン工業団地の管理棟の一室を借りて「小さく」、生産スタートし、堅実な経営を行っている。部品・原材料の調達は中国深圳工場から金属素材を海上または航空にて輸入することによって賄っている。金型専門の日本の中小企業がベトナムに十分進出していないため、大口の取引先以外にも小規模の取引が他の日系企業から増えているという。営業拠点は持っていないが、南部のホーチミンからの引き合い、発注も拡大している。そうした取引先に対しては顧客からインターネットを通じて発注データを受信し、ハノイで製品化して運搬・納入している。

(5) 日系企業E社（機械部品製造）[14]

　E社は名古屋の電線商社から始まり、機械部品の生産を手がけるメーカーになった企業である。1993年に香港に進出（100%出資の営業拠点）した後、香港に隣接する中国・深圳に工場を立ち上げワイヤーハーネスを製造し、さらに上海にも進出した。2006年3月にベトナム（ハイズン省）に進出し、ハ

ノイ工場を立ち上げた。販売はベトナム国内の日系企業への納入である。同社の経営課題は人手不足による賃金の急激な上昇、日本語能力のある人材の不足である。特に、賃金問題をめぐって2008年にストライキが多発した。ハイズン省の日本企業連絡会（30数社加盟）で日系他社と賃金水準にかかわる情報交換等を行うようになっており、賃金問題に対応している。

(6) 日系企業F社（二輪車部品製造）[15]

F社は本来、工作機械製造メーカーであるが、ベトナムでは工作機械を製造しておらず、輸送機械向け部品製造のみを行っている。顧客の在ベトナム日系完成品メーカーに3年間の買取保証の契約ベースで供給しているため、受注は安定している。

ベトナム市場では二輪車関係の需要は拡大しており、増産のために今まで中古であった工作機械に加えて新品の工作機械10台を日本から輸入し、対応している。近年では日本で手がけていない鋳造工程を開始し、一貫生産も試みている。これは取引先の要望に対応するためベトナム工場では機能の拡大に迫られているためである。それでも自社でできない鋳造工程もあり、それは近隣に進出・集積してきている専門の日系工場に別途依頼している。

ベトナムでは中国製二輪車との熾烈な競争から納入先からのコストダウン要求が厳しくなっており、既存製品に対しては年2回にわたり、5％程度のコストダウン要求がある。原材料は鋳物関係とアルミ関係の素材を現地調達できているが、鋳物関係の製品は品質（硬度）のばらつきが依然としてみられる。

現在、設計は日本で行い、ベトナム工場では旋盤加工をしているが、将来はベトナム工場でも設計を行う計画を立てており、そのための人材育成（本社への研修生派遣等）に注力している。約8割の人員は初年度、試用期間とし、2年目から本採用する人事方針をとっている。入社後3～4年でワーカークラスはかなりの能力を身に着けるようになっている。

(7) 日系企業G社（映像機器製造）[16]

G社はベトナムでは監視カメラ製品を製造している。製品は日本の本社に

いったん売却し、そこから欧米、日本、その他アジア市場に輸出している。将来、開発機能の一部をベトナムに移す計画があり、優秀なエンジニアを現地で採用することが喫緊の課題となっている。しかし、そうした人材への需要は供給を上回っており、採用計画が達成されるのは難しい。人材のひっ迫により、より良い待遇を求めてジョブホッピングも多い。引止め策として研修と給与に工夫を加えながら対応している。また、日本語のわかる人員は特に採用が難しくなっている。募集方法は大卒のエンジニアを大学就職課、新聞、インターネットで募集する。それ以外のワーカーを工業団地の募集掲示板で募集している。賃金は歩合制や出来高制はとらず、年齢・経験が同じ従業員の給料は概ね同じ水準にしている。全員に面接をして評価し、その結果行う給与改訂は年1回である。成績が悪いから解雇するということはしていない。

　機械分野における日系企業のベトナム進出目的は「輸出製品の生産（日本向け、第三国向け）」と「国内市場向け製品の生産」の2つに大別される。前者の代表が電子・電気製品で、後者の代表的な製品が二輪車、四輪車等の輸送機械である。輸送機械は特に部品点数がきわめて多く、運送費も多額に上るため、部品メーカーである中小企業による日本からの進出も増加している。この結果、ハノイ、ホーチミンシティの大都市周辺の地域には近接して、外資企業の生産拠点が設立され、大企業のみならず中小企業による日系企業の産業集積が進展している。

3. WTO加盟以降の日系企業進出の特徴
——流通・物流分野への直接投資

　ベトナムは2007年にWTO（世界貿易機関）に正式加盟し、2008年に日本とEPA（二国間経済連携協定）を締結した。これにより、生産にかかわる直接投資のみならず、2009年からはサービス分野においても外資企業に市場を開放しつつある。その進出認可手続きや条件にはまだ、やや不透明性があるとの指摘があるものの、次第に外資企業の進出も増加している。大規模小売店やチェーンストアでは、国際流通グループの大手であるドイツのメト

ロ、韓国の大手財閥ロッテがやや先行しているものの、日本の流通グループであるイオン、高島屋も進出済み、あるいは進出の決定を行っている[17]。外資100%出資の完全子会社という形態でも小売業の進出規制が緩和されつつあり、このような流通分野の進出は今後加速するものと思われる[18]。現在、製造業を含む第二次産業、サービス業を含む第三次産業はいずれも約4割を占めているが、今後、製造業とともに規制緩和に伴い、サービス企業のベトナムへの直接投資が一層進展するものと考えられる。

小売・流通分野以外のサービス業ではコンピューターソフトウエアにおいてオフショア開発（海外にソフトウエア開発を委託すること）が拡大している。世界のオフショア開発の受託国としてはインド、中国、ブラジル等が主要な場所である。しかし、開発内容の高度化により、人件費が高騰し、次第にフィリピン、ベトナム、ロシア、アイルランド、イスラエル、東欧といったところにも発注が拡大してきた。これまで日本のITメーカーがオフショア開発する先としては中国やインドが多かったが、今後はベトナムへの発注が急増してゆくであろう。

表8-3　日本企業におけるオフショア開発発注の経緯

1980年代末	証券、銀行業界の大規模システム開発が国内技術者の不足につながる。韓国、中国、インドへ拠点探索。欧米の競争相手はインド、シンガポール、フィリピンに開発拠点移転。
1990年代	優秀な技術者の獲得競争（中国、インド）
2000年代初め	IT不況で価格競争（2001年）が始まる。顧客企業がコストの安い中国企業へ直接発注。
2000年代後半	ベトナムの拠点化開始→中国、インド企業の日本進出（顧客との緊密化を追求）

（出所）筆者作成

グローバル規模のオフショア開発の典型例は以下のようなものである。

米国の顧客から総合的なシステム構築を受託した場合、顧客の細かいニーズをスコープ（作業範囲）に落とすコンサルティング業務は米国で行うが、それをシステム設計に具体化するのは日本、その設計に基づいて実際にシステムを打ち込んで開発するのが中国、完成し、顧客に納入した後のシステ

の運用・保守サービスは英語に堪能で、かつ時差の関係で米国の夜間に対応可能なインドが担うという具合である。国際分業の中で各国の拠点がその役割を果たしているのである。この流れの中で、従来中国に依存していたシステム開発をより人件費の安いベトナムに発注するという動きが顕在化しつつある。加えて、総合システム開発よりも容易な組み込み型ソフトウエア開発の業務の場合はシステム設計を日本で行い、システム開発をベトナムで行い、顧客に納入する最後の仕上げを日本で行うといったものであるため、技術者の人件費が安いベトナムに依存するケースが増えている。

物流分野においても日系企業の進出は著しい。中国―ベトナム間の陸上交通路の整備により、2008年よりハノイと中国華南（広州）を結ぶ定期便トラックを日系フォワーダーが就航させている。ハイフォン港などからの海上輸送に加えて、中国での部品をハノイの組立工場に搬入し、組立後に第三国に輸出するというビジネスモデルを日系メーカーは想定している。

また、日本政府が協力しているタイからベトナムまでインドシナ半島を横断する第一東西経済回廊や第二東西経済回廊の開通によって、日系企業はタイの東部臨海地域に立地する製造拠点から完成品、部品のベトナムへの搬入、さらにはベトナム、ラオス、カンボジアで生産した製品を中国華南地域へ陸上輸送で運ぶことも可能になっている。日本のフォワーダーの中にはハノイから中国南部への定期トラック便をすでに開始している企業もある。したがって、この動きが発展していけば、ベトナムは大企業、中小企業にかかわらず、タイや中国華南地域と並ぶ家電・自動車の産業集積拠点のひとつになる可能性がある。もちろん、まだ貨物の量が十分な採算レベルに達していないという意見もあり、物流企業にとっては陸上輸送が採算に乗っていないと言われるが、荷主企業にとってトラック輸送を海上輸送や空輸と組み合わせていく形で選択の余地は増えていく。ベトナムでの物流網拡充の日系企業の事例としては日本ロジテムがハノイ、ホーチミン、ダナンの3都市に大型倉庫を新設した。三菱倉庫は現地物流大手と物流合弁会社を設立、日新はベトナム国鉄と組み自動車・家電輸送の専用貨物列車を運行している。郵船ロジスティクスはハノイ―ホーチミン間の陸運ルートを検討しているなど、物流企業のベトナムに対する関心は高まる一方である[19]。

4. ベトナム現地企業の現状と課題

次にベトナムのローカル企業の現状を検討する。ベトナム企業は国営企業の民営化に伴い、それからスピンアウトしたもの、自ら創業したものが企業活動を積極的に行っている。筆者が近年、訪問インタビューした企業の中から数社を選出し、事業創業の経緯、事業内容、競合関係、経営課題を紹介したい。

(1) T社（建設資材製造）[20]

T社の事業は溶接棒の製造である。原料のワイヤーをカットし、化学品にてコーティングした後、製乾燥させ、製品としている。月産700トン、従業員は140名。2006年7月に設立し、2006年12月工場完成。原料の鉄ワイヤーは中国からの輸入、コーティング用のマンガン等の化学品は国内調達である。グループ本社（民間株式企業）はホーチミンシティにあり、その下に生産会社（南部）、輸出入会社（ハノイ）、生産会社（北部）がある。社長は以前、韓国との合弁企業に勤務していた。資金は本社および銀行借り入れからの設備投資資金である。

ベトナム南部での市場シェアは35%。北部は10～15%にとどまる。北部の市場ニーズに対応するために当社を設立した経緯がある。同業者は10社あり、そのうち当グループはシェア第3位である。機械メーカー、造船メーカーからの受注が多い。経営上の課題は生産能力の拡大である。これに加えて中国、韓国からの技術指導で品質の向上を目指している。輸出実績は台湾への輸出のみである。

(2) Q社（ポリエステル繊維製造）[21]

事業は国営繊維製造グループ、VINATEXにペットボトルから再生したポリエステル繊維原料を納入している。工場所在地もVINATEXの工業団地にある。2006年5月から操業開始。生産機械は中国製プラントである。日本と比べて価格が安いため導入した。生産技術は中国人技術者8名から指導を受

け、現在も2名常駐している。

　生産量は月産600〜800トン。従業員は300人、うちプラント操作の技術者は70名。原料のペットボトルは日本、米国からの輸入50％、国内原料50％の割合である。製品の納入先はVINATEX向け60％、その他40％である。輸出価格において特に価格競争力があるとも言えないが、政府の環境保護政策に後押しされて、国内で政府支援の再生繊維製造プロジェクトなどに関わることで経営は安定している。この結果、ベトナム税務当局から固定資産税免除の便益を得ており、その意味では追い風の市場環境である。競合についてはベトナム市場への輸入品との競争が激しい。それらは米国および日本からの繊維原料である。ベトナム市場の95％はこうした輸入品で占められている。残りの5％を当社を含めた国内3社が供給している。

(3) D社（金属加工）[22]

　2002年に3名のパートナーが資本を出し合い設立。社長が国営企業から脱サラし、設立した。

　国営企業の管理体制は十分でなく、結果として高品質の製品が作れない状況になっているが、民間の中小企業の製品の売れ行きは伸びているという。従業員は午前中10名、午後13名（平均月給100ドル）。パートタイマーを組み合わせた態勢であり、1日8時間操業である。作業内容は切削加工のみとなっている。工場が狭く、注文が生産キャパシティを20〜30％超えた場合は外注（再委託）に出すことにしている。設備はボール盤6台、旋盤3台である。この設備は一部の日本製を除き、多くは、旧ソ連製の中古機を買い入れしたものであり、精度は1,000分の1のレベルである。

　経営状況について、売上は月2,000万ドンで、増加傾向にある。顧客は研究所、国有企業、民間企業である。顧客からの設計図面に基づき、支給された材料（鋳造物）を切削加工しているというビジネスである。材料を自前で仕入れて加工する場合もある。工業用の鉄鋼材料は100％輸入のものを使っている。建材用の鉄鋼材料はベトナム製のものを使っている。材料価格は上昇傾向にあり、そのため製造コストは上昇中である。他方、顧客からの加工賃は現状維持であり、利益は頭打ちである。精度と品質が経営のカギである

が目下の最大の経営課題は資金不足である。このため、新規設備更新や工場拡大ができない。現在の経営規模では、銀行借り入れはきわめて困難であり、結果的に親類、友人などからの借り入れが多くなってしまう。年利は20〜30％と高金利だが、これまで、返済に問題は感じていない。

（4）S社（家具加工、塗装）[23]

1994年個人企業として設立し、2005年法人となった。設立時の出資者は2名、6：4の出資比率で設立したものである。経営者は国営企業勤務後、農業機械の塗装を4年間経験し、当社を設立した。

資本金は10億ドン。従業員は設立時の20名から50名に拡大した。毎月の売上高は2〜3億ドン。主に韓国とベトナムの合弁会社（デンマークのIKEA向けの製品輸出）からの依頼で製品製造を行っている。主な委託工程は家具、食器類の塗装であるが、この他には鉄製の椅子の加工、塗装がある。塗装は環境問題を考慮して、工場の中では行っていない（別の場所で実施）。

椅子、机類の加工はベトナムで手がける工場が多く、競争が激しい。加工と塗装の一貫工程ができるのが当社の競争力となっている。原材料の鉄鋼材料は輸入しているが、価格の50％がこうした材料費で占められている。しかし、製品の付加価値は比較的高いと考えている。

経営課題は資金不足。手続きや返済上の問題から銀行が融資しない。親類縁者からの借り入れに頼っている。月利は1.5〜2.0％。銀行から借りた場合は月利1.1％程度である。

（5）M社（繊維製品製造業：ベトナム・バクニン省）[24]

スーツなどの重衣料の製造販売。創業者はもともと農業従事者であったが、1985年にホーチミン市の自宅で創業し、洋服の仕立てから始まった。創業者の兄がテーラーで修業した技術を弟、姉妹で盛りたて、現在、弟は経営を任されている。取締役6名のうち4名が家族である。最初、ミシン4台3人の従業員が100人になった。

既製服の製造販売だが、冬になるとオーダーメードも増えてくる。南部では気候が暑く、販売の限界があると感じたので、1986年に北部のバクニン

省に移り、本社と工場を現在の場所に建てた。1991年に南部の工場を廃止した。同時にテーラー学校を1996年まで併設した。現在、売り上げに占める既製服は70％、オーダーメードが30％の割合である。

販売網は代理店で全国に22カ所。代理店は他のブランドも併売している。現在は国内市場向けにとどまっているが、将来は輸出を目指しており、2009～2010年で工場を拡大し、順次輸出を伸ばしていく。

デザインは内部デザイナーが描いたハンドメードである。資金の限界があり、コンピュータによるデザインにはなっていない。原材料は中国、インド、イギリス、イタリアから輸入している。

同社の強みはライバル他社がせいぜい8～10サイズの品ぞろえであるのに対し、49サイズをもっていることである。海外のデザインを参考にベトナム風にアレンジし、バリエーションを広げている。在庫管理は普通サイズで60％。特殊サイズは在庫のリスクを抑えるため、わざと少なく生産している。

資金は家族の資金を積み立て資本化。銀行借り入れはしていない。取引先との債権・債務を注意深くマネジメントしており、これまで、資金ショートはない。

(6) N社（電気機械製造業：ベトナム・フィンエン省）[25]

経営者は大卒後（電子機械専攻）、他の工場で働いた後に1997年家族で工場を設立（独立）した。当時の資金は父親から数十米ドル融通してもらって元手にしたという。2002年に創立（株式会社化）、2006年に現工場を建設した。現在の自己資金のみの経営から銀行借り入れによって資金量を増やしている。2010年現在、従業員は350名である。DVD、VCDプレーヤー、アンプ、スピーカーなどを製造している。販売は直営店もあるが、全国の代理店約1000社で行っている。DVDプレーヤーの国内シェアは第5位（2008年現在）である。年間8～9万台は販売している。価格の安い中国製完成品に対し、アフターサービス、保証期間で優位性を出そうとしている。生産規模が小さいため、中国製に価格競争では勝てない。一般的な価格比はベトナム製品120とすれば中国製は100程度である。価格差が付いているのはラインの生産性の問題ではなく、生産規模が小さいことと、設備投資の問題であると考

えている。DVDの場合、現地調達は10社程度、中国からの輸入は20社程度から行っている。戦略的課題は生産規模の拡大による価格引下げと自社開発部品を拡大し、外部調達を減少させることであるという。なお、自社製品の基幹部品は中国からの輸入（40%）、汎用部品は現地調達（25%）、自社製造部品（中国からのモデル技術を買ってベトナムで製造35%）という構成である。

創業当時と違ってDVDプレーヤーは現在マージンが薄いため、今後は冷蔵庫・エアコンに展開する予定であるが、最初は中国から全部品を輸入して組み立て、順次自己製造部品を増やしていく方針である。韓国系、日系の合弁会社の電機メーカー4〜5社製品のシェアが圧倒的であるため、それらと競合しない中級品を生産していくという戦略を描いている。

以上、概観してきたように、ベトナムのローカル企業も経済の拡大によって、それぞれの成長軌道を歩んでいる。しかしながら、ベトナムは経済成長の起爆剤としてWTO加盟などグローバル市場への開放を推進しているため、今後もさらなる、激しい外国製品および外国企業との競争を余儀なくされ、多くの挑戦にさらされていくことは自明である。こうした状況下で国有企業改革と国有企業傘下の事業部が民営化する速度が鈍っている。これは土地バブル崩壊による株式市場の停滞により、国内景気が低迷する場面がしばしばおこっていることとも関連している。また国有企業的な運営に慣れた経営者が市場経済に的確に対応できないことも大きな原因である。

たとえば、筆者が訪問インタビューした企業のひとつである繊維素材製造企業は、いったん巨大国有繊維グループから分離・独立し、民営化しようとしたものの経営不振に陥っている。この過程でベトナム市場に製品販売するスペイン系の繊維企業に同社をベトナム製造拠点として工場リースし、工場はその企業向けの製品を安定供給するというビジネスモデルをいったん確立した。売り先を確保して安定した経営を目指したものである。しかし、そのスペイン企業がベトナム市場で売り上げ不振に陥ると、リース契約は解除され、供給先を失い、その後も新規の顧客を獲得することはできなかった。結局、元の親企業を含む国有企業数社の資本参加を通じた救済によってかろうじて、経営を維持している。

筆者が同社を訪問した2012年11月現在、工場の稼働率は半分程度にとどまっており、経営状況は依然として改善の兆しが見えていない。再建がはかばかしく進展しない理由として、同社の再建を託された社長は中間管理層の市場経済への理解の欠如と新製品開発やマーケティング知識の不足をあげていた。

現在、ベトナムはTPP（環太平洋経済連携協定）への加盟メンバーにもなっており、一層のグローバル競争にさらされることは確実である。こうしたなか、製造業分野ではベトナム市場にあらゆる分野で輸入品を供給している中国と直接的な競合関係になっている。他方、ベトナムを生産工程に組み込むことを狙う日本企業とは製造技術の移転や人材育成の面で相互補充のメリットがあり、ベトナム企業側から日本企業の投資に対して一層の期待が集まっている。

おわりに

ベトナムに進出した日系企業は投資環境に比較的高い評価を与えている。社会主義体制にありながら、ベトナムは国内政治が比較的安定し、日本との外交関係も安定していることに加えて、何よりもベトナム政府当局の日系企業に対する信頼感が高いためでもある。具体的には、ベトナムで日系企業が直面する問題にベトナム政府が極力、耳を傾けようとする体制が確固として存在していることである[26]。日本政府とベトナム政府の間では2003年4月に「日越共同イニシアチブ」が設置され、直接投資にかかわる問題を話し合いで解決していく仕組みができている。たとえば「賃上げストライキの多発」、「インフラ整備の不足」、「裾野産業の未成熟」といった投資環境上の問題が日本企業からあがった場合、このシステムを通じて公式にベトナム政府に伝えられ、協議・対応される。ベトナムにおける日本人商工会議所はこれまでにも様々な投資環境問題について、このようにベトナム政府に意見を上申して、その結果改善されてきているものもある。日本政府も対越ODAを通じて側面支援を行っている。

他方、日系企業が投資環境上の懸念としているのは、カウンターパートに

なることが期待されるベトナム企業の改革と成長がさほど進んでいないことである。2000年代後半以降、ベトナムにおける金融機関の規制緩和により、金融機関が乱立し、その資金が株式や土地投機に流れた反面、企業競争力の内実である組織改革、技術開発、製品開発に資金が投下されてこなかった。さらに、土地投機が過剰なレベルに達した後は金融当局の引き締め政策（2011年）により、土地に投資を行っていた多くの企業が「バブル崩壊」的な状況に直面し、損失の処理に資金が使われ、前向きの投資にブレーキがかかった[27]。こうした資金難により、ローカル企業の成長と競争力が伸び悩んでいる。1994年の国際社会への復帰から20年。そろそろ、力のあるローカルの製造企業が出現してもよいころである。中国の場合、1978年の改革開放から20年が経過したころには世界的なIT関連製品メーカー、華為（ファーウエイ）や家電メーカー、海彌（ハイアール）が頭角を現し始めていた。しかし、ベトナムではまだそうした企業は見当たらない。

　もちろん、こうしたなかでも、着実に成長している企業はある。概ね政府需要を獲得している民間企業は安定している。筆者が訪問した企業で一例をあげる。国防省総務総局傘下の会社で、政府が51%の株を持っている現地アパレルメーカー（労働者1,000人＝縫製工場：450人、革靴工場：350人以上、家具工場：150人以上、プラスチック工場：100人以上、技術幹部：28人）は新しい専用機械設備を導入し、軍需の革靴、縫製、プラスチック製品や帽子の生産を一貫性の高い生産ラインで行うようになり、成長している[28]。

　もう一つの問題は経済情報をはじめとした情報のアベイラビリティ（入手のしやすさ）と経済政策の透明性が十分ではないことである。高い潜在性が期待されてきたベトナム経済であるが、2012年は過去13年間で最低水準のGDP成長率（5%）にとどまり、この中で企業改革が順調に行われるか否かは不透明である。ベトナムは引き続き生産拠点を移す場所としての魅力を持っているものの、中長期的にベトナム国内市場を見据えた直接投資を考える場合、特に小売サービス業など国内需要をビジネス対象とする日系企業にとって、ベトナム側企業との提携は欠かせない。そうした提携を検討する場合は、政策の透明性、提携候補となるベトナム企業それぞれの組織的、財務的、経営能力に対する慎重な検討と精査が必須である。また、どのような人

脈がどのようにビジネスを展開しているのかについてまだはっきりとわからない部分があるのもベトナム投資環境の特徴である。十分な経営情報のアベイラビリティが担保されなければならない。投資環境上の大きな関心のひとつである。

　地域特性にも注意を払うべきである。北部ハノイや中部ダナンを中心とするビジネス環境や南部ホーチミンシティを中心とするビジネス状況は、同じベトナムでもその様相を異にしている。やや乱暴にまとめてしまえば、北部ハノイは国有企業関連の企業が強く、南部ホーチミンシティは民営企業のビジネス活動に目を見張るものがある。しかし、北部においても、欧米で財を成した越僑と言われる投資家による大規模なビジネスが顕著になっていることを看過すべきでないことも付言したい。

注
1)　本稿は小林守（2011）「東南アジア地場企業の経営的関心—中小・中堅企業の事例調査を中心として—」『アジア市場経済学会年報』第14号および小林守（2013）「ベトナムの投資環境と日系企業の操業動向」『専修ビジネスレビュー』Vol.8 No.1に、その後の調査の成果を加えて大幅に追記修正を加えたものである。
2)　1990年代にはフィリピンには三菱商事、住友商事、インドネシアには伊藤忠商事、丸紅、中国・大連には海外経済協力基金（現・JICA）や日本輸出入銀行（現・国際協力銀行）の資金を交えた日本の商社により日系企業の進出を誘致するための工業団地が建設され、成功を納めた。中国・蘇州にはシンガポール資本による工業団地や地元資本による工業団地があり、そのいずれも日系企業の進出を誘致するための営業部門を持ち、そのため日系企業も多数進出した。
3)　2013年9月、現地日系企業への筆者インタビュー（専修大学・川崎商工会議所による現地調査）。
4)　三菱総合研究所（2013）「大メコン圏の一角として注目を集めるカンボジア」『MRIマンスリーレビュー』2013年9月。
5)　筆者が1995年12月に現地の小規模繊維メーカーを訪問し、インタビューを実施した際、同社の経営者は日本の寝具メーカーから委託生産のための試作品を製造するように依頼された旨、話してくれた。
6)　2007年8月、筆者によるインタビュー（専修大学社会知性開発センター・中小企業研究拠点による現地調査）。このOEMを受託している会社は国有繊維製造グループVINATEXの優良企業のうちのひとつ。肌着、子ども軽衣料の製造・販売。肌着は片倉などによる輸出。製品ラインはVINATEX本社のすみわけにしたがっている。子供向け製品（ランニング用Tシャツ）は国内でもヒットしている。しかし、汎用製品においてはすみわけが厳格に行われているわけでもない。縫製よりも編みたての製品を得意とする。当社はもともとハノイ中心部にあったが、郊

外移転で不動産売却利益を出し、設備の近代化を図って伸びてきている。排水処理も基準を十分にクリアできる設備をもっている。海外の管理基準、品質基準に対応できる企業である。2007年に株式化し（現在はSole Member of State responsibility Companyという国家独資企業、株式化・上場の暁には従業員および一般株主に販売する）上場。製品は日本向け60%、米国向けが15%、その他は国内販売。日本向けは日本の繊維メーカーが企画販売（百貨店、スーパー）、商社が輸入元、当社が製造・加工という役割分担で委託加工輸出を行っている。この体制で日本には18年間輸出している。パッケージは中国製で輸入している、「吸汗速乾」というヒット肌着のポリエステル30%は日本からの輸入である。70%は国内綿である。特殊な化学品を使うが、それも日本からの輸入である。染料も製造国からの輸入。

7) 「日経産業新聞」2012年9月26日付。
8) 同上。
9) 2014年2月、筆者等によるインタビュー（専修大学・川崎商工会議所による現地調査）。
10) 2008年3月、筆者によるインタビュー（専修大学社会知性開発センター・中小企業研究拠点による現地調査）。
11) 同上。
12) 同上。
13) 2010年2月、筆者によるインタビュー（専修大学社会知性開発センター・中小企業研究拠点による現地調査）。
14) 2010年3月、筆者によるインタビュー（専修大学社会知性開発センター・中小企業研究拠点による現地調査）。
15) 2007年8月、筆者によるインタビュー（専修大学社会知性開発センター・中小企業研究拠点による現地調査）。
16) 同上。
17) イオンは2014年1月にホーチミン市郊外に大規模ショッピングセンターという形態で開業した。
18) 大型小売店の認可は下りるようになったものの、コンビニエンスストア等のチェーンストアに対する開放は極めて限定的である。
19) 「日経産業新聞」2011年9月7日付。
20) 2007年8月、筆者によるインタビュー（専修大学社会知性開発センター・中小企業研究拠点による現地調査）。
21) 同上。
22) 同上。
23) 同上。
24) 2009年3月、筆者によるインタビュー（専修大学社会知性開発センター・中小企業研究拠点による現地調査）。
25) 2009年3月および2010年2月、筆者によるインタビュー（専修大学社会知性開発センター・中小企業研究拠点による現地調査）。
26) 後藤健太（2008）「ポストM&Aにおけるベトナム繊維企業の競争戦略」坂田正三編『変容するベトナム経済と経済主体』日本貿易振興機構アジア経済研究所、89〜118ページ。

27) 銀行の不良債権比率は2012年9月末現在で8.82%の高水準であり、2012年通年で倒産・営業停止に追い込まれた企業数は2011年比で2%増加し、約55,000社に達すると報道されている（「日本経済新聞」2012年12月25日付夕刊）。
28) 2012年8月、筆者によるインタビュー（専修大学・商学研究所）。

参考文献

小林守・水田慎一・工藤高志（2005）「途上国開発と貿易分野の社会的能力形成：ASEAN4カ国における中小製造業調査を通じて」『国際開発学会第16回全国大会報告論文集』328〜331ページ。

藤井亮輔（2007）「日越共同イニシアチブおよび日越経済連携協定（日越EPA）について」2007年11月25日講演資料。

日本機械輸出組合（2008）「インドシナ半島における投資・物流環境の現状と事業機会」日本機械輸出組合。

坂田正三編（2008）「変容するベトナム経済と経済主体」日本貿易振興機構アジア経済研究所。

中島義人（2006）「競争力強化のための投資環境整備に関する日越共同イニシアチブ」2006年2月7日講演資料。

Tran Thi Van Hoa, *Businjess environment in Vietnam, August 6, 2011*（専修大学商学研究所シンポジウム講演資料）

Le Thi Lan Huong, *SME's COMPETITIVENESSIN VIETNAM August 6, 2011*（専修大学商学研究所シンポジウム講演資料）

「日経産業新聞」2011年9月7日付。

小林守（2011）「東南アジア地場企業の経営的関心―中小・中堅企業の事例調査を中心として―」『アジア市場経済学会年報』第14号。

「日経産業新聞」2012年9月26日付。

「日本経済新聞」2012年12月25日付。

小林守・久野康成公認会計士事務所・㈱東京コンサルティングファーム（2011）『ベトナムの投資・会社法・会計税務・労務』TCG出版。

日本貿易振興機構ホームページ「海外ビジネス情報」www.jetro.go.jp/indexj.html

Tran Thi Van Hoa, Le Thi Lan Huong *Current Business in Vietnam March 7, 2014*（専修大学・川崎商工会議所国際シンポジウム講演資料）

小林守（2013）「ベトナムの投資環境と日系企業の操業動向」『専修ビジネスレビュー』Vol.8 No.1

JETRO・ハノイ（2013）「2013年ベトナム一般概況―数字で見るベトナム経済―」JETRO・ハノイ。

三菱総合研究所（2013）「大メコン圏の一角として注目を集めるカンボジア」『MRIマンスリーレビュー』

（小林　守）

第9章
日中若年層の就業意識に関する比較研究
―日本の大学生との比較を中心に―

はじめに

　現代社会において、女性の生き方が大きく変化し、高学歴化・女性労働力率の上昇傾向は顕著である。また、男女平等の考え方も広がり、結婚・出産・育児に対する性別役割意識の変容も注目されている。

　日本では、戦後の産業化社会によって形成されてきた性別役割分業意識が根強く存在してきた。高度成長期には「夫は仕事、妻は家庭」という意識が典型であったとされている。しかし、経済成長や産業構造の転換が進むにつれて、男女平等の基本理念が普及し、女性にも教育や政治に参加する機会が均等に提供されるようになり、女性が仕事をもつ生き方が実態として多くなってきた。他の先進国にも共通しているように、女性の高学歴化や労働市場への進出が盛んになり、固定的な性別役割を否定する社会的状況が急激に増加してきた。過去30年にわたって、男女ともに一貫して性別役割分業に賛成する割合が減少し、反対する割合が増加している。その中でも、女性の賛成割合は常に低く、反対割合は常に高いという先行研究の結果がある[1]。しかし、近年、性別分業を肯定する傾向が現れ、2012年の調査結果ではその理念に賛成する割合は再び51.6%に上昇し、固定的な性別役割分業意識の方向へ回帰しているように見える[2]。

　特に、年齢別では、2000年代からすでに若年層の保守化がみられる。全体では、年齢が若いほうが性別役割分業の肯定割合が低いが、2004年と2009年調査では30代女性、2007年調査では20代女性において、40、50代に比べ肯定割合が高くなっている[3]。また、2013年15〜39歳のモニターを対

象とした厚生労働省の調査では、61%の女性が「女性には家事や子育てなど、仕事をするよりもやるべきことがあると思うから」と答え、29%は「夫がしっかり働けるようにサポートするのが妻の役目だから」と回答し、性別役割分業に賛成する割合がさらに増加している[4]。

　一方、中国においては、女性は強い仕事志向を持っていると言われている。女性は結婚・出産後も仕事を続けるのが普通であり、労働時間も男性と変わらない。しかし、近年その傾向にも変化の兆しが現れている。2013年に人材紹介会社の「智聯招聘」が発表した「三・八（国際女性デー）特別女性デー特別調査」によって、2010年と2012年を比較してみると、2012年調査では仕事をもって成功したいと考える女性の割合が20ポイント下がっている。これは仕事と家庭のバランスを重視する女性が増えているためだと見られている[5]。仕事と家庭のバランスに対する配慮が働くようになっているため、「夫は外で働き、妻は家庭を守るべき」という代表的な性別役割分業意識を持つ人が徐々に増えている傾向が見える。また、若い女性では専業主婦志向がみられるようになった。同調査では調査対象の4割が出産後専業主婦の道を選ぶとしていた。中でも、20～25歳では66.1%にも達している[6]。

　周知のとおり、中国と日本とでは社会システムも違い、価値観も、習慣も大きく異なっている。それにもかかわらず、女性労働に対する意識、特に若年層の意識に同じような傾向が現れている。それはなぜだろうか。また、将来的に、その意識は、どのように変化していくのか。このような疑問に答えるため、本研究は、近年変わりつつある女性労働に対する意識に関し、就労予備軍である大学生を対象に、アンケート調査を行い、現代社会において若者が抱いている役割分業意識を分析する。その主眼は、日中両国において、若者が持っている女性労働に対する意識の現状を明らかにすると同時に、その変化の傾向を分析することにある。

1. 研究の目的と方法

(1) 研究の目的

日中両国においては、高度経済成長や、グローバル化による新しい価値志向の形成など社会要因が絡み合って、年々女性の社会進出が進み、女性の高学歴化や労働力率の上昇傾向は顕著である。諸外国と比較して、固定的な男女役割分担意識が強く残っている日本や、1980年代以来、改革開放の深化に従って、女性の地位が大きく上がってきている中国においては、女性労働に対する意識が変わりつつある。

本研究は、上述のような社会状況のなかで、女性労働について日中の大学生の意識調査を行い、大学生が女性労働についてどのように考えているのか、また男女間に意識・捉え方などの差異があるのかを明らかにすることを目的としている。さらに、その比較により、日本と中国において「女性労働」に対する考え方の違いを明らかにし、その基底にある要因を分析し、将来的展望の一助にしたい。

(2) 研究方法

日中の大学生の意識調査は、2012年9月と2013年1月の2回に分けて、日本・中国の4年制大学の学生にアンケート調査を実施した。日本語で作成したアンケート設問を日本語から中国語に翻訳した。大学1年生から大学院生までの431人を対象に実施した。調査票を配布し、その場で回収する方法をとった。調査対象者の個人属性は表9-1、表9-2に示す通りである。

女性労働に対する意識の規定要因として、社会状況・家庭状況・個人の価値観やジェンダー的考え方などがあげられる[7]。その視点を参考に、アンケート調査表は 1) 女性の働き方についての態度 2) 家庭内の男女役割分担についての態度 3) 男女の関連についての態度と、3つの項目の設問を設け、調査を行った。

中国の大学生を対象にした調査では、表9-1で示しているように、回答人数が431人で、有効回答は430票である。男女別で見ると、男子が184人

（対象全体の43%、以下同）、女子が246人（57%）である。学年で見ると、3年生と4年生に集中しており、3年生が115人（27%）、4年生が142人（33%）であり、全体の60%を占める。また、年齢別の割合を見ると、20～22歳に属すものが多く、合計で69%を占める。さらに、学科や専攻を見ると、文系が55%、理系が45%で、文系にやや傾いている。

表9-1 中国の対象者の個人属性

項目	カテゴリー	%
性別	男	42.8
	女	57.2
年齢	17	0.7
	18	6.0
	19	9.5
	20	27.0
	21	23.5
	22	19.1
	23	8.1
	24	4.0
	25	1.9
	26	0.2
学年	1	11.4
	2	20.9
	3	26.7
	4	33.0
	5	7.9
専攻	文系	54.7
	理系	45.3

表9-2 日本の対象者の個人属性

項目	カテゴリー	%
性別	男	56.0
	女	44.0
年齢	18	14.5
	19	37.1
	20	21.7
	21	18.0
	22	7.1
	23	0.7
	24	0.2
	25	0.0
	26	0.5
	27	0.2
学年	1	46.8
	2	22.6
	3	21.4
	4	9.2
	5	0.0
専攻	文系	66.8
	理系	33.2

日本での調査に関しては、回答人数が434人で、有効回答は434票である。男女別で見ると、男子が243人（対象全体の56%、以下同）、女子が246人（44%）で、男子の方が多い。また学年で見ると、1年生が多く、全体の46.8%を占めている。また、年齢の割合を見ると、19～21歳が最も多く、合計で76%となる。中国の対象者と比べると、年齢層が低いことがわかる。さらに、学科や専攻を見ると、中国の対象者と同様、やや文系に傾いている。

2. 調査の統計結果

全調査内容から、1）女性の働き方　2）家庭内での役割　3）家庭内・職場での男女の関連の3点を取り上げ、その結果を示す。

(1) 女性の働き方

女性の働き方の形態について、中国の大学生をみると、出産もしくは育児を契機に「継続」（途中での中断のない働き方）(43%)、もしくは「一時的に中断し、再開」（何かの都合で中断することがあっても、働くことに戻る）するのが最も多く (44%)、合わせて87%にも達している。これは中国では今まで一貫してきた男女平等の意識の浸透や、そして共働き家庭がもはやごく一般的な生活スタイルという社会形態に関連しているであろう。

それに対し、日本の調査データでは、57%の学生が出産もしくは育児を契機に「働いたのちに退職」（何らかの契機で働くことを中断したら働くことに戻らない）を選んでいる。その次に、「家事に専念」を選択した人も19%を占め、「継続」を選んだ人は1%に満たない。「一時的中断」を選んだ学生と合わせても仕事を続ける考えのある学生は22%しかいない。

さらに、男女別を見てみると、中国の学生で妻の就労について「継続」と「一時中断し、再開する」を選んだ男子学生は79%に達し、中国では、男性が女性の社会進出を理解し、なおかつサポートする考えが一般的であることが伺える。女子学生の場合は、93%が「継続」と「一時中断し、再開する」を選択し、職業を持ち続ける意思が強く読み取れる。

日本の場合は「働いたのちに退職」と「家事に専念」を選ぶ学生はそれぞ

表9-3　女性の働き方　(%)

	日本			中国		
	全体	男	女	全体	男	女
継続的に働く	0.5	0.4	0.5	43	33	51
一時的中断	21	23	17	44	46	42
働いた後に退職	57	49	67	10	16	5
家事に専念	19	21	15	1	2	

れ57%と19%を占めており、性別役割分担については肯定の姿勢が伺える。特に興味深いのは、中国の学生は43%が「継続的に働く」を選び、特に女子学生は全体の51%がそれを希望するのに対し、「継続的に働く」を選んだ日本の学生はわずか0.5%であり、若い年代の学生もいわば伝統的な考え方を持っていることが伺える。

次に仕事中断の契機（表9-4）についてだが、中国の学生は「出産」が一番多く（57%）、「育児」（20%）、「結婚」（15%）、「（子供の）教育」（9%）が続く。一昔前、出産で産休を取る以外に、育児や結婚、あるいは子供の教育のため仕事を一時中断することはほとんどなかった。いまや一時的にせよ、それらの理由で仕事を休むという考え方が増えてきているが、それは社会経済事情の変化によるものであろう。それに対し、日本の学生は、「育児」が最も多く、64%を占めている。次いで、「（子供の）教育」（24%）、「出産」（8%）、「結婚」（1%）が続く。「結婚」を中断のきっかけと考える人が意外に少ない。

表9-4　中断の契機　(%)

	日本			中国		
	全体	男	女	全体	男	女
結　　婚	1	1	1	15	24	8
出　　産	8	10	6	57	45	65
育　　児	64	55	72	20	19	20
子供の教育	24	28	19	9	13	6

次に退職（仕事をやめる）の契機（表9-5）についてだが、中国の学生の中では、「子供の教育」というのが一番高い、31%を示している。続いて「出産」（24%）、「育児」（21%）、「結婚」（14%）という順である。「子供の教育」項目を除いての各項目分布は、前項の「一時中断」とほぼ一致している。退職の理由で「子供の教育」が一番高いというのは、「出産」や「育児」「結婚」よりも、子供の教育に熱心であるというのがその要因であろう。これは、もともと中国が教育重視という国柄に加えて、経済高度成長期において先進国における一般的な傾向とほぼ同様の現象が生まれてきているのではないかと考えられる。

それに対し、日本の学生の中では、「出産」を機に退職すると考えている

割合が一番高く、37%を占めている。続いて「育児」(28%)、「結婚」(23%)、という順である。その理由も、「家事・育児に専念するため、出産後自発的に辞めたい」と家庭重視の姿勢が伺える。

表9-5　退職の契機　　　　　　　　　　　(%)

	日本			中国		
	全体	男	女	全体	男	女
結　　婚	23	25	18	14	10	22
出　　産	37	32	48	24	25	22
育　　児	28	28	30	21	20	22
子供の教育	11	15	5	31	35	22

　以上のように、日本の学生は中国の学生に比して伝統的な考えが強いことがわかる。日本の学生は男女を問わず、女性は出産もしくは育児を契機に一時的にせよ恒久的にせよ職場を離れると考える人が9割ほどを占め、性別役割分担を肯定する姿勢を示している。それに対し、中国の学生は継続して働く、または一時的に中断した後、再び働くという考え方を持つ人が大半を占め、女性の社会進出を肯定する姿勢を示している。
　また、日本の学生と比べ、中国の学生は「仕事と家庭の両立」をすべきだと考える人が多い。特に女性は仕事と育児を両立したいとの意識を強めている傾向がみられる。それに対し、日本の女子学生では7割近くが「働いた後に退職」を選び、「仕事と家庭の両立が難しい」と考えている。その理由としては「仕事をしたい」気持ちがあっても、家庭の状況や夫の考え方などに左右される傾向が強いことが考えられる。いずれにしても、女性の社会進出に消極的な姿勢が観察された。

(2) 家庭内の役割
1) 家事の分担
　夫婦間の家事分担については、中国の学生は、「家事（掃除、洗濯、料理、育児など）が基本的に妻の役割か」という質問に対して、「どちらとも言えない」という答えが一番多く、45%を占めている。「そう思わない」「全然思わない」の合計は30%、「そう思う」「強くそう思う」の合計が24%。日本

の学生は、家事は妻の役割だとする(「強くそう思う」と「そう思う」)学生は35%であり、全体でみると、その考えに賛成する学生の割合は中国の24%を上回っているが、「どちらとも言えない」の割合も40%を占め、中国の学生の意識とほぼ共通している。また「そう思わない」「全然思わない」の合計も26%に上り、家事の分担が広く認識されているといえよう。

表9-6　家事は妻の役割　　　　　　　　　　　　　　　　　　　(%)

	日本			中国		
	全体	男	女	全体	男	女
強くそう思う	4	5	3	5	7	3
そう思う	29	25	34	19	26	14
どちらとも言えない	40	37	44	45	46	45
そう思わない	14	16	12	22	17	26
全然思わない	12	17	7	8	4	12

また、男子学生の考え方には、日中の間に大差はみられない。だが女子学生の考え方の違いが明らかになった。中国の女子学生は「家事は妻の役割」と考えている人が17%であるのに対して、日本の女子学生の37%は「家事は妻の役割」という考えに賛成している。「思わない」「全然思わない」は中国38%に対し、日本は19%であり、家事を夫に分担してもらいたい気持ちは中国の女子学生の方が強いことが読み取れる。また、家庭内の平等に関しては、日本より、中国の方が強く意識されていると思われる。このことは中国の女性解放の度合いの高いことを反映したものであること、日本には高度成長以後も社会的に「妻は家の中」という風潮が残っていることの反映でもある。

2) 家計について

「家計を支えるのは基本的に夫の役割か」この問いについて(表9-7)、中国の学生は、「あまりそう思わない」が一番多く、41%を占める。これは中国の家庭では共働き意識が強いという実情の影響であると考えられる。家計を支える役割は夫ひとりではないという考えを持つ(「そう思わない」「全然思わない」を選択した)人の合計は29%、「強くそう思う」「そう思う」の合計が30%。平均的に分散していることがわかる。日本の学生は、「家計は夫

の役割か」について「強くそう思う」と「そう思う」の合計が57%に上り、半分以上を占めている。「そう思わない」「全然思わない」と考えている学生は15%しかいない。つまり、「男性は仕事」という伝統的な性別役割分業を支持する姿勢が伺える。

表9-7　家計は夫の役割　　　　　　　　　　　　　　　　(%)

	日本			中国		
	全体	男	女	全体	男	女
強くそう思う	12	18	4	6	10	3
そう思う	46	49	41	24	38	13
あまりそう思わない	27	19	38	41	34	46
そう思わない	8	6	9	23	15	29
全然思わない	8	8	7	6	3	8

また、男女別でみると、「家計は夫の役割」という考えについて、男子は日本（66%）・中国（48%）ともそれぞれ高い数値を示しているが、女子学生の場合は対照的である。日本の女子学生の45%が夫の役割と考えているのに対し、中国の女子学生は16%しかそのように思っていない。

以上の2つの設問は、「男は仕事、女は家庭」という伝統的な性別役割分業に対する意識と関わっている。結果が示しているように、中国の学生に「男は仕事、女は家庭」という伝統的な考え方を否定する人が多い。一方、日本の学生では「どちらとも言えない」と曖昧に考えている人が多く、「家事は女性の役割、家計の分担は夫の役割」と考え、性別役割分担を否定していないことが判った。総じていえば、日本の若者が性別役割分業の考えを持っているのは、古い伝統的な観念から脱していないのか、あるいは、日本社会の構造的な仕組みの中で新しく再編された意識なのか、改めて検討すべき問題のように思われる。

(3) 男女の関連について
1) 家庭内の男女の関連について

家庭内の男女の関連について（表9-8）、配偶者の社会的地位が自分より上になった場合、中国の学生では「どちらとも言えない」が一番多く（43%）、

「気にならない」「全然気にならない」の合計は31％、「とても気になる」「気になる」の合計は27％という結果であった。日本の学生も、それと似た結果が現れている。全体的にいうと、日本の学生のほうが「気にならない」という数値が高い。また男女別にみると、両国とも女性より、男性の方が気になる結果を示しており、社会的地位に関しては、男性がやや保守的な見方を持っているといえよう。

表9-8　妻の方が社会的地位上　　　　　　　　　　　　　　　　(％)

	日本			中国		
	全体	男	女	全体	男	女
とても気になる	4	6	2	7	13	2
気になる	16	25	5	20	28	14
どちらとも言えない	31	30	32	43	40	44
気にならない	22	19	26	24	15	31
全然気にならない	26	19	35	7	4	9

さらに、配偶者の収入が自分より多い場合についても（表9-9）、日中の学生にはほぼ同様な傾向が現れている。しかし中国の学生の中には「全然気にならない」人はわずか9％しかいないことから、中国の学生のほうが比較的気にしていることがわかる。「どちらとも言えない」が一番多く（44％）、次いで、「気にならない」、「全然気にならない」の合計は35％、「とても気になる」、「気になる」の合計は21％である。前項と合わせてみると、配偶者の社会的地位の方が収入より「気になる」ことが明らかになった。さらに、男女別でみてみると、男性がより気になる結果を示しており、収入に関しても、未だに固定的な意識を持つ人が多いと考えられる。

表9-9　妻の方が収入多い　　　　　　　　　　　　　　　　　　(％)

	日本			中国		
	全体	男	女	全体	男	女
とても気になる	7	10	3	5	9	2
気になる	18	29	4	16	28	7
どちらとも言えない	27	28	24	44	42	45
気にならない	22	17	28	26	17	33
全然気にならない	27	15	42	9	3	13

2) 職場の男女の関連について

職場の男女の関連について（表9-10）、中国の学生は、将来の職場の上司の性別については、69％の人が「気にしない」、「全然気にしない」を選択する一方、同性の方がいいと思う人が19％、「できれば同性」も加えれば、同性希望が31％に上がる。上司の性別を「気にしない」という考えがあるものの、気にする人が3割ということも意味深い。一方、日本の学生もほぼ同様な考えを示している。しかし、「全然気にしない」割合が中国の学生を大きく上回っており、中国の学生より柔軟な考えが読み取れる。

表9-10　上司は同性がいい　(%)

	日本			中国		
	全体	男	女	全体	男	女
強くそう思う	8	12	2	5	5	4
そう思う	11	16	6	14	21	9
できれば同性	14	12	16	12	14	11
気にしない	43	36	52	62	52	69
全然気にしない	23	21	24	7	8	7

また、日中両国の男子学生は同様に男性上位意識の傾向が見られる。上司は同性がいいと思っていても、社会的地位も妻が上だとすると、30％ほどが「気になる」と思っており、妻の収入が上だと40％ほどの人が「気になる」と思っている。

両国の女子学生は、「妻が夫より社会的に地位が高くなった場合」「妻が夫より収入が多い場合」という設問に対し、「気にしない」「気にならない」を高い割合で選択している。

総合的に、男子学生に見られる選択の傾向から、女性の上司、妻の高い社会的地位、高収入に対する否定的傾向は、女性労働者を経済活動に取り込む際のネックになっているのではないかと考えられる。

3. 社会的要因の考察

　ここまで考察したように、日本・中国ともに共働き家庭が増え、男女平等の考え方も広まってきているが、近年、固定的性別役割分担意識に回帰する傾向がみられるようになってきた。しかし、この性別役割分担意識は本来の性別役割分業意識とは異なっているものであるといえよう。

　歴史をたどると、両国において元来は、母親は家庭で家事や育児を、父親は家族を支えるために仕事をという性別役割分業意識が存在していた。しかしながら、現在においては、経済社会が高度成長の中で、女性を安い使い捨ての労働者として使ってきた結果として、女性は女性を正当に社会に参加させないなら、「家庭」に戻るしかないという現実である。これは古い封建的な意識と一見似ているが、現代社会の一面が新たに加味されている結果であると考えられる。女性の社会参加が進む中で、社会に出たものの、社会はそれを正しく受け入れる条件を整備してこなかった。そこで女性は再び家庭に戻るという、新しく再編された意識といえよう。

　その要因を分析すると、近年の厳しい就職・雇用事情がまずあげられている。日本においては、2012年内閣府の調査によると、安定的な雇用についていない者の卒業者に占める割合は22.9%である。この割合を男女別にみると、男子が22.0%、女子が24.1%であり、男子より、女子のほうが安定的な雇用に就いていない者の割合が高い[8]。こうした社会情勢の中、結婚して男性の経済力に頼る生き方を志向するようになった女性も少なくないと思われる[9]。特に近年の雇用情勢の不安定さが若年女性の専業主婦指向の原因としてあげられており、低賃金労働での自己実現や経済的自立の難しさから、多くの未婚女性が男性に扶養役割を期待するようになっていると指摘されている[10]。

　中国においても、女性就業はまた様々な問題や課題に直面しており、厳しい情勢にある。まず、女子大生の就業率は全体的に男子より低い。2012年2月の時点で学歴別で調査した2012年度大卒者における女性の契約締結率は、男性より全体的に10ポイント以上低かった[11]。また、給与額と専門性の活

用率が明らかに男性より低いことも指摘されている。関連調査によると、大卒半年後の女性の月平均給与は男性の87.9%に過ぎない。雇用組織の顕在的・潜在的な性差別に対するしかるべき法律・法規の不整備がその原因となる[12]。

　また、厳しい雇用環境の中で、非正規雇用者の増加が問題となっている。実際この10年間に、若年層では被雇用者に占める非正規職員の割合が男女ともに上昇しているが、特に女性に非正規職員の割合が高い。また、その中で、初職開始後に正規雇用から非正規雇用に移行する女性が少なくないことが注目される。日本では1990年代初頭にバブル経済が崩壊して以降、企業が新規学卒の採用を抑制する「就職氷河期」が長く続いた。その後、一時的に景気は回復したものの、リーマン・ショックを機に再び雇用情勢が暗転した。こうした長期の景気低迷により、初職から非正規雇用の若者は確かに増えている。また、初職は正規雇用でありながら、その後に非正規雇用に移行する女性も少なくない。

　中国の場合、女性出稼ぎ労働者の数が増え続けているが、非正規就業の割合が比較的高い。また、就業期間は男性に比べ短く、就業経験の蓄積に制限があるため、男性より就業能力が低く、就業レベルも全体的に低く、労働報酬及び社会保障レベルも相対的に低い。さらに、中国は終身雇用ではないため、「労働法」で女性の出産と復帰は保護されているが、民間企業にそれを忠実に守らせるのはとても難しい現実もある。特に、専門性を持っていない若い人は一般職であることが多く、他の人に替わられやすいからである。また女性の出稼ぎ労働者の多くは、家庭と仕事の二重の負担を背負っている。仕事以外に、家事労働、出産、育児又は高齢者の世話などの責任も負っている。その二重負担が、女性の就業能力の向上を制約している。

　こうした実態も、男性に稼ぎ手としての役割を期待する女性の性別分業意識に影響していると思われる。雇用不安の中、新しい性別分業意識が形成されてきたと言えよう。

　これに加えて、さらに労働時間の短縮化が依然として進まないことにより、仕事と育児の両立が難しいと現実的な考えを持つ人が増えていることも原因の一つとして考えられる。「男性の長い労働時間を前提に、家事で夫の

助けは期待できず、子育てをしながら働くことが女子学生には魅力的に見えない」ことが指摘される[13]。

しかし、日本と中国を比較すると、両国とも性別役割分業意識が再編されてきたとはいえ、そこには社会状況の違いもみられる。

中国においては、改革開放以降、男女の賃金格差は広がり続け、夫の収入によって家計を十分支えることのできる世帯も増加してきた。これにより、集団化時代は共働き意識が強かったものの、経済的な必要性が減少したことから、妻自ら専業主婦になることを望むという現象が現れだしたことも事実である。生活の幅の拡大が、専業主婦という新たな選択肢を生み出したととらえることもできるのである。夫の給料が右肩上がりで生活費負担が軽減され、「仕事をする必要がない」という意識が広がり、若い女性には専業主婦志向が強まっている。日本において専業主婦が高度経済成長期以降に広まったことは、高い経済水準と所得水準の結果であるが、それと似た状況でもあると言えよう。

また、最近では中国の経済成長につれて、働く女性の価値観やライフスタイルが変わりつつあるため、仕事重視から、仕事と家庭のバランスを重視する女性が増えてきている。その一例として「子供と一緒にいる時間を増やすため」が専業主婦指向の原因としてよくあげられる。また、転職を考えている女性では、転職のチャンスや高給よりは福利厚生サービスの充実を重視する傾向が見られる。

総じていえば、十数年前と比べて、現時点の中国では、「専業主婦」という層が表れているのが事実であるが、日本のように「普遍的」ではないように見える。中国の専業主婦が、日本の専業主婦と完全に一致しているとは言えないのである。

おわりに

以上みたように、中国と日本の女子学生の就業意識は大きく異なることが明らかになった。中国の女性は職業を一生持った方がよいと考えているが、日本女性は職業よりも育児の方を優先している傾向がみられた。このことに

ついては、多くの女子学生にとって、育児役割は人生展望のメインに位置づけられ、「育児は自分の手で」という常套句を安易に信じ込んでおり、それが自分の職業生活に具体的にどのような影響を及ぼすのかを考える視点を欠いているのではないかと指摘されている[14]。しかし、日本女性は育児が優先と考えているというより、子供ができたらすぐに、育児をどうするかという問題に直面する。子供を預かってくれる施設があれば働き続けたいが、十分な対応施設がないので、否応なく仕事を中断して育児に専念するしか選択肢がないのが現状である。

中国においては、近代化が急速に進んでおり、社会構造や家族構成が大きく様変わりし、子供の数が減り、かつてのような家族の助け合いなどは急速に減退してきている。しかし、それでも、子育てを母親（女性）一人に押し付けず、家族全体の責任で行うというような価値観は、現在の中国でもほぼ維持されているといえよう。それを可能にする要因の一つとしてあげられるものは、保育サービス（特に民間の家政サービス）をはじめとする外部サービスの発達である。すなわち、外部サービスの利用によって子育てにおける家族機能の一部を補う方策である。

それに対し、日本の場合は、一度は家庭で家事・育児に専念し、その後育児が一段落した頃に復職したいとする傾向が読み取れるが、しかし、今日の再就職の難しさによりあきらめるしかないことが指摘されている。

日本においては、2010年の調査が示した通り、就業希望を有しながらも諸事情により求職活動をしていない非労働力人口が相当数存在している[15]。しかし、育児・家事などとの両立が困難であるため、就業が阻まれている。そこに、新しく再編された男女役割分担への「回帰」という形がみられ、若年層の描く理想の実現を阻む現実がある。「伝統的な男女役割分担意識」に回帰したように見えるのである。しかし、これは産業社会のあり方へのやむを得ない女性の対応であり、古い伝統的意識から来ているというよりも、女性が一度社会に出たものの、社会の女性労働条件や保育制度などの環境が整備されていないため、やむを得ず家庭に戻るという、新しい回帰意識に基づくものであるといえよう。古い男女分業意識とは異なり、再編成されたものとみなすことができよう。したがって、女性の社会進出は必然的な歴史的な

流れであり、そうした社会の流れの中で社会構造が変わらざるを得なくなるであろう。

今後、停滞している仕事と家庭の両立のための支援策をいっそう充実し、男性の働き方やそれを取り巻く職場の労働環境・条件も改善されるに伴い、女性の社会進出は増加して就業率のM字型カーブの変化にもつながっていくと考えられる。それと同時に、社会状況が異なる中国において、女性の社会進出が著しく進められてきているだけに、日本の経験を繰り返すことがあってはならないように思われる。

今回の調査は、大学生を中心とした調査であるため、若者の全体像をつかむのは更なる幅広い調査が必要であると思われる。また、若年者層の意識の変化は、その時代の変化に対応したものであると同時に社会の意識を変えていく役割を担うものであるだけに、これからの若年者層の意識変化を追究していくことも必要である。これらの課題を今後の課題として、さらに厳密に検討していきたいと考える。

付記
　本稿は、2012年度埼玉県の委託研究「女性が働くことに対する大学生の意識調査」のデータの一部を使わせていただいた。

注
1) 佐々木尚之（2012）「JGSS累積データ2000‒2012にみる日本人の性別役割分業意識の趨勢̶Age-period-Cohort Analysisの適用̶」「日本版総合的社会調査共同研究拠点　研究論文集」JGSS Research Series, Vol.12 No.9, pp.169-181.
2) 内閣府「男女共同参加社会に関する世論調査」各年度調査データから推算。
3) 佐々木尚之、前掲稿。
4) 厚生労働省「若者の意識に関する調査」2013年。
5) 働く中国の女性に変化の兆し̶背景に「仕事と家庭の両立」重視。http://www.jil.go.jp/foreign/jihou/2013_7/china_01.htm　2014年2月12日アクセス。
6) 同上。
7) Shpancer, N. And Bennett-Murphy, L. (2006) The link between daycare experience and attitudes toward daycare and maternal employment. Early Child Development and Care, 176 (1), pp.87-97.
8) 厚生労働省『厚生労働白書』を参照。http://www.mhlw.go.jp/wp/hakusyo/kousei/13/backdata/index.html
9) 的場康子（2013）「若者の性別役割分業意識を考える」「Life Design Report Sum-

mer 2013.7」http://group.dai-ichi-life.co.jp/dlri/ldi/watching/wt1305.pdf　2014.02.10アクセス
10)　鈴木冨美子（2012）「ライフコース選択に揺れる若年女性たち：雇用の不安定化と晩婚化・非婚化の中で」『東京大学社会科学研究所　パネル調査プロジェクトディスカッションペーパーシリーズ』2012年9月。
11)　付国鋒（2013）「女子大生の就業問題に関する理性的考察及び対策」『商情』2013年第10期。的場康子、前掲稿。
12)　2014年2月「第11回北東アジア労働フォーラム報告書　女性雇用の現状と政策課題」による。
13)　SankeiBiz（2014）「女性活用の現実　専業主婦願望　増加の背景は」2014年4月22日。
14)　矢澤澄子・岡村清子（2009）「女性とライフキャリア」東京女子大学女性学研究所、87ページ。
15)　21世紀職業財団『女性労働の分析』（2010年版）による。

参考文献
石崎裕子（2004）「女性雑誌『VERY』にみる幸福な専業主婦像」『国立女性教育会館研究紀要』8、61〜70ページ。
石塚浩美（2010）『中国労働市場のジェンダー分析』勁草書房。
釜野さおり（2013）「1990年代以降の結婚・家族・ジェンダーに関する女性の意識の変遷」『人口問題研究』69-1、2013年3月、3〜41ページ。
川久保美智子（1997）「日本女性の就業意識比較」『関西学院大学社会学部紀要』1997年March。
佐々木尚之（2012）「JGSS累積データ2000−2012にみる日本人の性別役割分業意識の趨勢——Age-period-Cohort Analysisの適用—」『日本版総合的社会調査共同研究拠点研究論文集』JGSS Research Series, Vol.12 No.9, pp.169-181.
鈴木冨美子（2012）「ライフコース選択に揺れる若年女性たち：雇用の不安定化と晩婚化・非婚化の中で」『東京大学社会科学研究所　パネル調査プロジェクトディスカッションペーパーシリーズ』2012年9月。
鈴木未来（1999）「改革開放以降の中国における家族問題」『立命館産業社会論集』第35巻第2号、77〜93ページ。
孫欣・田中豊治（2001）「現代における日中女性問題の比較研究」『佐賀大学文化教育学部研究論文集』173〜201ページ。
中川まり（2011）「共働き男性における性別役割分業意識と妻の正社員就労が育児・家事参加に与える関連性」Proceedings 16、23〜32ページ。
西野理子（2008）「家族意識からみた地域性：日中韓3ヵ国比較」『東洋大学福祉社会開発研究』2008年3月、73〜78ページ。
西村雄一郎（2003）「中国都市の職場・家庭におけるジェンダー役割と生活時間配分」『東京大学人文地理学研究』16、105〜119ページ。
21世紀職業財団（2011）『女性労働の分析　2010年』。
付国偉（2006）「中国都市部における子育ての特徴に関する調査研究」『立命館産業社会論集』第41巻4号、129〜141ページ。

付国鋒（2013）「女子大生の就業問題に関する理性的考察及び対策」『商情』2013年第10期。
的場康子（2013）「若者の性別役割分業意識を考える」「Life Design Report Summer 2013.7」
みずほリポート（2009）「就業ニーズ別にみた女性雇用促進の課題」2009年7月8日発行。
米山珠理（2011）「日本・イギリスの女子大学生の就労と育児に関する意識調査の一考察」『弘前学院大学社会福祉学部研究紀要』第11号、46～53ページ。

（賈　曄）

第10章
中国自動車産業と対外直接投資の影響

はじめに

　新興国の産業発展は画一的ではなく、多様な方途により推進されている。しかし、いずれの国も、FDI（対外直接投資）の導入には大きな期待を寄せている。また、対外直接投資の果たす経済的役割の重要性は多くの場合、積極的に評価されてきている。そうではあるが、対外直接投資の展開についての分析は、現実的かつ総合的なものである必要がある。たとえば、中国における自動車生産の拡大は成長著しく、また、自動車生産において対外直接投資は看過することのできない経済的役割を果たしてきているのであるが、その評価は、必ずしも一義的ではない。つまり、中国における自動車生産の拡大は、対外直接投資の動向やそれに対処する民族資本の対応をも含め、客観的、総合的な分析を必要としている。本章は、対外直接投資の積極的経済的役割を認めながらも、その新興国における問題点を指摘し、直接投資に依存しない工業化の可能性を現実の中国自動車産業の展開の中に見出そうとするものである。具体的に、まず、対外直接投資の伴う諸問題を確認し、次に、直接投資に依存しない具体的企業事例として奇端自動車の推移を検討することにより、産業発展のもう一つの方途を考察することにしたい。

1. FDI（対外直接投資）の中国での展開と問題点

　1980年代から始まった中国の乗用車産業におけるFDIの導入は、最初は1社1車種と限定的であった。すなわち、それは「市場を持って技術を獲得す

る」戦略であった。しかし、2001年WTO加盟と同時にこのような障壁を維持することは難しく、中国は外国からの投資に対してより市場を開放せざるを得なくなった。

　さらには、多くの付帯条件も撤廃するにいたった。たとえば国産化要求、エンジン生産における持ち株比率の制限などができなくなった。このような状況はFDIを展開する多国籍企業にとって、生産拠点及び市場としての中国の位置づけを強化することになり、中国での展開がしやすくなった。結果として多国籍企業の製品ラインアップを充実させることにつながった。

　しかし同時に、多国籍企業間の競争を激化させ、技術の封鎖は一層強まることになった。FDIが中国で自動車合弁企業を設立するに際して、持ち株比率は中国中央政府が定めた50％以内に限定されたものの、コア部品生産、研究開発などその他の事業では半数以上、さらには独資の形で展開することが多くなっている。さらに、たとえば原材料、部品、完成車などの供給チェーンを完結するとともに、研究開発、生産、販売、アフターサービス、自動車金融などのバリューチェーンも中国全土に浸透させている。くわえて、中国で独自の投資会社の設立が可能となったことにより、各合弁会社の資源調達、配分をコントロールできるようにしている。

　かつてダーニング（1971）は第二次世界大戦後のアメリカの対英直接投資について「アメリカは英国にとって技術面での競争者で英国の成長率を促進すると同時に、減退させる力をもっているとみなされる。もしアメリカ企業が英国における活動によって英国の犠牲において自分自身の技術・熟練労働およびアイデアの蓄積を増加できるとすれば、技術格差は縮小するよりもむしろ拡大することになろう」と分析していた[1]。このような状況は中国でも起きている。FDIの中国展開は具体的には次のようなことをもたらしている。

　WTO加盟以降、中国自動車産業、とりわけ乗用車への参入につき世界に門戸を開いたため世界自動車大手がすべて中国展開を開始した。自動車産業政策では、FDIにいまだに出資比率50％以下、合弁企業数を2社までに限定するなどの制限を設けている。だが、FDIは車種別合弁（トラック、乗用車、MPV、SUVなどに分けて、中国の複数自動車メーカーと合弁）、技術提携（たとえばエンジン供給など）、合弁企業による中国ローカルメーカーに対する

M&Aなどの方法でより多くの中国市場への参入規模を拡大しようとしている。これは中国ローカルメーカーの活力を低下させることにつながる。

したがって、FDIにより、中国の市場での中国ローカルブランドのシェアはますます縮小している。また、FDIを展開する各社は相次いで製品のラインアップの完結を目指して、中高級車のみならず、普及型、小型乗用車に至るまでを中国に登場させている。たとえば、VWは上海汽車と合弁でGOL、POLO、サンタナ、パサートを生産しており、第一汽車とはJETTA、MAGOTAN、GOLF、SATTIGAN、CADDY、BOLO、AUDIなどを合弁で生産して、中国市場における製品のラインアップをほぼ完璧にした。中国自動車市場でのFDIのブランドの認知度が高くなり、中国ローカルメーカーの製品はますます参入しにくくなっている。

次に、FDIは本社機能と海外子会社の役割を分担する自社内分業体制を構築することによって、技術制御をおこなっている。中国本土に研究開発機構すら設立していないFDIも存在しており、研究開発機構を設立したとしても防衛的な研究開発活動にとどまるのが現状である。

WTO加盟後、拡大していく中国市場での競争力を高めるために、多くのFDIが中国にいわゆる「研究開発センター」を設立した。その代表的なものが、日産が3.3億元を投資して広州に設立した乗用車研究開発センターである。しかし、この研究センターについて日産は、あくまでも日産の世界展開の体系の一部であり、独立の乗用車の研究開発を行わないと明言している。この研究開発センターの主な責務は、日本で開発された製品の中国での生産及び部品の国産化をいかに実現するかであって、せいぜい中国事情に合わせるための一定程度の改良を担うに過ぎない。

もっとひどいと言われているのが、トヨタの独資で広州と上海に設立した豊田汽車技術研究開発（上海）有限公司と豊田汽車技術研究交流（広州）有限公司の2つの研究開発センターである。両社における主な事業内容は、トヨタの中国におけるディーラーへのメンテナンスと故障診断の技術コンサルティングとアフターサービスへの技術サポートである。革新的な研究開発らしきことは展開していない。中国では「修理センター」とも揶揄されている。GMと上海汽車が合弁で設立した「泛亜汽車技術中心有限公司」もGM

製品の中国本土に合わせる設計変更などにとどまっており、トレーニングセンターの役割以上の働きはしていない。

当初、中国中央政府がFDIを導入する際、付帯条件として強要し、国内で推し進めてきた国産化政策には限界があった。国産化はある特定の車種に対して、部品の輸入代替を図るものに過ぎなかった。当初の車種の限定導入と国産化政策により、中国自動車産業の生産技術と生産能力は一定程度向上したが、当時の国産化の研究開発には多くの創発能力が求められなかったため、中国の自動車メーカーは、研究開発から生産までの一貫した車づくりには辿りついていないのである。

もちろん、中国中央政府の国産化政策は単なる生産技術の向上を最終目標としたわけではなく、限定した車種の生産と完成車における国産化部品の割合を高め、最終的には最先端の自動車製造技術を完全に習得して自主開発から自主生産までの一貫した「国産車」生産体制の樹立と近代化を実現した「国産車」作りが狙いであった。

しかし、製品のライフサイクル期間の延長と、規模の経済の利益を最大化しようとするFDIの狙いは、市場を提供して中国自動車産業の近代化と最先端技術の獲得を試みた中国中央政府の思惑と決して一致しなかった。当初FDIが中国に持ち込んだ車種（東風汽車のC-ZX[2]を除く、上海汽車のサンタナ、第一汽車のジェッタ、アウディ100など）はいずれもモデルチェンジが済む前の世代の古いモデルか、あるいは失敗作であった。

このようなFDIを導入する際の最大の課題とされた中国の「国産化政策」推進プロセスに重大な問題があると井上（2001）は指摘している。「たとえば自動車産業では、国産化政策が進むなか外資各社とも国産化率を高めてきている。そのなかには上海VWのサンタナのように国産化率87％というように高い国産化率を達成してきているものも見られる。しかし、わずかに残されたこの10数パーセントの非国産化部分は、実は自動車にとって心臓ともいうべきエンジン部分であるという点では大いに問題がある。なぜならば、それは製品にとってもっとも重要な先端技術構成部分は現地への技術移転を極力抑えようとする外国資本（多国籍企業）の基本政策によっているからである。これでは中国自動車産業の真の自立化は難しい」[3]。とりわけ部品の

国産化率の向上のための政策は自動車生産における根幹的な問題解決に至らず、外延部の生産技術の向上に過ぎなかった。概して国産化率の計算方法は、中国自動車産業の自主開発の目標を根本的に誤った方向に導いた。

完成車の設計は、研究開発に携わる人々の想像力の十分な発揮を必要とし、統合させるものである。しかし、中国自動車メーカーが大量の財源と人的資源を投入して行われた国産化は、潜在する研究開発能力を開花し、新製品の開発や国産化のサポート機能に転換することができていない。当初の思惑と裏腹に自動車メーカーの研究開発能力と創発力の委縮をもたらしている。しかも、WTO加盟を視野に入れた、1990年代後半以降、中国中央政府の政策はFDIに対して、国産化率の強要をはじめとする諸条件を押し付けることができなくなり、その意義もなくなってしまった。

WTO加盟後、1990年代初頭から暫く外資に門戸を閉ざしていた乗用車プロジェクトは、転換している。部品の輸入とCKD生産における規制政策が相次いで緩和され、新規外資の参入が拡大している。国産化の要求とエンジン開発における外資への制限を排除し、サービス、貿易領域等への外資の参入規制を緩和したが故に、FDIは対中戦略で一層市場支配力を高めてきた。たとえば自動車の販売流通、部品調達などではWTO加盟後日々規制緩和が進んでおり、世界自動車メーカーのプレゼンスはかつてなく高まっている。また、中国経済の世界経済との一体化の進展は、自動車産業の運営に行政規制が加えられるような場合、国際社会のルールに沿わなければ直ちに反発を伴っている。一例を挙げると、WTO加盟に伴う2002年には自動車部品の現地調達規制が撤廃された。だが、CKD組立製品の急増を懸念した中国中央政府は2005年に40％の国内調達比率をクリアできない場合、組立部品の輸入関税率を部品平均の10％から完成車並みの25％へ引き上げるという「完成車特徴認定規制」を発表した。「完成車特徴認定規制」は、欧米企業の猛反発もあり2006年にはその実施が、一旦2008年7月に延期されているが、2008年2月にはWTO本部が中国の「完成車特徴認定規制」はWTO協会違反とする見解を発表したことから、実施できなくなっている[4]。WTO加盟により、中国自動車産業は、完成車製造面において、基本的にFDIに制限をかけることができなくなったのである。その他、原材料、部品等の調達に関

しても、自由化を認めざるを得なくなっているし、生産技術、知的財産権についてもFDIの意向を尊重するようになっている。

たとえば、外資のサプライチェーンの中国への船団方式進出は、持株ないし独資の形でコントロールを強めている。外資は、バリューチェーンを高度化し、研究開発、生産、販売、アフターサービス、自動車金融等のあらゆるところに参入し、コントロールを強めている。完成車においても最新技術とコア技術、とりわけこれらの技術の研究開発はほとんど自国の本社で行い本社機能を強化している。FDIの中国進出はあくまでも、中国を自社製品の生産基地と市場としか見なしていない。その結果、中国のFDI導入は初期段階では現地企業に一定の好影響を与えたが、部品の国産化率と企業収益を重視しすぎてしまい、現在は自主開発体制に直結することのない負の影響を大きく及ぼしている。

規模の経済の拡大とFDI同士間の競争に勝ち抜くため、どのFDIもコストダウンを最大の課題としている。そのため、FDIはわざわざ重複投資をして中国で研究開発を行う必要がなく、実施しようともしていない。合弁による技術移転を通して自主開発能力の構築を図ろうとする中国自動車産業、特に「3大」メーカーにとって、前景はますます厳しくなっている。

エンジンをはじめ金型、変速機、シャシー等のコア部分の研究開発能力と開発のデータベースは今でも一番弱い部分とされ、長年中国自動車メーカーの発展を制限してきた。中国自動車メーカーが、FDI導入により獲得しようとしたのは、中国自動車産業の一番弱いところのエンジンの開発や開発のデータベースの構築である。しかし、これらは、外資はどうしても保持しようとしている技術優位性の核心部分である。自動車の開発技術は、一貫性、漸進性と連続性が必要となる。一旦合弁を開始しても、合弁企業の技術源は、FDIによるものである。コア技術、あるいはその製品は、FDIの独自のものであって、安価に体得することはできない。FDIは、非常に高い価格で、コア技術により生産された製品、あるいはその技術の一部の使用権を中国メーカーに移譲する。しかもこのような断片的な移譲は、最新技術ではなく、ほとんどが成熟、あるいは、前述したように前の世代の技術である。その故、中国メーカーは技術導入をしても、先端技術の体得や、それを基盤と

した次世代開発を実現することができず、最新の研究開発データの活用に到達することが困難となっている。また中国メーカーの技術基盤の脆弱性、研究開発能力の低位は、1回限りの技術導入によって、模倣から自主開発能力の構築に到達することを遮断している。さらにモデルチェンジが速くなりつつあり、中国メーカーの学習能力にも限度があって、次世代製品を生産する際に、巨大な開発コストを拠出することができず、再度の技術導入をせざるを得なくなる[5]。

　丸川（2007）は「自動車生産において、エンジンは内製が基本である。閉じられた垂直分裂が世界の自動車産業のスタンダードになったといっても、一番の基幹部品であるエンジンを社外に頼る自動車メーカーは稀である。この点は、パソコン産業で、パソコンのエンジンに相当するCPU（中央演算素子）をどのメーカーも専門メーカーから購入しているのとは対照的である。自動車メーカーが社外からエンジンを調達するケースは先進国ではまだ少なく、大多数は社内でエンジンを生産するのを基本としている。エンジンは自動車の心臓部であり、走行性能だけでなく乗り心地をも左右する重要部品なので、製品差別化を図ろうとする自動車メーカーはエンジンを簡単に外部に依存したりはしない。特に同じ市場で正面からぶつかり合うライバルどうしが同じエンジンを共用することなどはまず考えられない。同じ基幹部品を使って競争し合っているパソコン産業とは違うのだ。世界的には寡占化が進む中、主要部品の差別化を日々強化しつつある。特にエンジン開発においてはそのような傾向が強い。ところが、中国では他社からエンジンを購入する自動車メーカーが少なくない。エンジンで差別化するどころか、エンジンを作ってさえいない自動車メーカーも多数存在する。中国の自動車産業は、世界の自動車産業の常識からおよそかけ離れている。まるでパソコンを作るように、エンジンなど主要部品を専門メーカーから買ってきて自動車を組み立てる自動車メーカーが数多く存在する」[6]と指摘している。とりわけ「3大」メーカーで唯一いわゆる自社ブランド生産を行っている第一汽車の場合はこのような傾向が強い。藤本が命名したような「疑似オープン型寄せ集め」生産から脱出できていない。上海汽車、東風汽車は「疑似オープン型寄せ集め」生産すらできていない。

また、「3大」メーカーを代表とする中国大手自動車メーカーの経営陣の「任内政績」追求に伴う短期収益重視がもたらした自主開発構築の無視は自主開発能力を蓄積することができず、生産技術導入によるCKD生産→技術の吸収消化→部品の国産化→国内市場投入→自主開発機能不完全（R&D能力の不足）による技術不足で最新生産技術の再導入を繰り返すといった悪循環をもたらしている（図10-1）。

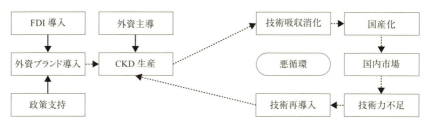

図10-1　中国大手自動車メーカーの発展プロセス

(出所) 筆者作成

　乗用車における中国民族ブランド製品のシェアがある程度あるといわれているが、第一汽車の場合は寄せ集め製品が多く、実際は、本当の民族ブランドは後発メーカー、たとえば奇瑞汽車などが積極的に取り組んでいる形になっている。「1社1車種」のFDIの限定導入からWTO後の「市場を提供して技術を獲得する」といった発想で、積極的にFDIを導入した「3大」メーカーは外資への過度依存から脱却できず、依存度は増す一方である。

　悪循環が続く中、中国中央政府と大手自動車メーカーは一貫して「做大做強（大きくしてから強くする）」の路線を強調し、スケールメリットを求めてきた。しかし、研究開発能力を構築せず、FDI依存をなくして、市場ニーズに応えられる製品作りができないまま、いくら大きくなっても、すなわち、どのようなスケールがあってもメリットは生まれない。

2. 脱FDIの発展事例

(1) 奇瑞汽車の台頭

　FDIの導入は、外資ブランドによる中国乗用車市場の席巻をもたらし、中国の「3大」メーカーをはじめ、大手自動車メーカーは、先のような悪循環を繰り返してきた。こうした傾向に抗して、また、中国中央政府の政策の影響下で、FDIの恩恵を受けることができなかった中国の小さなローカル的な後発メーカーである奇瑞汽車が、近年急成長を成し遂げ、過去の第一汽車の「紅旗」に取って代わって中国乗用車の民族ブランドの代名詞ともなっている。

　奇瑞汽車は、1990年代初期まで自動車生産が存在しなかった安徽省蕪湖市で誕生することになる。初期段階には完成車の生産・販売の公開すらできなかったが、今や工場面積193.7万㎡、総資産237.15億元、従業員約2.5万人（うち技術者6,500人余り）、完成車生産能力65万台、エンジン生産能力40万台、トランスミッション生産能力30万台と中国ローカル乗用車メーカーの中ではトップレベルに達している。奇瑞汽車は2007年度生産台数387,871台（前年比26％増）、販売台数380,817台（前年比24％増）と2001年正式生産開始からわずか7年で生産・販売台数を12倍ほど伸ばしている（表10-1）。2007年の売上も198億元と前年より30％増加し、当初は海外委託開発によって獲得したものではあるが、10車種の設計と18のエンジンに関する知的財産権を保有している[7]。

　さらに奇瑞汽車は、国内戦略にとどまらず、イラン、エジプト、ロシア、ウクライナ、インドネシア、アルゼンチンなど6カ国に8カ所のCKD組立工場を建設し、積極的に海外市場の開拓にも注力している。現在の海外総生産能力は100万台近くに達している。

　中国の乗用車生産台数においては民族ブランドメーカーとしては第1位、FDIとの合弁企業を入れた全乗用車生産企業の中でも、上海GM、一汽VW、上海VWに続き第4位になっている。しかも、中国乗用車市場シェアの上昇スピードが最も早い企業でもある（表10-2）。

表10-1 中国一部（主要）自動車メーカーの生産、販売台数及び成長率

企業名	内訳	2001年	2002年	2003年	2004年	2005年	2006年	2007年	成長率
奇瑞	生産台数	30,070	50,155	101,141	79,565	185,588	307,232	387,880	1,189.92%
	販売台数	28,851	50,155	90,367	86,568	189,158	302,478	380,817	1,219.94%
上海汽車	生産台数	440,245	591,704	796,969	847,526	911,748	1,268,338	1,561,167	254.61%
	販売台数	448,946	610,157	782,036	848,542	917,513	1,242,091	1,554,039	246.15%
第一汽車	生産台数	419,792	561,787	901,118	993,554	984,172	1,176,814	1,464,908	248.96%
	販売台数	407,495	565,493	854,358	1,007,471	983,140	1,165,702	1,435,982	252.39%
東風汽車	生産台数	262,869	418,481	494,070	530,061	734,716	935,898	1,154,867	339.33%
	販売台数	265,407	415,714	469,208	523,309	729,033	932,344	1,137,255	328.49%
北京汽車	生産台数	134,121	180,485	347,947	538,699	585,683	682,407	706,396	426.69%
	販売台数	136,538	180,531	336,657	530,993	597,258	685,062	694,074	408.34%
広州汽車	生産台数	55,570	64,467	122,568	209,720	248,822	354,140	514,012	824.98%
	販売台数	55,732	64,458	122,608	209,551	237,150	351,739	513,495	821.36%
長安汽車	生産台数	225,399	328,910	470,030	582,367	521,531	713,395	877,749	289.42%
	販売台数	230,241	307,578	410,745	579,520	631,142	708,737	857,693	272.52%
哈飛	生産台数	138,958	173,030	200,007	205,991	249,815	265,019	231,488	66.59%
	販売台数	141,774	175,055	190,585	205,115	230,051	266,835	243,079	71.46%

（出所）「2008版年中国汽車工業発展年度報告」より作成

表10-2 中国乗用車販売台数及び市場シェアトップ10企業

順番	2005年			2006年			2007年		
	企業名	販売台数	市場シェア(%)	企業名	販売台数	市場シェア(%)	企業名	販売台数	市場シェア(%)
1	上海GM	325,198	10.2	上海GM	409,693	9.7	上海GM	430,279	9.0
2	上海VW	287,118	9.0	上海VW	352,908	8.4	一汽VW	428,445	9.0
3	一汽VW	277,097	8.7	一汽VW	347,100	8.2	上海VW	407,119	8.5
4	北京現代	233,668	7.3	奇瑞汽車	305,236	7.2	奇瑞汽車	355,926	7.5
5	広州ホンダ	230,768	7.3	北京現代	290,012	6.9	広州ホンダ	264,120	5.5
6	一汽夏利	193,008	6.1	広州ホンダ	260,096	6.2	一汽トヨタ	247,124	5.2
7	奇瑞汽車	189,158	5.9	一汽トヨタ	219,465	5.2	東風日産	238,269	5.0
8	東風日産	157,516	5.0	吉利汽車	205,440	4.9	北京現代	206,677	4.3
9	吉利汽車	150,315	4.7	東風日産	203,537	4.8	吉利汽車	197,203	4.1
10	一汽トヨタ	147,438	4.6	神龍汽車	201,318	4.8	長安フォード	190,831	4.0

（出所）中国国家信息中心・国家発展和改革委員会工業司編（2008）「2008中国汽車市場展望」機械工業出版社及び中国汽車工業網資料より作成

他の後発自動車メーカーと同様、奇瑞汽車も既存部品の寄せ集め、模倣生産からスタートした。しかし、奇瑞汽車はそこで止まることなく、外部資源の有効利用と同時に自主開発にも力を注いでいる。それによって前述したように自社ブランドの確立を可能とし、さらに海外進出も積極的に展開している。

　FDIに過度に依存し、自主開発能力の構築ができない「3大」メーカーのような中国大手自動車メーカーが存在する一方、中国には奇瑞汽車とほぼ同時期に、同じ軌跡を辿っているローカル自動車メーカーが多数存在する。

　このような中国ローカル自動車メーカーの発展プロセスの共通性について李（2006）は「一部の地場系自動車メーカーでは、部品開発初期の認定段階でまず技術力の高い外資系サプライヤーを使うが、次に段階的に技術力が低いが納入価格が安い第2、第3のバッファー・サプライヤーにスイッチングしていく。コスト競争の厳しいローコスト・ビークルの世界では、こういった悪循環を生む取引が頻繁に観察される。価格とコストの競争が激化した結果、ついに研究開発のコストまで吸い上げられ、そのインセンティブも殺がれてしまうのである。これこそ、中国製造業が抱えている最大のジレンマであり、イミテーションがイノベーションをロックイン（封じ込め）してしまう本質的な問題である」[8]と指摘している。

　今まで中国ローカル自動車企業が得意としていた価格競争の限界は、小型車の生産販売で現われている。2007年度、1.3リットル以下の乗用車の販売量は、73.02万台と基本型乗用車の販売量の15.22%を占め、2006年度に比べ、3.7ポイント低下している。さらに、1リットル以下の製品は、25.17万台で30.9ポイントも下落している。石油価格が上昇し、環境保護が全地球的な規模で叫ばれている今日において、中国の小型車の販売量の低下は、注目の的になっている。このような現象は中国国民の消費マインドの変化、外資企業の参入、政策支援の欠如等が要因とされているが、最も重要なのは、過度な価格競争の末、利益の獲得が困難になり、製品性能の改良の余裕がなくなったという点である[9]。

　日々激化する価格競争に巻き込まれ、自主開発能力構築がうまく推進できない多くの中国ローカル自動車メーカーは、仕方なく外資との合弁によ

るOEM生産、あるいは他の国内企業に統合される境地に追い込まれることになっている。たとえば、奇瑞汽車とほぼ同時期に誕生した華晨汽車は自社ブランドの「中華」の販売業績の伸び悩みと自主開発能力の限界などで、BMWと提携を結ぶことになり、同じく哈飛も東風に吸収合併される可能性が浮上している。さらに2007年12月にはPSとの提携を打ち切られた南京汽車は上海汽車の傘下に入ることになり、スズキと提携を結んでいる哈飛と同じく航天部傘下の昌河も経営難に陥って、第一汽車に吸収されると報じられるなど[10]、自主開発能力の構築ができず、コストダウンとローコスト・ビークル生産を重視してきたメーカーは皆ひとり歩きができない状態に陥っている。

一方、奇瑞汽車の発展プロセスを振り返ってみると、決して他のローカル自動車メーカーのようなイミテーションがイノベーションをロックインしてしまう傾向に向かわなかった。2007年9月、奇瑞汽車は「価格安定、品質改良、サービス改善、ブランド構築」をスローガンとして、新たな戦略の展開を始めている。2010年以降の欧米市場をターゲットに、日々厳格化している環境制約に対応すべく、二酸化炭素の排出量を1キロ当たり130〜150グラムと設定して次世代エンジンの開発を進めてきた[11]。このような奇瑞汽車の急速な発展を可能にしたのは以下のような要因である。

(2) 厳しい中央政府の政策を要因とする「怪我の功名」

中国中央政府の基本政策の制約の下で誕生した奇瑞汽車には、FDIなり、LAなりの選択の余地すらなかった。奇瑞汽車が選択したのはOman (1984) などの提唱した発展途上国にとってFDIでない新しい形態（LAや後述の他の非FDI形態）、つまり、経営資源の一括移転であるFDIではなく、足りないものだけを導入するほか、多くの経営資源を導入する場合でも、様々な供給源から別々に導入する、といった分割された (unpackaged) 移転を選択した[12]。このような方策は多国籍企業に支配される恐れはないが、必ずしも急速な工業化が実現できないとされていた。ところが分割移転を試みた奇瑞汽車は自主開発、自主生産能力を育み、自社ブランドの確立と海外進出を開拓していくことになる。

(3) 人材確保

　制約された政策、厳しい発展条件の下で、限られた経営資源をいかに有効利用するかは重要なポイントであった。奇瑞汽車は零から始まっており、最初から人材不足で苦労し、とにかく人材確保に力を注いできた。

　奇瑞汽車の人材確保において、外国ないし、外資企業から、また国内自動車メーカーからのヘッドハンティングが人材獲得の有力な手段であった。たとえば、最近では「奇瑞量子汽車有限公司」設立に当たり、「北京現代」の常務副総経理[13]と「VW中国生産技術優化技術部」総監を歴任した郭謙氏をヘッドハンティングして董事長に任命し、元南京汽車ロバー買収プロジェクトの責任者の一人であり「南京汽車MG名爵販売公司」で副総経理を務めていた孫衛健氏を販売総監として引っ張ってきた。また外国人（ドイツ、日本、韓国など）が20名ほど奇瑞汽車に勤めている。うち有名なのが「寺田真二生産ライン」である。奇瑞汽車が2003年度日本から招き、生産ラインの管理者として任命し、その生産ラインを本人の名前を用いて「寺田真二生産ライン」と命名した。現在彼は生産管理部副部長として働いているが、「寺田真二生産ライン」は依然としてその名を残している。

　もうひとつ有力な手段は「海帰派」の勧誘であるが、これには直接勧誘と間接勧誘がある。直接勧誘は言葉の通り、海外留学帰りを会社が直接呼び込むことであり、間接勧誘とは、「海帰派」が設立・経営する企業を丸ごと買い取り、その技術と蓄積をそのまま吸収することである。奇瑞汽車では「海帰派」が技術、購買、国際事業など主要分野で要職を占めている。

　また、奇瑞汽車は労働力の確保のために、周辺の学校と緊密な連携を取り、在学中に特定のトレーニングを受けられるような環境を作っている。それだけでなく奇瑞汽車は新入社員の生活にまで気を配っている。不動産価格の高騰する中でも新入社員のための宿舎を建設したり、大量のマンションを購入したりしている。男性社員を多く抱えている奇瑞汽車は彼らを安定させるために彼らの結婚などの私生活にまで配慮している。これによって従業員流出割合を月2%以内に収めようとして極力努力している。現在は1.5%程度であるといわれている。

(4) R&D重視と自主開発基盤の構築

奇瑞汽車は初期段階の寄せ集め生産と模倣生産から脱却し、知的財産権の獲得のため、海外委託による研究開発を試みるまでになっている。

そして、奇瑞汽車は他人任せの委託開発に止まることなく、エンジニアを研究開発現場に送り込み、研究開発技術の全面的な吸収を図っている。それと同時に、奇瑞汽車は同社の頭脳である研究開発機構「奇瑞汽車工程研究院」を設立し、中国最大の研究開発規模を誇るまでに育て上げた。さらに、R&Dへの投資も惜しまなかった。

制約された環境の中、奇瑞汽車は自主開発を目指し、あらゆる経営資源を無駄なく利用し、図10-2のような独特の発展プロセスを生み出し、成長してきた。藤本（2003）の言う「怪我の功名」「事後的な創発」ともいえるのではないかと思う[14]。奇瑞汽車の成長の発展プロセスは中国の自動車産業の自主開発に光を与えている。

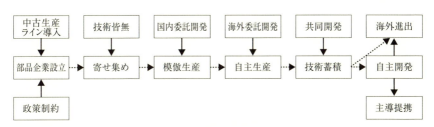

図10-2　奇瑞汽車の発展プロセス

（出所）筆者作成

おわりに

中国の自動車生産量の拡大は2010年代においても顕著であり、世界の自動車産業の動向に支配的な影響を与えるほどになっている。また、新興国経済の世界経済に果たす役割も大きくなり、その工業化のメカニズムの解明と世界との調和ある発展は、現代的な課題である。グローバル化の進む現局面においてこそ各国の主権の尊重と経済的自立が実現される必要がある。国際競争が進展する中で、今後の奇端汽車の存続は予断を許さない。そして、本章

で取り上げた条件が普遍的な意義を有するのか、特異な条件であったのかについての検討も必要である。だが、奇端汽車が、人材や自主技術開発にこだわり、直接投資に依存することなく、21世紀中国において急台頭して来たのは事実である。人材の確保にしても、自主技術開発にしても個々の企業がどのように推進してきたかについては再検討の余地を残しているが、戦略的論点であることは明白で、そこに優位性を求めた奇瑞汽車が、一時期顕著な業績を達成したことを確認してきた。以上、新興国における直接投資に依存しない産業発展のもう一つの可能性を提示したつもりである。

注
1) C.P.キャンドルバーガー編、藤原武平・和田和共訳（1971）『多国籍企業』財団法人・日本生産性本部、393ページ。
2) C-ZXもフランス本国では1992年より生産を開始し、東風との合弁生産は1994年で2年遅れていた。
3) 河村能夫（2001）『中国経済改革と自動車産業』昭和堂、177～178ページ。
4) FOURIN『中国自動車産業2008』4～5ページ。
5) 「毎日経済新聞」2008年7月8日付。
6) 丸川知雄（2007）『現代中国の産業』中公新書、186～213ページ。
7) 奇瑞汽車でのインタビュー。
8) http://wwwsoc.nii.ac.jp/scms/taikai/taikai006/lichunli200505.pdf#search='李春利；自動車
9) 中国汽車技術研究中心・中国汽車工業協会（2008）『2008年度版中国汽車工業発展年度報告』中国汽車工業年鑑期刊社、131ページ。
10) FOURIN『中国自動車産業2008』40～41ページ。
11) http://club.autohome.com.cn/bbs/thread-c-530-1147108-1.html、ちなみに現段階におけるベンツ、BMWの排出量は200グラム程度である。
12) トラン・ヴァン・トウ（2001）「第5章 技術移転と社会的能力—工業化と技術の波及メカニズム—」渡辺利夫編『アジアの経済的達成』東洋経済新報社、111ページ。
13) 日本で言うと専務に当たる。
14) トヨタの「日本的生産システム」の発展プロセスについて藤本（2003）は「創発的な能力構築の論理」を展開し、「日本的生産システム」の形成には事前的な合理性だけでなく、事後的な合理性も重要であり、「日本的生産システム」誕生には経営資源不足がもたらした効率的な分業関係の形成、国内市場の限界性がもたらしたモデルの多様化とそれに伴うフレキシブルな生産システムの構築、資本の慢性的な不足がもたらした過剰技術の選択の回避効果のような「怪我の功名」効果があったと指摘している。藤本隆宏（2003）『能力構築競争—日本の自動車はなぜ強いのか—』中央公論新社、171～180ページ。

（金 光 日）

あとがき

　大西勝明先生は2014年3月専修大学を定年退職されました。

　先生は1943年12月28日小豆島にお生まれになり、その後、徳島県三好市に移られ、ここで少年時代を過ごされ、高校野球の名門校として有名な池田高校を卒業されました。高校時代にはレスリング部に所属したといわれるだけあって、恵まれた体格は少年の頃からであったようです。ちなみに、令夫人も池田高校の同窓生です。

　大西先生が少年時代を過ごされた徳島県三好市は、清流吉野川の支流、祖谷川流域の山間部にあり、周辺の祖谷渓は平家の落人伝説で知られるところです。ここは、日本経済史研究の大家で、東京大学教授から後に専修大学教授になられた故古島敏雄氏がこの地域の集落を調査し、日本の農村共同体の原型を解明したことで研究者の間ではよく知られたところでもあります。こういう郷土の文化風土の影響もあってか、大西先生は礼儀正しく、他人に対する深い思いやりのある人物であり、多くの研究者仲間から信頼されてきました。

　四国徳島から上京した当時の大西青年は、1962年4月専修大学に入学します。1966年4月には同大学大学院へと進み、研究者への道を目指します。当時の専修大学は若い研究者にとっては、最高の教授陣が配され、自由闊達な学風が流れ、最高の研究環境にあったといえるでしょう。日本資本主義論争では「講座派」の重鎮、山田盛太郎氏、小林良正氏をはじめ、先の古島敏雄氏、アダムスミス研究の内田義彦氏、歴史研究の松本新八郎氏などキラ星のごとき著名な教授陣が若い研究者の育成にあたっていました。

　このように自由でアカデミックな大学の雰囲気の中で、将来を嘱望された大西先生は、1968年修士課程終了と同時に助手として採用されます。この時期に形成された学問的基礎が、その後の先生の研究活動の中で大きく開花していったと思います。その後、先生は講師、助教授、教授と順調に昇格し、2001年商学部学部長に就任します。先生は学部長として学部教育の充

実、カリキュラムの改訂などを進め、学部の発展に大きく貢献されました。そして、2013年には商学博士(商学)の学位を授与されております。

　四国育ちの先生は、龍馬がそうであったように、心はいつも広い世界に向けられてきたように思われます。これまでの先生のフランス、中国、ベトナムなどでの研究を通じての国際的な活躍が、それを物語っております。先生のフランス仕込みのスタイルも、その現れの一端でしょう。

　今般、先生の御退職を記念して「論文集」を出版しようという話がまとまったのは、昨年（2013年）の秋頃であったかと思います。したがいまして、論文執筆の期間が短く、執筆していただいた方には、無理をお願いすることになりました。編集に携わったものとして、その不手際をお詫び申し上げます。

　大西先生にはご健康に留意され、これからも研究に、教育にますますご活躍くださいますよう、執筆者一同、心よりお祈り申し上げます。

　2014年5月10日

丸山惠也

編著者紹介

大西勝明（おおにし かつあき）

1943 年　小豆島に生まれる（本籍徳島県）
1971 年　専修大学大学院経済学研究科博士課程単位取得退学
1981 年　専修大学商学部教授
2013 年　博士（商学）（専修大学）

日本経済学会連合理事、アジア経営学会名誉会長

主な著書
『現代企業分析』時潮社、1980 年
『高度情報化社会の企業論』森山書店、1988 年
『日本半導体産業論―日米再逆転の構図―』森山書店、1994 年
『大競争下の情報産業』中央経済社、1998 年
『日本情報産業分析―日・韓・中の新しい可能性の追究―』唯学書房、2011 年

日本産業のグローバル化とアジア

2015 年 1 月 20 日　第 1 刷発行

　　　編著者　大西勝明
　　　発行者　黒川美富子
　　　発行所　図書出版　文理閣
　　　　　　　京都市下京区七条河原町西南角 〒600-8146
　　　　　　　TEL（075）351-7553　FAX（075）351-7560
　　　　　　　www.bunrikaku.com

© Katsuaki ONISHI 2015　　　　　ISBN978-4-89259-750-3